神算易術書

# 定本 四課占
# 정본 사과점

감수(監修) 신산(神算) 김용연(金用淵)

우암(愚岩) 김연웅(金然雄) 편저

안암문화사

# 정본 사과점

| | |
|---|---|
| **1판 1쇄** | 2019. 05. 30 |
| **저자** | 김용연, 김연웅 공저 |
| **편집 교정** | 정서문 |
| **디자인** | 김광철 |
| **발행인** | 이창식 |
| **발행처** | 안암문화사 |
| **등록** | 1978. 5. 24. 제2-565호 |
| **주소** | 135-200 서울시 강남구 밤고개로 21길 25 |
| | 래미안 포레APT 311동 807호 |
| **전화** | 02) 2238-0491 / Fax 02) 2252-4334 |
| **이메일** | anam2008@naver.com |

Copyright ⓒ 2019. by An Am Publishing Co.
Printed in Seoul, Korea.

**ISBN**     978-89-7235-064-4  03180

**정가**     38,000원

이 도서의 국립중앙도서관 출판예정도서목록(CIP)은 서지정보유통지원시스템
홈페이지(http://seoji.nl.go.kr)dptj)에서 이용하실 수 있습니다.(CIP제어번호 : )

## 四課占을 소개하는 글

四課는 年 月 日 時를 말한다. 四課 占은 四課를 通해 現在 位置
에서 當面한 問題를 肯定的으로 判斷하여 어두움을 避하고 밝음
을 選擇하는데 있다.

觀相學이나 四柱 命理學이 사람이 出生에서 臨終에 이르기까
지 展開되는 人生旅程에서 일어나는 普遍的인 變化를 豫測하는
學問이라면 短著占은 旅程 中 發生하는 돌발적인 事案이나 直面
한 火急한 問題의 變化를 슬기롭게 對處해갈 肯定的인 答을 求하
는 學問이다.

古代에는 著草를 使用해 卦를 求했다 하여 短著占이라 했다.
세월의 흐름에 따라 周易을 바탕으로 進一步 하여 多樣한 占術들
이 出現하였는데 그 占術을 이용하여 火急한 事案들을 判斷 하였
다. 이러한 占法을 總稱하여 短著占 또는 斷時占이라 했다. 이 短
著占에 適用되는 占術은 六爻, 奇門, 六壬, 九星學, 四課占,等이
있으나 그중 四課占이 短著占의 白眉다.

四課占은 他 占術에 比해 어수선한 橫說竪說함이 없고 求하는
占辭가 簡潔하고 精巧하며 明快한데도 起課(布局이나 作卦)가 簡
單하여 初步者도 쉽게 배울 수 있다.

占은 本是 自然의 運行과 順理를 본받아 日常生活에서 發生하
는 어려움을 슬기롭게 對處해나가는 手段이다. 그런데 一部 易術
學院이나 敎材 中에 荒唐無稽한 妖說로 易學에 入門하는 初學者
들을 愚弄하는 일이 許多하다. 2,3년을 공부해도 適中與否를 檢
證할 期會가 전혀 없다. 그러나 四課占은 入門후 問占하는 部分에

4

對한 答을 求하는데 2個月내지 3個月이면 充分하다.

이에 구전으로만 비전으로 전해오던 사과점의 중요한 이치와 기본체계를 재정립하여 일반인은 물론 술사 제위께서도 실제 상담에 즉각 활용할 수 있기를 바라는 마음으로 이 책을 엮었다.

易術界에 첫 발을 들여놓은 여린 術士들은 十中八九 相談 中 어려움에 부딪치게 된다. 그 어려움을 쉽게 解決해 줄 수 있는 答이 四課占에 있다. 여린 術士나 易術界에 入門하고자 하는 이들에게 積極 勸獎하고 싶은 學文이다.

金然雄 先生은 타고난 易術界의 英才다. 일찍 諸般 易術書를 耽讀하고 深醉하더니 四課占에 魅了되어 資料蒐集과 研究에 集中하여 이번에 百發百中 四課占을 出刊하게 되니 참으로 慶賀 할 만한 일이다. 易術界에 慶事라 하겠다.

2019년 己亥年 初春

神算 金用淵

## 머리말

이 책(冊)은 사과점(四課占)을 알리기 위한 책(冊)이다.

기초적(基礎的)인 한자(漢字)를 아는 독자(讀者)라면 누구라도 사과점이라는 점술(占術)을 이해(理解)하고, 자신(自身)의 인생(人生)을 예측(豫測)하는데 사과점을 활용(活用)할 수 있도록 소개(紹介)한다. 그래서 가급적 한자(漢字)를 함께 썼다. 단어의 뜻을 명확히 해야 할 때는 중복(重複)되더라도 한자를 함께 썼다.

사과점은 약(約) 1,600년대 말(末)~1,700년대 초(初) 사이에 활약(活躍)했던 조선(朝鮮)의 어느 고명(高明)한 술사(術士)가 창안(創案)한 점술이다.

사과점의 유래(由來)는 본문(本文)에서 자세히 설명(說明)하고, 여기에서는 사과점이 다른 나라에는 없는 조선(朝鮮)의 점술(占術)이라는 사실(史實)을 밝힌다.

술사(術士)들도 사과점을 모른다. 매우 드물게 사과점을 안다는 술사도 있는데, 금구결의 다른 이름으로 오해(誤解)한다.

또 조선의 고명한 술사는 사과점을 창안한 기록(記錄)을 남기지 않았다. 임진왜란(壬辰倭亂)에서 이순신(李舜臣, 1545~1598) 장군(將軍)이 그 효과(效果)를 입증(立證)한 육효점(六爻占)과 함께, 사과점은 후대(後代)의 출중(出衆)한 술사에게 구전(口傳)으로만 비전(祕傳)으로 전수(傳授)됐다. 이는 사과점의 뿌리를 밝히는 데는 아쉽지만, 사과점의 원리(原理)가 더욱 정통(正統)하고 정통(精通)하게 발전(發展)하는 계기(契機)가 됐다.

이와 같은 연유(緣由)로 사과점과 경본금구결번역본(원문포함)

을 함께 엮었다.

　역리(易理)는 천지자연(天地自然) 속에서 삼라만상(森羅萬象)이 변화(變化)하는 원리를 바탕으로 발전했다. 또 수천(數千) 수만(數萬)년을 살아온 인간사(人間事)의 이치(理致)도 역(易)의 이치에 담겼다.

　사과점은 정통(正統)한 역(易)의 원리를 기준(基準)으로, 혼탁해지고 뒤틀린 각종(各種) 점술(占術)의 이치를 바로 잡고 취사선택(取捨選擇)하여 만들어졌다. 그리고 사과점을 창안한 술사를 포함해서 어언 400년여 동안 당대(當代)에 출중한 술사의 증험(證驗)을 거치며 발전하고 전(傳)해졌다.

　사과점을 창안하는데 많이 참고가 된 점술은, 육효점(六爻占) 주역점(周易占) 오행점(五行占) 사주점(四柱占) 금구결(金口訣)이라고 전(傳)한다. 그 중(中)에서도 사과점과 금구결은 사과(四課)라는 같은 점괘(占卦)를 쓴다. 그래서 사과점을 금구결로 오해(誤解)하는 술객이 많다.

　그러나 사과점은 사과(四課)를 얻는 기과법(起課法)과 점괘를 해석(解析)하는 점단(占斷)의 원리가 금구결과 다르다. 이는 본문에서 확인(確認)된다.

　음양오행(陰陽五行)의 원리를 아는 독자라면 바로 2편를 읽어도 좋다. 다만 정통(正統)한 음양오행의 원리를 담은 1편를 살펴보면, 사과점뿐만 아니라 다른 역술을 이해하는데 도움이 되니 일독(一讀)하기를 권(勸)한다.

　이 책은 크게 3편(部)로 엮었다.

　제1편에서는 모든 역술이 바탕을 두고 있는 동양철학(東洋哲學)의 한 갈래와, 역술의 기초(基礎)가 되는 원리 그리고 음양오행과 간지(干支)를 이해하는 부분(部分)이다. 정통한 역(易)의 원리

와 역술의 원리를 중심으로 엮었다. 음양오행과 간지에 대하여 이미 알고 있는 독자라도 일독(一讀)하기를 권한다.

제2편에 정본(定本) 사과점(四課占)을 담았다. 차분하게 숙독하는 독자라면, 바로 미래(未來)를 예측하는데 활용할 수 있도록 엮었다.

제3편에 『경본육임신과금구결(京本六壬神課金口訣)』의 번역문(飜譯文)과 원문(原文)을 엮었다. 원문은 국립중앙도서관(國立中央圖書館)에 소장(所藏)된 영인본(影印本)이다. 이 영인본은 일제강점기(日帝强占期)때 조선총독부(朝鮮總督府)에서 소장했던 판본(板本)이라고 한다. 경본(京本)은 당시 서울에서 출판한 책이다. 그런데 원문에는 당시에도 거의 사용(使用)하지 않던 한자(漢字)가 많다.

번역문은 엮은이의 직역(直譯)이다. 원문의 오류(誤謬)도 그대로 번역했다. 사용하지 않는 한자(漢字)는 원문의 내용을 유지(維持)하는 선(線)에서 현대에도 사용하는 한자(漢字)로 바꿔서 번역했다.

동양에서 점술의 역사는 한자(漢字)의 역사와 같다. 점(占)을 친 기록을 남기면서 한자가 나왔고, 그 역사는 8천년에 이른다. 사과점은 조선시대에 창안되었지만, 그 바탕에는 8천년 점(占)의 역사를 통해서 전(傳)해진 역술의 정수(精髓)가 결집됐다.

이 책이 나올 수 있었던 것은 술사들도 잘 모르던 육효점(六爻占)을, 널리 보급(普及)한 신산(神算) 육효(六爻)의 김용연(金用淵) 선생(先生)님 덕분(德分)이다.

일생(一生)을 역술인(易術人)으로 정진(精進)하며 구전(口傳)된 사과점(四課占)의 기본적인 체계를 재정립하여 전해주신 신산 선

8

생님으로부터 사사(師事)한 사과점이 이 책의 골자(骨子)다. 육효점과 같이 신통(神通)하게 적중(的中)하는 조선의 점술인 사과점을 널리 알리려는 신산선생님의 뜻에 따라 이 책을 엮었다. 이 자리를 통(通)해서 영광스럽게도 집필에 참여시켜 주신 신산 선생님께 감사(感謝)의 인사(人事)를 드린다.

여기에 담은 사과점은 신산 선생님께 전수(傳受)받은 후(後) 실제 상담(相談)에서 검증(檢證)한 원리를 중심(中心)으로 엮었다. 혹(或) 내용(內容) 중에 역(易)의 원리에 어긋나는 오류가 있다면, 이는 모두 엮은이의 어리석음 탓이다.

사과점의 정통한 이치와 신묘(神妙)한 적중률(的中率)을 널리 전(傳)할 수 있게 된 점에 대하여 신산 선생님께 재삼(再三) 감사를 드린다. 한편 이 책을 엮는데 문장(文章) 하나하나를 함께 검토(檢討)하고 격려(激勵)해 준 배필(配匹) 정서문(鄭西雯)님께도 깊은 감사의 마음을 전(傳)한다. 그리고 정통(正統)한 역술서(易術書)의 출판(出版)과 보급에 앞장서는 안암문화사 이창식 대표님께도 특별한 감사를 드린다.

2019년 기해(己亥) 초춘(初春)에


만해역술원(萬解易術院)에서
우암(愚岩) 김연웅(金然雄).

# 차 례

14

# 제1편
# 역(易)과 역술(易術)

# 1장 역(易)과 역술(易術)

## 1. 역(易)과 동양철학(東洋哲學)

역(易)이란 동양철학(東洋哲學)의 바탕이 되는 변화(變化)를 가리키는 말이다. 역(易)과 문자(文字)가 만들어지던 상고시대(上古時代)부터 동양에서는 세상 모든 것이 변(變)한다고 봤다.

예전에는 역(易)을 도마뱀(蜥易. 蝘蜓. 守宮也. 출처,『설문해자(說文解字)』)이라고 했다. 또 "일(日)월(月)이 역(易)이다, 음양(陰陽)의 모양이다(『祕書』說: 日月爲易. 象陰陽也.)"라고 했다.

여기서 석역(蜥易), 언정(蝘蜓), 수궁(守宮)은 모두 도마뱀과 같은 종류의 파충류다. 도마뱀이 꼬리를 자르거나, 카멜레온이 색(色)을 바꾸는 모양을 보고 만들어진 글자가 역(易)이다. 또 해(日)와 달(月)이 항상 위치를 바꾸고 모양을 바꾸는 모습을 바탕으로 역(易)이라고 했다. 즉(卽) 역(易)은 모든 변화를 뜻한다.

이 변화를 가리키는 역(易)이 크게 두 갈래로 발전했다. 하나는 변화의 내용에 대하여 계속 연구(硏究)하는 학문(學問)으로 오늘날 도학(道學)이나 유학(儒學)이 됐다.

다른 하나는 역(易)을 바탕으로, 미래(未來)의 일(事)이나 미지

(未知)의 일을 예지(豫知)하는 역술(易術)이다.

역술이 발전할 수밖에 없었던 까닭은, 항상 변화하는 자연 속에서 사람이 조금이라도 더 행복하게 살아가기 위한 것이다. 미래에 발생할 일을 미리 안다면 좋지 않은 일은 피(避)하고 좋은 일은 겪음으로써, 인생이 행복해질 수 있기 때문이다. 이것이 역술의 목적이다.

## 2. 역술(易術)이란

역술(易術)은 역(易)에 술(術) 자(字)를 합(合)한 말이다.

술(術)이라는 글자는, 고을 안의 길(邑中道也. 출처, 『설문해자』)을 뜻한다. 길(道)이라는 뜻을 바탕으로, 방법(方法), 수단(手段), 술수(術數), 기술(技術)같은 뜻까지 확장된 말이 술(術)이다. 글자로만 보면 역술은 변화에 관련된 방법과 술수라고 할 수 있다. 이로부터 미래에 발생할 일이나, 알 수 없는 사정(事情)을 예지(豫知)하는 점(占)으로 발전했다.

상고시대부터 변화에 관련된 술수는 매우 많고 다양하다. 신점(神占)이나 영점(靈占), 굿, 제(祭), 쌀점(占), 주역점(周易占), 육임(六壬), 구궁법(九宮法), 자미두수(紫微斗數), 월령(月令), 관상(觀相), 풍수지리(風水地理), 윷점(占), 오행점(五行占), 금구결(金口訣), 측자점(測字占), 파자점(破字占), 성명학(姓名學), 사주점(四柱占), 육효점(六爻占), 사과점(四課占) 기타 등등 헤아릴 수 없이 많다.

예전에는 이를 통칭(統稱)해서 술수나 점술(占術) 또는 점복(占卜)이라고 했다. 그런데 점술이라고 할 때는 신점이나 영점, 굿과

제(祭)는 대게 세습적(世襲的)이어서 제외했다.

그런데 신점이나 영점, 굿이나 제(祭)도, 그 목적은 살아가는 사람들의 행복한 삶을 돕는데 있다. 또 점술이나 소위 무속(巫俗)이나, 그 방법과 이를 행(行)하는 사람은 같다. 그래서 최근에는, 미래의 일이나 미지의 사안을 예지하는 모든 술수를 통칭해서 역술(易術)이라고 한다.


## 3. 역술과 동양철학(東洋哲學)

점(占)을 치는 행위 즉(卽) 역술(易術)과 동양철학(東洋哲學)은 어떤 관계(關係)일까?

"태허(太虛)는 형체(形體)를 알 수 없다. 이를 선천(先天)이라고도 한다. 너무 커서 밖(外)이 없다. 앞서기로는 시작(始作)도 없다. 그 온 곳을 알 수도 없다. 매우 허정(虛靜)하다. 기(氣)의 본바탕이다. 밖(外)이 없는 먼 곳까지 가득 차 있다. 꽉 막힌 것처럼 가득 찼다. 조금도 빈 곳이 없다. 터럭 한 올만큼의 틈도 없다. 그런데 물에 띄워보듯이 꺼내보려면 비어있다(虛). 잡으려고 하면 없다. 그런데 이미 가득 차있으니 부득이(不得已)하게 없다(無)고 한다.(太虛湛然無形 號之曰先天 其大無外 其先無始 其來不可究 其湛然虛靜 氣之原也 彌漫無外之遠 逼塞充實 無有空闕 無一毫可容間也 然捏之則虛 執之則無 然而却實 不得謂之無也. 출처,『태허설(太虛說)』"

이 얘기는 화담(花潭) 서경덕(徐敬德, 1489~1546) 선생의 사상(思想)이다.

여기에서 태허(太虛)란 사람들이 보통 비었다거나 아무것도 없다고 말하는 허공(虛空)이다. 이 태허가 기(氣)의 본바탕이라는 뜻이다.

한편 『태허설』에는 이 세상이 알 수 있는 영역과 알 수 없는 영역이 공존(共存)한다는 뜻도 있다. 사람들이 알 수 있는 영역에 대해서는 무엇이 있다거나 변(變)한다고 말하고, 사람들이 알 수 없는 일들에 대해서는 없다거나 비었다거나 변(變)하지 않는다고 말할 뿐이다. 사람이 알 수 없는 상태가 유지(維持)되므로 변(變)하지 않는다고 말한다.

즉(卽) 세상(世上)은 모두 기(氣)로 이뤄졌다. 우주(宇宙)도 기(氣)로 만들어졌고, 자연(自然), 허공(虛空), 사람(人), 동식물(動植物), 광물(鑛物), 우레와 번개(雷電), 사람의 마음(心)과 정신(精神)까지, 모든 것이 기(氣)로 만들어졌다.

따라서 만물(萬物)과 사람은 끊임없이 서로 영향(影響)을 주고받으면서 변화한다. 또 사람이 현재(現在) 모르는 일(事)을 자연은 알 수도 있으며, 반대로 자연이 모르는 일을 사람이 알 수도 있다. 뿐만 아니라 사람이 현재 알 수 있는 세상과 모르는 세상도 서로 소통(疏通)한다.

역술(易術)에서도 이와 같은 사상을 바탕으로 점(占)을 친다. 그래서 동양철학과 역술에서는 자연이 변화하는 이치를 매우 중요하게 여긴다. 그리고 역(易)과 역술의 원리는 자연이 변화하는 이치와 변화하면서 유전(遺傳)되는 사리(事理)에 바탕을 두고 발전했다.

역(易)에서 자연의 변화와 사리의 변화를 설명할 때는 기(氣)라든지, 역(易), 무극(無極), 태극(太極), 음양(陰陽), 팔괘(八卦), 오행(五行) 같은 말을 쓴다. 이 말들에 역(易)과 역술의 기본적(基本的)인 원리(原理)가 있다.

# 2장 역(易)의 원리(原理)

## 1. 기(氣)와 음양(陰陽)

기(氣)는 이 세상을 구성(構成)하는 근본적(根本的)인 '무엇'이
다. 다만 사람이 기(氣)에 대하여 속속들이 알 수가 없다. 넓게 보
면, 사람이 알 수 있는 부분과 알 수 없는 부분이 하나를 이루고
있다.

우주(宇宙) 한 가운데 있다고 상상(想像)해보자.

해(日)의 밝은 빛을 받는 면(面)은 밝다(陽). 무엇이 있는지 알
수가 있다. 반면에 햇빛이 비추지 않는 면(面)은 매우 어둡다(陰).
무엇이 있는지조차 알 수가 없다.

이와 같이 어두운 면(面)을 음(陰)이라 하고 ▬▬ 으로 표시한다.
그리고 밝은 면(面)을 양(陽)이라 하고 ▬▬ 으로 표시했다. 이를 양
의(兩儀)라고 한다. 의(儀)라는 글자에는 거동(擧動)한다는 뜻이
있다. 양의는 기(氣)가 음(陰)과 양(陽)으로 변화한다는 뜻이다.

한편 우주의 한 가운데에서 보면, 빛과 어둠이 교차(交叉)하고
뒤엉키는 부분도 있다(陰陽). 실제로는 우주 전체에서 빛과 어둠
이 교차된다(陰陽). 다만 사람이 교차되는 부분을 정확히 구분하

지 못할 뿐이다. 그리고 이 전체를 음(陰)과 양(陽)이라는, 두 면(面)으로 구분해서 볼뿐이다.

음양(陰陽)은 하나다. 하나의 절반(折半)은 양(陽) 절반은 음(陰)이 아니다. 알 수 있는 면(面)과 알 수 없는 면(面)처럼, 서로 대비(對比)할 수 있는 두 가지 면(面)으로, 하나를 가리키는 게 음(陰)과 양(陽)이다. 음양은 태극(太極)의 다른 말이다. 음양은 "항상 변화하는 기(氣)"를 가리킨다. 다만 변화를 위주로, 기(氣)와 세상과 삼라만상(森羅萬象)을 가리켜 음양이라고 한다.


## 2. 무극(無極). 태극(太極). 오행(五行)

무극(無極)과 태극(太極)도 "항상 변화하는 기(氣)"를 가리킨다. 주(主)로 기(氣) 자체를 가리킨다. 즉(卽) 무극과 태극은 기(氣), 세상, 삼라만상, 사람, 사물 등(等)의 다른 이름이다.

무극은 사람이 무엇이라고 말할 수도 없는 기(氣)와 삼라만상을 가리키고, 태극은 우리가 무엇이라고 말할 수 있는 기(氣)를 가리킨다. 무극은 기(氣)에 가까운 뜻이고, 태극은 음양에 가까운 뜻이다. 음양, 무극, 태극은 모두 항상 변화하는 기(氣)를 가리킨다.

음양과는 달리 변화를 다섯 가지 면(面)에서 다섯 가지 요인(要因)으로 설명할 때 오행(五行)이 나온다. 오행인 수(水) 화(火) 목(木) 금(金) 토(土)가, 글자로는 서로 다르게 보이지만, 사람이 사는 이 세상의 변화를 설명하는데 그 뜻이 있다. 이 세상의 변화를 다섯 가지 면(面)으로 설명한다.

역술은 변화를 중심으로 기(氣)를 가리키는 음양(陰陽)의 원리

(原理)와 오행(五行)의 원리를 바탕으로 발전했다.

## 3. 팔괘형성도(八卦形成圖)

무극, 태극, 음양, 오행의 뜻과 원리(原理)가 팔괘형성도(八卦
形成圖)에 담겨있다.

| 八卦形成圖 | | | | | | | | |
|---|---|---|---|---|---|---|---|---|
| 八卦 | ☰ 乾 | ☱ 兌 | ☲ 離 | ☳ 震 | ☴ 巽 | ☵ 坎 | ☶ 艮 | ☷ 坤 |
| 四象 | ⚌ | | ⚍ | | ⚎ | | ⚏ | |
| 兩儀 | ⚊ | | | | ⚋ | | | |
| 氣 | ○ ☯ 氣 | | | | | | | |

팔괘형성도에서 ○는 무극을 뜻한다. ☯는 태극이다. 태극이 음
양으로 나뉘는 게 아니다. 태극 자체가 음양의 통합체(統合體)다.
음양이 서로 뒤섞여있다. 그래서 ☯ 표시로 나타낸다.

가장 아래에 기(氣)와 무극과 태극을 함께 표시한 것은, 무극이
나 태극이나 모두 기(氣)를 가리킨다는 뜻이다. 무극은 주(主)로
허공(虛空)같은 속성(屬性)의 기(氣)를 가리키고, 태극은 주(主)로
사람이 특정(特定)해서 지각(知覺)할 수 있는 속성의 기(氣)를 가
리킨다.

━━은 음(陰)이고 ━은 양(陽)이다. ━과 ━━에 각각 " ━

－－"을 한 번씩 더 쌓으면 사상(四象)이 된다. 즉 음양의 양(陽 ━)에, 양(陽 ━)과 음(陰 －)을 거듭 쌓으면 태양(太陽 ⚌)과 소음(少陰 ⚍)이 나타난다. 음양의 음(陰 －－)에, 양(陽 ━)과 음(陰 －－)을 한 번 더 쌓으면 소양(少陽 ⚎)과 태음(太陰 ⚏)이 나타난다. 소음(少陰)은 양(陽) 중(中)에 음(陰)이 나타남이고, 소양(少陽)은 음(陰) 중(中)에 양(陽)이 나옴이다. 태양(太陽)은 노양(老陽), 태음(太陰)은 노음(老陰)이라고도 한다.

팔괘(八卦)는 사상에 음양을 한 번씩 더 거듭 쌓은 상태다. 즉 노양(老陽 ⚌)에 양(陽 ━)과 음(陰 －－)을 더하여 건괘(乾卦 ☰)와 태괘(兌卦 ☱)를 보이고, 소음(少陰 ⚍)에 양(陽 ━)과 음(陰 －－)을 쌓아서 리괘(離卦 ☲)와 진괘(震卦 ☳)를 그렸다. 소양(少陽 ⚎)에 양(陽 ━)과 음(陰 －－)을 더해서 손괘(巽卦 ☴)와 감괘(坎卦 ☵)를 만들고, 노음(老陰 ⚏)에 양(陽 ━)과 음(陰 －－)을 겹쳐서 간괘(艮卦 ☶)와 곤괘(坤卦 ☷)를 만들었다.

한 번 거듭 쌓을 때 음양을 함께 더하는 것은, 음양이 태극이고 양의(兩儀)부터 팔괘까지는 태극이 서로 융합되는 과정이라는 뜻이다. 그래서 팔괘는 이전의 태극과는 다른 태극이므로 괘(卦)마다 ☯ 표시를 함께 나타낸다.

팔괘형성도에서는 변화를 태극이 서로 융합되는 것으로 설명한다. 현실에서 사람은 대게 기(氣)가 곧바로 팔괘가 되는 변화를 목격한다. 양의(兩儀)부터 사상(四象), 팔괘로 음양을 거듭 쌓는 과정은 대게 사람이 지각하지 못하는 미지(未知)의 변화다.

무극이나 태극, 음양은 이처럼 항상 변화하는 기(氣)를 가리킨다.

## 4. 팔괘(八卦)와 그 소속(所屬)

팔괘형성도의 방법으로 양(陽 —)과 음(陰 --)을 거듭 쌓아서 팔괘가 겹쳐지면 『역경(易經)』의 육십사괘(六十四卦)가 나타난다. 육십사괘에서는 자연과 인간사(人間事)의 변화를 다양하게 보여준다. 육십사괘도 팔괘와는 다른 태극이다. 그래서 육십사괘와 팔괘에는 각각 이름이 있다.

팔괘는 농사(農事)가 주업(主業)이었던 상고시대에 자연환경(自然環境)의 대표적인 물상(物象)이다. 뿐만 아니라 팔괘 각각은 변화와 관련해서 여러 속성(屬性)을 갖고 있다. 이를 소속(所屬)이라고 한다.

| 八卦의 所屬 | | | | | | | |
|---|---|---|---|---|---|---|---|
| 卦象 | ☰ | ☱ | ☲ | ☳ | ☴ | ☵ | ☶ | ☷ |
| 順位數 | 1 | 2 | 3 | 4 | 5 | 6 | 7 | 8 |
| 卦名 | 乾卦 | 兌卦 | 離卦 | 震卦 | 巽卦 | 坎卦 | 艮卦 | 坤卦 |
| 自然 | 天 | 澤 | 火 | 雷 | 風 | 水 | 山 | 地 |
| 方位 | 西北 | 西 | 南 | 東 | 東南 | 北 | 北東 | 南西 |
| 四象 | 太陽 | 少陰 | 少陰 | 少陽 | 少陰 | 少陽 | 少陽 | 太陰 |
| 陰陽 | 陽 | 陽 | 陽 | 陽 | 陰 | 陰 | 陰 | 陰 |
| 五行 | 金 | 金 | 火 | 木 | 木 | 水 | 土 | 土 |
| 家族 | 老父 | 少女 | 中女 | 長男 | 長女 | 中男 | 少男 | 老母 |
| 人身 | 頭 | 口 | 目 | 足 | 股 | 耳 | 手 | 腹 |
| 禽獸 | 馬 | 羊 | 雉 | 龍 | 鷄 | 豕 | 狗 | 牛 |

소속(所屬)은 무엇을 상징(象徵)한다거나, 무엇을 뜻한다거나,

어떤 경우에 무엇을 대신한다거나, 무엇과 연결된다는 말이다.

　팔괘의 소속 표(表)에서 ☰는 괘상(卦象)이라 하고, 건(乾)은 괘명(卦名)이다. 그래서 ☰는 건괘(乾卦)라고 한다.

　변화가 양(陽)부터 음(陰)까지 순서대로 일어난다는 이치(理致)에 따라서, 팔괘에는 순위수(順位數)가 있다. 건괘(乾卦 ☰)는 1, 태괘(兌卦 ☱)는 2, 리괘(離卦 ☲)는 3, 진괘(震卦 ☳)는 4, 손괘(巽卦 ☴)는 5, 감괘(坎卦 ☵)는 6, 간괘(艮卦 ☶)는 7, 곤괘(坤卦 ☷)는 8이 순위수다.

　또 건괘(☰)는 자연(自然)에서 하늘(天)을 뜻한다. 방위(方位)로는 서북(西北) 쪽이고, 사상(四象)으로는 태양(太陽)이며, 음양(陰陽)으로는 양(陽)이다. 오행(五行)으로는 금(金)이고, 가족(家族) 중(中)에 연로한 아버지(老父)를 뜻한다. 다른 괘(卦)도 이와 같다.

　팔괘의 소속 표(表)에 제시하지 않은 소속과 상징도 있다. 여기에서는 오래도록 검증(檢證)된 소속을 위주로 표(表)에 정리했다.

　팔괘의 이름과 대표적인 상징을 쉽게 익히는 방법은, 일(一)건(乾)천(天) 이(二)태(兌)택(澤) 삼(三)리(離)화(火) 사(四)진(震)뢰(雷) 오(五)손(巽)풍(風) 육(六)감(坎)수(水) 칠(七)간(艮)산(山) 팔(八)곤(坤)지(地)로, 순위수와 괘명과 자연의 상징을 함께 보는 것이다.

## 5. 하도(河圖) 낙서(洛書) 구궁도(九宮圖)

상고시대에 온 세상을 수(數)로 나타내려고 했던 결과로 『하도

(河圖)』와『낙서(洛書)』가 나왔다.

『하도』와『낙서』는 모두 전한(前漢. 기원전 206년~기원후 8년) 말기(末期)부터 후한(後漢 25년~220년) 때에 편찬된『위서(緯書)』에 기록된 내용이다.『위서』를 편찬한 사람에 따르면,『하도』는 기원전 2,800년 무렵에 복희(伏羲) 씨(氏)가 황하(黃河)에서 얻은 용마(龍馬)의 등(背)에 있던 그림이다.

『낙서』는 기원전 2,000년 무렵에 하우(夏禹) 씨(氏)가 낙수(洛水)에서 얻은 신귀(神龜)의 등(背)에 있던 그림이다.

『하도』와『낙서』는 각각 여러 개(個)의 흰 원(圓)과 검은 원(圓)을, 중앙(中央)과 동서남북(東西南北)에 배열(排列)하고 있다. 흰 원(圓)은 하늘의 수(天數)로 양수(陽數)를 뜻하고, 검은 원(圓)은 땅의 수(地數)로 음수(陰數)를 뜻한다. 원(圓)의 개수(個數)는 수(數)다. 하늘(天)은 양(陽)이고, 땅(地)은 음(陰)이다.

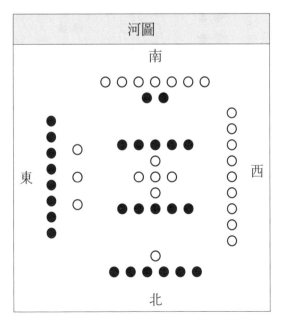

『하도』에서는 방위(方位)와 오행과 수(數)를 서로 소속시켰다. 중앙에 오행으로 토(土)와 5와 10을 배열했다. 북방(北方)에 오행의 수(水)와 1과 6을, 동방(東方)에 목(木)과 3과 8을, 남방(南方)에 화(火)와 2와 7, 서방(西方)에 금(金)과 4와 9를 서로 소속시켰다.

『하도』에서 천수의 합(合)은 25가 되고, 지수의 합(合)은 30이다. 이 둘을 합(合)한 천지수(天地數)는 55가 된다. 이 55에서 오행의 기본수(基本數)인 5를 빼면 50이 되고, 이를 대연수(大衍數)라고 한다.

대연수(大衍數)에서 태극의 수(數) 1을 빼면 49가 되고, 역술에서는 대연수를 대신해서 49를 세상 전체를 나타내는 수(數)로 쓴다.

『낙서』에서는 북(北)쪽에 천수 1을, 동(東)쪽에 천수 3을, 중앙에 천수 5를, 서(西)쪽에 천수 7을, 남(南)쪽에 천수 9를 배열하고, 지수 2는 남서(南西)에, 4는 동남(東南)쪽에, 6은 서북(西北)

쪽에, 8은 북동(北東)에 배열했다. 『낙서』에는 10이 없다. 『낙서』의 수(數) 배열은 가로, 세로, 대각선 어느 쪽으로 합(合)해도, 각(各) 줄에 있는 3가지 수(數)의 합(合)이 15가 된다.

『낙서』에 표시된 수(數)와 방위(方位)의 소속은 구궁도(九宮圖)와 같다. 구궁도는 구궁법(九宮法)의 기초로, 방위와 수(數)의 소속에 팔괘와 지지(地支)를 결부해서 배열한 방위도(方位圖)다.

구궁법은 오랜 옛날에 사용하던 역술 중에 하나로, 후천수(後天數)와 구성(九星)과 팔문(八門)을 결합해서 길흉(吉凶)을 점(占)쳤다. 근래에는 잘 사용되지 않는다.

| 九宮圖 | | |
|---|---|---|
| ☴<br>四<br>東南 · 巽宮<br>辰 · 巳 | ☲<br>九<br>南 · 離宮<br>午 | ☷<br>二<br>南西 · 坤宮<br>未 · 申 |
| ☳<br>三<br>東 · 震宮<br>卯 | 五<br>中央 · 中宮 | ☱<br>七<br>西 · 兌宮<br>酉 |
| ☶<br>八<br>北東 · 艮宮<br>寅 · 丑 | ☵<br>一<br>北 · 坎宮<br>子 | ☰<br>六<br>西北 · 乾宮<br>戌 · 亥 |

『하도』와 『낙서』 그리고 구궁도를 보면, 수(數)와 방위와 오행의 소속은 오랜 세월에 걸쳐서 여러 사람에 의하여 만들어진 원리다.

역술의 원리 대부분이 이와 같다. 수천 년에 걸쳐서 많은 학자(學者)와 술사(術士)가 노력(努力)한 결과를 결집(結集)해서 역술의 원리가 됐다.


## 6. 팔괘도(八卦圖)

상고시대에 우주와 삼라만상을 구별해서 볼 수 없었던 때가 있었다. 이를 선천(先天)이라고 한다. 이후(以後) 우주와 삼라만상을 분별해서 볼뿐만 아니라, 우주와 삼라만상이 변화하는 원리까지 밝히는 시대가 됐다. 이를 후천(後天)이라고 한다. 이때 천(天)은 온 세상(世上)과 삼라만상을 뜻한다.

이 같은 상고시대를 팔괘도(八卦圖)로 보인 것이 선천팔괘도(先天八卦圖)와 후천팔괘도(後天八卦圖)다.

선천팔괘도는 남(南)쪽에 태양(太陽)인 건괘(乾卦)를 배치하고, 북(北)쪽에 태음(太陰)인 곤괘(坤卦)를 배치하면서 팔괘의 순위수를 함께 소속시켰다. 양(陽)에서 음(陰)으로 변화하는 원리와 팔괘의 순위에 따라 괘(卦)를 방위에 배열한다.

後天八卦圖

후천팔괘도는 구궁도의 수(數)와 방위의 배열에 맞춰 팔괘를 배열했다. 그래서 선천팔괘도와 후천팔괘도에서 팔괘와 수(數)와 방위의 소속이 서로 다르다.

선천팔괘도와 후천팔괘도는 송(宋)나라 때의 학자(學者) 소강절(邵康節 1011~1077)이 만들었다. 소강절은 『하도』와 『낙서』가 출현(出現)했다는 때로부터 약 5천년 후(後)에 살았던 학자다. 선천팔괘도나 후천팔괘도는 팔괘와 방위와 수(數)에 대한 소강절의 해석(解釋)이다.

이처럼 역(易)에는 당시의 사람들이 합당하다는 원리가 반영된다.


## 7. 오행(五行)

오행도 세상의 근본인 기(氣)를 설명한다. 옛글에 "하늘과 땅의 기(氣)는 합(合)하면 하나(一)다. 분별하면 음양이고, 나눠보면 사시(四時)다. 벌려놓으면 오행이다. 행(行)이란 걸어가는 것인데, 그 행(行)이 같지 않다. 그래서 오행이라고 한다.(天地之氣 合而爲一 分爲陰陽 判爲四時 列爲五行 行者行也 其行不同 故謂之五行. 출처,『춘추번로(春秋繁露)』)"라고 했다. 지금부터 2,200년쯤 전(前)에 살았던 사람의 얘기다.

오행은 다섯 가지 면(面)으로 이 세상과 그 변화를 보여준다는 뜻이다. 또 기(氣), 음양, 오행이 같다는 뜻이고, 사계절(四時)과 관련된다는 뜻이다. 오행에서 오(五)는 목(木) 화(火) 토(土) 금(金) 수(水)다.

오행이 주관하는 것도 각자 그 능력을 이루는 것이다. 목(木)은 동(東)쪽에 살면서 봄(春)의 기(氣)를 다스리고, 화(火)는 남(南)쪽에 살며 여름(夏)의 기(氣)를 다스린다. 금(金)은 서(西)쪽에 살면서 가을의(秋) 기(氣)를 주(主)로 삼고, 수(水)는 북(北)쪽에 살면서 겨울(冬)의 기(氣)를 주(主)로 한다(五行之官 各致其能 是故 木居東方而主春氣 火居南方而主夏氣 金居西方而主秋氣 水居北方而居冬氣. 출처. 같은 책)고 했다.

오행과 방위와 계절이 이와 같이 서로 소속된다. 그래서 목(木)

은 나아가는 것(生)을 주(主)로 하고, 금(金)은 지우는 것을 주(主)로 하며, 화(火)는 더위(暑)를 주(主)로 하고, 수(水)는 추위(寒)를 주(主)로 한다(是故 木主生而金主殺 火主暑而水主寒. 출처. 같은 책)라고 했다.

요즘 말로 하면 목(木)은 모든 생명을 뜻하고, 금(金)은 가을에 추수(秋收)하는 것과 같고 또 법(法)과 제도(制度) 같은 무형(無形)의 힘이다.

토(土)는 중앙에 살면서 하늘이 내려주는 일을 한다. 토(土)는 하늘의 팔과 다리다(土居中央爲之天潤 土者 天之股肱也. 출처. 같은 책)라고 한다.

오행에서는 토(土)를 대지(大地)로만 본 것이 아니라, 하늘(天)로도 본다는 뜻이다. 오행의 이와 같은 속성(屬性)을 소속이라고 한다.

| 五行의 所屬 | | | | | |
|---|---|---|---|---|---|
| 五行 | 木 | 火 | 土 | 金 | 水 |
| 方位 | 東 | 南 | 中央 | 西 | 北 |
| 季節 | 春 | 夏 | 四季 | 秋 | 冬 |
| 主 | 生 | 暑 | 天 | 殺 | 寒 |

오행이 나오기까지는 순서가 있다. 기(氣)가 변화할 때 오행이 출현한다.

"들어보니 하늘과 땅이 아직 나뉘지 않았을 때 …… 이때 한 덩어리의 기(氣)가 응결(凝結)하니, 여기에서 태역(太易)이 수(水)로 나아가고, 태초(太初)가 화(火)로 나아가며, 태시(太始)가 목(木)

으로 나아가고, 태소(太素)가 금(金)으로 나아가며, 태극(太極)이 토(土)로 나아간다. 그래서 수(水)의 수(數)가 일(一)이고, 화(火)의 수(數)가 이(二)다. 목(木)의 수(數)가 삼(三)이고, 금(金)의 수(數)가 사(四)다. 토(土)의 수(數)는 오(五)다.(蓋聞 天地未判 …… 是時一氣盤中結 於是 太易生水 太初生火 太始生木 太素生金 太極生土 所以 水數一 火數二 木數三 金數四 土數五. 출처.『연해자평(淵海子平)』)"

여기에서 태역, 태초, 태시, 태소, 태극은 모두 처음의 근본적인 변화를 가리키는 다섯 가지 면(面)이다. 태역은 큰 변화 자체를 뜻하고, 태초는 원인과 결과의 면(面)에서 큰 변화를 말한다. 태시는 순서와 시간적인 면(面)에서 큰 변화를 가리키고, 태소는 큰 변화의 속내와 외형적인 면(面)을 가리킨다. 태극은 큰 변화를 일으키는 기(氣) 자체, 사물 자체를 뜻한다.

이와 같은 원리에 따라 순서대로 오행의 생수(生數)와 성수(成數)가 나왔다.

| 五行의 生數와 成數 | | | | | |
|---|---|---|---|---|---|
| 五行 | 水 | 火 | 木 | 金 | 土 |
| 生數 | 1 | 2 | 3 | 4 | 5 |
| 成數 | 6 | 7 | 8 | 9 | 10 |

생수는 오행이 출현한 순서다. 성수는 네 가지 오행의 생수를 태극인 토(土)의 수(數) 5와 각각 합(合)하면 만들어진다. 오행의 변화가 태극의 변화이므로, 각(各) 오행이 태극과 합(合)하면서 한편으로는 자신이 완성된다. 그래서 성수다.

## 1) 오행(五行)의 소속(所屬)

상고시대에는 농업(農業) 중심의 생활을 했다. 당시에 가장 중요한 요인(要因)은, 자연과 기후(氣候)의 변화와 이에 부합하는 사람의 행위다. 따라서 당시의 자연환경과 생활환경에서 중요한 요인을 오행에 반영했다.

오행의 소속이 폭 넓게 정례화(定例化)된 것은 지금부터 약 1,000년쯤 전(前), 송(宋. 960~1279)나라 때다. 여전히 농업이 생활의 중심인 시대였다. 그런데 국가적(國家的)으로는 나라의 법(法)과 제도가 산골짜기까지 미치고, 상업과 교통, 장인(匠人)과 기술이 매우 발달했다. 오행이 처음 나왔던 시대와 비교하면, 개개인(個個人)의 생활이 매우 달라졌다. 이 같은 자연환경과 생활환경의 변화를 반영해서 오행의 소속이 정(定)해졌다.

| 五行의 所屬 | | | | | |
|---|---|---|---|---|---|
| 五行 | 木 | 火 | 土 | 金 | 水 |
| 季節 | 春 | 夏 | 四季 | 秋 | 冬 |
| 方位 | 東 | 南 | 中央 | 西 | 北 |
| 主 | 生 | 暑 | 天地 | 殺 | 寒 |
| 農事 | 播種 | 培養 | 生育 | 收斂 | 保管 |
| 五常 | 仁 | 禮 | 信 | 義 | 智 |
| 五臟 | 肝 | 心 | 脾 | 肺 | 腎 |
| 六腑 | 膽 | 小腸 | 胃 | 大腸 | 膀胱 |
| 五音 | ㄱㅋ | ㄴㄷㄹㅌ | ㅇㅎ | ㅅㅈㅊ | ㅁㅂㅍ |

그래서 오행에는 대지를 중심에 두고, 사계절(四季節)에 따른 기후의 변화와 그에 맞춰 사람이 할 일까지 소속된다. 봄(春)에는 파종(播種), 여름(夏)에는 배양(培養), 가을(秋)에는 수렴(收斂), 겨울(冬)에는 보관(保管)이다. 뿐만 아니라 인(仁) 의(義) 예(禮) 지(智) 신(信)과 오행도 서로 소속된다.

## 2) 오행(五行)의 생극제화(生克制化)

오행의 원리를 정(定)할 때, 생(生)은 나아간다는 뜻으로 썼다. 극(克)은 위(上)에 있다는 뜻이다. 제(制)는 자른다는 뜻이고, 화(化)는 위(앞)에서 한 것을 아래(뒤)에서 본받아 행(行)한다는 뜻이다. 오행 사이에 이와 같은 생극제화(生克制化)가 일어난다.

| 五行의 相生 相克 比和 | | | | | |
|---|---|---|---|---|---|
| 相生 | 火生土 | 土生金 | 金生水 | 水生木 | 木生火 |
| 相克 | 火克金 | 金克木 | 木克土 | 土克水 | 水克火 |
| 比和 | 火比火 | 土比土 | 金比金 | 水比水 | 木比木 |

겨울(水)에 얼었던 물(水)이 녹아 대지를 흐르며 새싹(木)이 움트게 돕고 계절은 봄(木)으로 나아가니 수생목(水生木)이다. 봄(木)의 새싹(木)이 무성하게 자라면서(火) 계절은 여름(火)으로 나아가니 목생화(木生火)다. 여름(火)에 무성한 만물이 열매(太極 土)를 만들며 천지(土)의 공덕(功德)이 드러나니 화생토(火生土)다. 온갖 열매(土)를 화육(化育)한 천지(土)가 만물의 추수를 가을(金)에 맡기니 이를 토생금(土生金)이라 한다. 가을(金)에 추수

(金)를 마치면 그 씨앗(太極)을 겨울(水) 동안 보관해야 하고 계절도 겨울(水)로 넘어가니 이를 금생수(金生水)라 한다.

이와 같은 연유(緣由)로 수생목(水生木), 목생화(木生火), 화생토(火生土), 토생금(土生金), 금생수(金生水)라고 한다.

생(生)이라는 글자를 지금은 주(主)로 없는 것을 낳는다거나, 없던 것을 만들어낸다는 뜻으로 사용한다. 그런데 오행의 생극제화를 정(定)하던 당시에는, "생(生)은 나아간다는 뜻이다. 초목(草木)이 땅 위로 솟아나오는 모양(生. 進也 象艸木生出土上. 출처. 『설문해자』)이다"라고 했다.

없던 수(水)를 금(金)이 만드는 게, 금생수(金生水)가 아니다. 이는 후대(後代) 사람들의 오해다. 계절로 보면 금(金 가을)이 수(水 겨울)로 나아가니 금생수(金生水)다.

이와 같이 서로 상생하는 반면(半面)에 오행은 서로 상극도 한다.

봄(木)에 움튼 새싹(木)을 추수하면(金), 사람도 자연도 아무런 성과가 없다(金克木). 여름(火)엔 만물이 한껏 자라면서 열매를 만드는 때다. 이때 열매를 맺어가는 만물을 창고(倉庫)나 땅 속에 보관하면(水), 역시 자연이나 사람이나 아무런 소득(所得)이 없다(水克火).

이와 같은 원리가 금극목(金克木) 목극토(木克土) 토극수(土克水) 수극화(水克火) 화극금(火克金)이다.

"극(克)은 (어깨에)짊어지는 것이고, 지붕 아래에 깎은 나무가 있는 모양(克. 肩也 象屋下刻木之形. 출처. 『설문해자』)이다"라고 했다.

즉(卽) 금(金)과 목(木)이 만나면, 금(金)이 위에 있고 목(木)이 아래에 있다는 뜻이고, 금(金)은 그 작용을 다 하는데, 목(木)은 그 능력(能力)과 작용을 다 하지 못한다는 게 금극목(金克木)이다. 참고(參考)로 극(克)과 극(尅), 극(剋)은 모두 같은 뜻의 글자다.

또 오행은 서로 비화(比和)한다. 비화는 토(土)와 토(土)가 만나고 목(木)과 목(木)이 만났을 때 일어난다. 이런 경우에는 각(各) 오행이 그 작용과 공덕을 더 잘 발휘한다. 화(化)는 위에서 한 것을 아래에서 본받아 행(行)하는 것이라고 했다. 즉(卽) 화(化)는 화합(和合)이다. 그래서 이를 비화(比和)라고 한다.

오행의 상생, 상극과 비화는 두 가지 오행을 비교할 때 일어나는 변화의 원리다.

여러 가지 오행이 함께 만날 때도 상생, 상극, 비화가 일어난다. 여러 오행이 생극제화하는 원리를 어떻게 추단(推斷)하는지는 역술에 따라 다르다.

## 3) 오행(五行)의 왕상휴수사(旺相休囚死)

여러 오행 사이에 생극제화(生克制化)가 일어나면 그 결과로 각(各) 오행의 왕(旺)상(相)휴(休)수(囚)사(死)가 달라진다. 왕상휴수사(旺相休囚死)는 여러 오행이 만났을 때 일어나는 생극제화의 결과를 반영한다.

왕상휴수사는 각 오행의 작용력이 강(强)한지 약(弱)한지를 보여준다. 왕(旺)과 상(相)은 (매우) 강(强)하다는 뜻이고, 휴(休)와 수(囚)는 매우 약(弱)한 쪽에 가깝고, 사(死)는 매우 약(弱)하다.

계절도 오행에 소속되므로, 계절과 오행 사이에도 생극제화가 일어나고, 계절에 따라서 각(各) 오행의 왕상휴수사도 달라진다.

목(木)의 계절인 봄(春)에는 봄(木)과 비화하는 목(木)이 가장 왕

(旺)하다. 이때 봄(木)이 생(生)하는 화(火)는 상(相)이 되고, 반면에 봄(木)을 생(生)하는 수(水)는 휴(休)가 된다. 봄(木)을 극(克)하는 금(金)은 수(囚)가 되고, 봄(木)이 극(克)하는 토(土)는 사(死)가 된다.

여름(火)에는 계절에 비화하는 화(火)가 가장 왕(旺)하고, 여름이 생(生)하는 토(土)는 상(相)이 된다. 여름을 생(生)하는 목(木)은 휴(休)가 되고, 여름을 극(尅)하는 수(水)는 수(囚)가 된다. 여름이 극(克)하는 금(金)은 사(死)가 된다.

| 旺相休囚死 | | | | |
|---|---|---|---|---|
| | 春 | 夏 | 秋 | 冬 |
| 旺 | 木 | 火 | 金 | 水 |
| 相 | 火 | 土 | 水 | 木 |
| 休 | 水 | 木 | 土 | 金 |
| 囚 | 金 | 水 | 火 | 土 |
| 死 | 土 | 金 | 木 | 火 |

다른 계절에 오행의 왕상휴수사도 이와 원리에 따라서 정(定)해진다.

사과점에서는 오행의 왕상휴수사를 중시한다. 오행의 왕상휴수사에 따라서 사과(四課)를 점단(占斷)하는 원리가 달라진다. 여타의 역술에서도 왕상휴수사를 잘 판단하면 점단에서 남다른 능력을 발휘할 수 있다.

# 3장 역술(易術)의 기초원리(基礎原理)

## 1. 간지(干支)

### 1) 천간(天干)과 지지(地支)

간지(干支)는 천간(天干)과 지지(地支)를 함께 가리키는 말이다. 천간은 하늘의 변화를, 지지는 주로 땅의 변화를 나타낸다.

천간에는 갑(甲) 을(乙) 병(丙) 정(丁) 무(戊) 기(己) 경(庚) 신(辛) 임(壬) 계(癸), 열 가지가 있다.

그래서 십천간(十天干) 또는 십간(十干)이라고도 한다. 간(干)이란 글자를 처음 사용할 때는 주로 '범할 범(犯)'과 같은 뜻이었는데, 지금은 방패, 근본, 줄기 등(等)과 같은 뜻으로 사용한다.

천간은 육십갑자(六十甲子)를 세로로 쓸 때, 윗자리에 쓰는 글자다.

지지(地支)는 자(子) 축(丑) 인(寅) 묘(卯) 진(辰) 사(巳) 오(午) 미(未) 신(申) 유(酉) 술(戌) 해(亥), 열두 가지다.

그래서 십이지지(十二地支) 또는 십이지(十二支)라고도 한다. 지(支) 자(字)는 나뭇가지(枝)라는 뜻을 바탕으로, 요즘에는 근원(根源), 지탱(支撑)한다는 뜻으로 쓴다.

지지도 육십갑자를 표시(表示)할 때 사용하는 글자인데, 천간의 아래에 짝을 지어 쓴다.

간지는 오행의 원리를 바탕으로 자연의 변화와 사리(事理)의 변화를 보여준다. 따라서 간지에도 자연과 인사(人事)가 변화하는 원리가 있다.


## 2) 간지(干支)의 순위수(順位數)

간지를 처음 사용할 때는 단순(單純)하게 날짜를 표시하는 숫자로 썼다. 옛 책인『서경(書經)』에 숫자 대신 간지를 쓴 기록이 나온다. 이 책은 지금부터 대략 2,200년쯤 전(前)에 만든 책이다.

날짜를 표시하는 숫자 대신 간지를 쓰면서, 간지마다 그 순서를 나타내는 수(數)가 있다. 이를 순위수(順位數)라고 한다

| 天干地支 順位數 | | | | | | | | | | | |
|---|---|---|---|---|---|---|---|---|---|---|---|
| 天干 | 甲 | 乙 | 丙 | 丁 | 戊 | 己 | 庚 | 辛 | 壬 | 癸 | |
| 順位數 | 1 | 2 | 3 | 4 | 5 | 6 | 7 | 8 | 9 | 10 | |
| 地支 | 子 | 丑 | 寅 | 卯 | 辰 | 巳 | 午 | 未 | 申 | 酉 | 戌 | 亥 |
| 順位數 | 1 | 2 | 3 | 4 | 5 | 6 | 7 | 8 | 9 | 10 | 11 | 12 |

순위수는 순서(順序)와 위치(位置)를 동시(同時)에 나타내는 수

(數)다.

간지의 순위수는 역술에서 공통적(共通的)으로 사용한다. 특(特)히 성명학(姓名學)에서는 천간의 순위수를 많이 활용한다.

### 3) 간지(干支)의 음양오행(陰陽五行)

간지는 모두 우선 오행(五行)에 소속된다.

| 五行과 干支 | | | | | |
|---|---|---|---|---|---|
| 五行 | 水 | 火 | 木 | 金 | 土 |
| 天干 | 壬癸 | 丙丁 | 甲乙 | 庚辛 | 戊己 |
| 地支 | 子亥 | 午巳 | 寅卯 | 申酉 | 辰戌丑未 |

천간인 갑(甲)을(乙)과 지지(地支)인 인(寅)묘(卯)는 목(木)에 소속되고, 천간인 무(戊)기(己)와 지지인 진(辰)술(戌)축(丑)미(未)는 토(土)에 소속된다.

오행 화(火)에는 간지(干支)인 병(丙)정(丁)과 사(巳)오(午)가 소속되고, 금(金)에는 경(庚)신(辛)신(申)유(酉)가 소속된다. 오행으로 수(水)에는 천간 임(壬)계(癸)와 지지 자(子)해(亥)가 소속된다.

간지와 오행이 서로 소속되면서, 간지의 순위수에 따라서 간지의 양(陽)과 음(陰)도 서로 소속된다.

예전부터 1, 3, 5, 7, 9 홀수는 양수(陽數)라 했고, 2, 4, 6, 8, 10 짝수는 음수(陰數)라고 했다. 이 순위수의 음양을 기준으로 각(各) 간지는 음양 중(中)에 한 가지에 소속되도록 정(定)했고, 또 한 가지 오행에 소속된다.

| 天干 | 甲 | 乙 | 丙 | 丁 | 戊 | 己 | 庚 | 辛 | 壬 | 癸 |
|---|---|---|---|---|---|---|---|---|---|---|
| 順位數 | 1 | 2 | 3 | 4 | 5 | 6 | 7 | 8 | 9 | 10 |
| 陰陽 | 陽 | 陰 | 陽 | 陰 | 陽 | 陰 | 陽 | 陰 | 陽 | 陰 |
| 五行 | 木 | 木 | 火 | 火 | 土 | 土 | 金 | 金 | 水 | 水 |

天干地支 順位數 및 陰陽五行

| 地支 | 子 | 丑 | 寅 | 卯 | 辰 | 巳 | 午 | 未 | 申 | 酉 | 戌 | 亥 |
|---|---|---|---|---|---|---|---|---|---|---|---|---|
| 順位數 | 1 | 2 | 3 | 4 | 5 | 6 | 7 | 8 | 9 | 10 | 11 | 12 |
| 陰陽 | 陽 | 陰 | 陽 | 陰 | 陽 | 陰 | 陽 | 陰 | 陽 | 陰 | 陽 | 陰 |
| 五行 | 水 | 土 | 木 | 木 | 土 | 火 | 火 | 土 | 金 | 金 | 土 | 水 |

무(戊)는 음양으로 양(陽)에 속(屬)하고, 오행으로는 토(土)에 속(屬)한다. 자(子)는 오행으로 수(水)이고 음양으로는 양(陽)에 속(屬)한다. 다른 간지도 이와 같다.

하지만 현실에서는, 음(陰)이기만 한 사물(事物)이나 양(陽)이기만 한 사물은 없다. 옛 사람들이 삼라만상의 변화를 바탕으로 그렇게 정(定)했다.

이 점(點)을 유념(留念)하고 역술의 이치를 연구(研究)해야 실제에 적용할 때 남보다 탁월(卓越)하게 점단(占斷)할 수 있다.


### 4) 선천수(先天數)와 후천수(後天數)

순위수와 함께 간지(干支)에는 선천수(先天數)와 후천수(後天數)도 서로 소속된다.

간지의 선천수는 1(一)부터 9(九)까지 단수(單數) 중(中)에, 4(四) 5(五) 6(六) 7(七) 8(八) 9(九)를 쓴다. 1(一)부터 3(三)까지는 천(天) 지(地) 인(人)을 뜻한다(출처, 『도덕경(道德經)』).

선천수 4, 5, 6, 7, 8, 9에 천간과 지지가 함께 서로 소속된다.

| 干支와 先天數 | | | | | |
|---|---|---|---|---|---|
| 先天數 | 9 | 8 | 7 | 6 | 5 | 4 |
| 天干 | 甲己 | 乙庚 | 丙辛 | 丁壬 | 戊癸 | ✕ |
| 地支 | 子午 | 丑未 | 寅申 | 卯酉 | 辰戌 | 巳亥 |

이때 같은 선천수에 소속된 천간은 서로 합(合)이고, 지지는 서로 충(沖)이다.

후천수는 오행의 생수와 성수에 따라서 각(各) 간지에 1 : 1로 소속된다. 다만 토(土)의 지지는 네 가지라 진(辰)과 술(戌)이 후천수 5와 서로 소속되고, 미(未)와 축(丑)이 후천수 10과 서로 소속된다.

| 干支와 後天數 | | | | | | | | | | |
|---|---|---|---|---|---|---|---|---|---|---|
| 天干 | 甲 | 乙 | 丙 | 丁 | 戊 | 己 | 庚 | 辛 | 壬 | 癸 |
| 後天數 | 3 | 8 | 7 | 2 | 5 | 10 | 9 | 4 | 1 | 6 |
| 地支 | 子 | 丑 | 寅 | 卯 | 辰 | 巳 | 午 | 未 | 申 | 酉 | 戌 | 亥 |
| 後天數 | 1 | 10 | 3 | 8 | 5 | 2 | 7 | 10 | 9 | 4 | 5 | 6 |

선천수와 후천수는 순위수와 함께 여러 역술에서 점괘(占卦)를 얻는 득괘법(得卦法)에 많이 활용된다. 또 점괘(占卦)를 추산(推算)하고 점단(占斷)해서 점사(占辭)를 제시할 때도 활용된다.

　오행과 간지의 여러 가지 수(數)와 그 소속은 역술에서 가장 기본이다. 오행과 간지가 서로 소속되면, 오행의 소속이 간지에도 그대로 소속된다. 이때 소속은 "서로 소속된다"는 뜻이다. 앞에 오행의 소속이나 팔괘의 소속도 같은 뜻이다.

| 五行과 干支의 所屬 | | | | | | | | | |
|:---:|:---:|:---:|:---:|:---:|:---:|:---:|:---:|:---:|:---:|
| 五行 | 木 | | 火 | | 土 | | 金 | | 水 |
| 天干 | 甲 | 乙 | 丙 | 丁 | 戊 | 己 | 庚 | 辛 | 壬 | 癸 |
| 地支 | 寅 | 卯 | 午 | 巳 | 辰戌 | 丑未 | 申 | 酉 | 子 | 亥 |
| 方位 | 東 | | 南 | | 中央 | | 西 | | 北 |
| 季節 | 春 | | 夏 | | 四季 | | 秋 | | 冬 |
| 色 | 靑 | | 赤 | | 黃 | | 白 | | 黑 |
| 五臟 | 肝 | | 心 | | 脾 | | 肺 | | 腎 |
| 六腑 | 膽 | | 小腸 | | 胃 | | 大腸 | | 膀胱 |
| 五味 | 酸 | | 苦 | | 甘 | | 辛 | | 鹹 |
| 五常 | 仁 | | 禮 | | 信 | | 義 | | 智 |
| 五音 | ㄱㅋ | | ㄴㄷㄹㅌ | | ㅇㅎ | | ㅅㅈㅊ | | ㅁㅂㅍ |

　특(特)히 수(數)와 방위와 계절은 오행과 간지가 다른 분야와 서로 소속이 되는 기준이다. 오행과 간지가 서로 소속이 되는 원리를 숙지하면 역술을 이해하기가 수월하다.

## 5) 육십갑자(六十甲子)와 공망(空亡)

열 가지 천간과 열두 가지 지지를 조합(調合)해서 간지를 만들면 60가지가 된다. 그래서 육십갑자(六十甲子)라 하고, 줄여서 육갑(六甲)이라고 한다.

60갑자는 천간과 지지의 순위수에 따라서 조합한다. 세로쓰기를 할 때는, 천간을 위에 쓰고 지지를 아래에 쓴다. 가로쓰기에서는 천간을 앞에 쓰고 지지를 뒤에 쓴다.

| 六十甲子와 空亡 | | | | | | | | | | |
|---|---|---|---|---|---|---|---|---|---|---|
| 旬 | 干支 | | | | | | | | | 空亡 |
| 一旬 | 甲子 | 乙丑 | 丙寅 | 丁卯 | 戊辰 | 己巳 | 庚午 | 辛未 | 壬申 | 癸酉 | 戌亥 |
| 二旬 | 甲戌 | 乙亥 | 丙子 | 丁丑 | 戊寅 | 己卯 | 庚辰 | 辛巳 | 壬午 | 癸未 | 申酉 |
| 三旬 | 甲申 | 乙酉 | 丙戌 | 丁亥 | 戊子 | 己丑 | 庚寅 | 辛卯 | 壬辰 | 癸巳 | 午未 |
| 四旬 | 甲午 | 乙未 | 丙申 | 丁酉 | 戊戌 | 己亥 | 庚子 | 辛丑 | 壬寅 | 癸卯 | 辰巳 |
| 五旬 | 甲辰 | 乙巳 | 丙午 | 丁未 | 戊申 | 己酉 | 庚戌 | 辛亥 | 壬子 | 癸丑 | 寅卯 |
| 六旬 | 甲寅 | 乙卯 | 丙辰 | 丁巳 | 戊午 | 己未 | 庚申 | 辛酉 | 壬戌 | 癸亥 | 子丑 |

육갑의 첫 번째 간지는 갑자(甲子)가 되고, 11번째 간지는 갑술(甲戌), 21번째는 갑신(甲申), 31번째는 갑오(甲午), 41번째는 갑

진, 51번째는 갑인(甲寅)이고, 60번째는 계해(癸亥)다. 60가지 간지에 갑(甲)이 6회(回) 있어서 육갑이라고 한다.

61번째에는 다시 갑자(甲子)부터 순서대로 이어간다. 그래서 60갑자가 한 번 순환(循環)할 때 천간은 각각 6회(回), 지지는 각각 5회(回) 순환하면서 육갑 중(中)에 하나의 간지가 된다.

갑(甲)부터 다음 갑(甲)까지는 10가지 간지가 이어진다. 이를 순(旬)이라고 한다. 일순(一旬)이라고도 한다. 순(旬)은 열흘이나 십년(十年) 또는 열 번(10회)을 뜻한다. 매(每) 순(旬)은 갑(甲)으로 시작해서 계(癸)로 끝난다.

지지는 12가지이므로, 순(旬)마다 2가지 지지는 천간을 얻지 못한다. 이를 공망(空亡)이라고 한다. 즉(卽) 갑자순(甲子旬)에서는 술(戌)과 해(亥)가 공망이 되고, 갑술순(甲戌旬)에는 신(申)과 유(酉)가 공망이 된다.

이 60가지의 간지로 연월일시(年月日時)를 표시하므로 60년(年) 동안에는 518,400가지의 연월일시가 있다. 이는 월(月)과 시(時)를 각각 12지지(地支)로 정(定)했기 때문이다. 따라서 60년(年) × 12월(月) × 60일(日) × 12시(時) = 518,400가지의 연월일시가 된다.

이는 조선시대부터 이미 계산한 결과다. 즉(卽) 생년월일시(生年月日時)의 사주(四柱)로 인생의 길흉을 점(占)치는 사주점은, 여인(女人)과 남자(男子)의 사주풀이가 다른 점(點)을 감안하더라도 518,400(사주) × 2(女 男) = 1,036,800(사주)에 모든 사람을 소속시키는 것과 유사하다.

## 6) 납음오행(納音五行)

육갑은 여러 역술에서 두루 사용된다. 사과점(四課占)에서는 특(特)히 점괘를 얻을 때, 육십갑자의 납음오행(納音五行)을 사용하기도 한다. 납음오행은 육갑을 순서대로 두 가지씩 묶어서, 하나의 자연물(自然物)과 오행에 소속시킨다.

육갑을 납음오행에 소속하는 방법은, 대연수(大衍數)에서 태극(太極)의 수(數) 1을 뺀 49수(數)와 간지의 선천수 그리고 오행의 상생원리(相生原理)를 바탕으로 한다.

| 六十甲子 納音五行 | | | | | |
|---|---|---|---|---|---|
| 壬申 癸酉 劍鋒金 | 庚午 辛未 路傍土 | 戊辰 己巳 大林木 | 丙寅 丁卯 爐中火 | 甲子 乙丑 海中金 | |
| 壬午 癸未 楊柳木 | 庚辰 辛巳 白鑞金 | 戊寅 己卯 城頭土 | 丙子 丁丑 澗下水 | 甲戌 乙亥 山頭火 | |
| 壬辰 癸巳 長流水 | 庚寅 辛卯 松柏木 | 戊子 己丑 霹靂火 | 丙戌 丁亥 屋上土 | 甲申 乙酉 泉中水 | |
| 壬寅 癸卯 金箔金 | 庚子 辛丑 壁上土 | 戊戌 己亥 平地木 | 丙申 丁酉 山下火 | 甲午 乙未 砂中金 | |
| 壬子 癸丑 桑柘木 | 庚戌 辛亥 釵釧金 | 戊申 己酉 大驛土 | 丙午 丁未 天河水 | 甲辰 乙巳 覆燈火 | |
| 壬戌 癸亥 大海水 | 庚申 辛酉 石榴木 | 戊午 己未 天上火 | 丙辰 丁巳 沙中土 | 甲寅 乙卯 大溪水 | |

예(例)를 들어 갑자(甲子) 을축(乙丑)의 선천수를 모두 더하면, 甲9 + 子9 + 乙8 + 丑8 = 34가 된다. 다음으로 49에서 선천수의 합(合)인 34를 빼면 15가 남는다. 15를 오행수(五行數) 5로 나누면 나머지가 0인데, 이때는 나머지를 5로 본다. 나머지 수(數) 5는 오행으로 토(土)다. 오행의 상생원리에 따라, 토(土)가 생(生)하는 금(金)이 갑자(甲子) 을축(乙丑)의 납음오행이고, 갑자(甲子) 을축(乙丑) 해중금(海中金)이라 한다. 다른 간지의 납음오행도 이와 같다.

납음오행은 태어난 해(生年)의 간지를 중심으로 사주점을 쳤던 당(唐 618년–907년)나라 때까지 많이 사용됐다.

## 2. 월령(月令)과 십이운성(十二運星)

월령(月令)이란 십이지지(十二地支)로 정(定)한 열두 달(月)의 음양오행(陰陽五行)이다.

지지로 나타낸 월(月)의 음양오행과 소속이, 그 달에 할 일에 대한 천명(天命)이라는 뜻에서 월령이라고 한다.

월령은 24절기(節氣) 중(中)에 12절(節)을 기준으로 바뀐다. 즉(即) 입절일(入節日)에 월(月)이 시작된다.

일년(一年) 사계절(四季節)에는 각각 3개월(個月)씩 소속된다. 월(月)을 뜻하는 지지가 계절과 오행에 소속된다.

봄에는 인월(寅月)묘월(卯月)진월(辰月), 여름에는 사월(巳月)오월(午月)미월(未月), 가을에는 신월(申月)유월(酉月)술월(戌月), 겨울에는 해월(亥月)자월(子月)축월(丑月)이다.

| 季節과 12節 및 月 | | | | | | | | | | | |
|---|---|---|---|---|---|---|---|---|---|---|---|
| 季節 | 春 | | | 夏 | | | 秋 | | | 冬 | | |
| 立節 | 立春 | 驚蟄 | 清明 | 立夏 | 芒種 | 小暑 | 立秋 | 白露 | 寒露 | 立冬 | 大雪 | 小寒 |
| 月 | 寅月 | 卯月 | 辰月 | 巳月 | 午月 | 未月 | 申月 | 酉月 | 戌月 | 亥月 | 子月 | 丑月 |
| 陰曆 | 1月 | 2月 | 3月 | 4月 | 5月 | 6月 | 7月 | 8月 | 9月 | 10月 | 11月 | 12月 |
| 陽曆 | 2.3~2.5 | 3.5~3.7 | 4.4~4.6 | 5.5~5.7 | 6.5~6.7 | 7.6~7.8 | 8.7~8.9 | 9.7~9.9 | 10.8~10.9 | 11.7~11.8 | 12.6~12.8 | 1.5~1.7 |

　계절마다 3번째 달(月)은 계월(季月)이고, 토(土)가 왕(旺)한 월(月)이다. 3개월의 첫째 달(月)은 맹월(孟月)이고, 2번째 달은 중월(仲月)이다. 맹월과 중월엔 계절의 오행이 왕(旺)하다. 왕(旺)은 왕성(旺盛)하다는 뜻이다.

　입절일을 기준으로 정(定)하기 때문에, 지지로 나타내는 12월(月)과 숫자로 나타내는 음력(陰曆) 12개월이 일치(一致)하지 않는다. 입춘일(立春日)이 음력으로 1월 1일(日)이 아니어도, 입춘일부터 새해가 시작되는 것과 같은 원리다.

　12달의 지지에 따라 오행과 간지의 왕(旺)쇠(衰)가 달라진다. 이 변화가 십이운성(十二運星)이다.

　12운성은 월(月)의 지지와 다른 지지의 생극제화에 따라서, 12지지의 왕쇠를 판단하는 원리다.

　12운성에는 절(絕), 태(胎), 양(養), 장생(長生), 목욕(沐浴), 관

대(冠帶), 건록(健祿), 제왕(帝旺), 쇠(衰), 병(病), 사(死), 묘고(墓庫)가 있다.

월(月)마다 12지지는 12운성의 상태(狀態) 중에 하나로 변(變)한다. 12운성 중(中)에 제왕과 쇠(衰)를 묶어서 왕쇠라고 한다. 생왕사절(生旺死絕)이라고도 하는데, 이는 12운성에 장생, 제왕, 사(死), 절(絕)을 뜻한다.

12운성에서 절(絕)은 포(胞)라고도 하고, 건록은 임관(臨官)이라고도 한다.

| 十二運星 | | | | | | | | | | | | |
|---|---|---|---|---|---|---|---|---|---|---|---|---|
| | 絕 | 胎 | 養 | 長生 | 沐浴 | 冠帶 | 健祿 | 帝旺 | 衰 | 病 | 死 | 墓庫 | 備考 |
| 金 | 寅 | 卯 | 辰 | 巳 | 午 | 未 | 申 | 酉 | 戌 | 亥 | 子 | 丑 | |
| 水 | 巳 | 午 | 未 | 申 | 酉 | 戌 | 亥 | 子 | 丑 | 寅 | 卯 | 辰 | 土 |
| 木 | 申 | 酉 | 戌 | 亥 | 子 | 丑 | 寅 | 卯 | 辰 | 巳 | 午 | 未 | |
| 火 | 亥 | 子 | 丑 | 寅 | 卯 | 辰 | 巳 | 午 | 未 | 申 | 酉 | 戌 | 土 |

오행 중(中)에 토(土)는 비고(備考)에 표시했다. 천지(天地)를 뜻하는 토(土)는 항상(恒常) 존재(存在)하므로, 쇠약(衰弱)해져도 12운성의 절(絕)이 되지는 않는다.

표(表)에서 12지지는 12월(月)을 뜻한다. 금(金)은 인월(寅月)에 12운성의 절(絕)이고, 묘월(卯月)에 태(胎), 축월(丑月)에 묘고에 들어간다는 뜻이다. 토(土)를 제외하고, 다른 오행도 이와 같다.

절(絕)은 기(氣)가 끊겼다는 뜻이고 다른 기(氣)와 관계가 단절(斷絕)된 상태다.

태(胎)는 기(氣)가 다시 변화를 시작했다는 뜻으로, 사람으로 보면 잉태(孕胎)된 상태다.

양(養)은 기(氣)가 세상에 출현(出現)하기 전(前)까지 내적(內的)으로 능력(能力)을 키우는 때다.

장생(長生)은 기(氣)의 세상 밖으로 나오고, 다른 기(氣)와의 관계도 다시 시작한다는 뜻이다. 사람으로 보면 출생(出生)을 말한다.

목욕(沐浴)은 다른 기(氣)와의 관계 속에서 성장(成長)하는 초기(初期)로, 다른 기(氣)의 영향(影響)을 많이 받는 시기(時期)다. 아기가 출생하자마자 타의(他意)에 따라 목욕(沐浴)을 하게 됨을 뜻한다.

관대(冠帶)는 사람의 성인식(成人式)처럼 기(氣)가 온전하게 하나의 독립체(獨立體)로 활동(活動)함을 뜻한다.

건록(健祿)은 기(氣)가 능력을 발휘(發揮)하는 상태다. 사람으로 보면 벼슬을 하면서 녹봉(祿俸)을 받는 상태와 같다.

제왕(帝旺)은 기(氣)의 전성기다. 계획(計劃)한대로 기(氣)가 그 능력을 왕성하게 발휘하고 성과(成果)를 이룬다.

쇠(衰)는 기(氣)의 기세(氣勢)가 꺾이고 쇠퇴(衰退)하는 때다. 오르막길을 지나면 내리막길이 있는 게 세상의 이치(理致)다.

병(病)은 노쇠(老衰)한 기(氣)가 편(便)치 않은 상태, 병(病)이 난 상태다.

사(死)는 기(氣)가 능력을 잃고 다시 세상 밖으로 벗어나며, 그 변화의 외적(外的) 표현(表現)마저 없어진 상태다.

묘고(墓庫)는 묘(墓 무덤)와 고(庫 곳집. 창고)를 합(合)한 말로, 기(氣)가 활동을 멈추고 작은 울타리 안에 갇힌 상태다. 이 기(氣)는 다시 절(絕)을 거쳐 12운성을 순환한다.

계절과 월(月)의 흐름에 따라서 삼라만상이 12운성의 과정을 순환한다. 오행과 간지도 12운성의 상태를 순환한다. 다만 항존(恒

存)하는 천지(天地)인 토(土)는 수(水)와 함께 12운성의 변화를 순환하거나, 화(火)와 함께 순환한다.

현대의 역술인(易術人)들은 대체로 토(土)와 화(火)가 함께 12운성을 순환하는 것으로 본다. 예전의 술사들은 대게 토(土)가 생(生), 왕(旺)으로 갈 때는 화(火)와 함께 변(變)하고, 묘(墓)나 절(絶)로 갈 때는 수(水)와 함께 12운성을 순환한다고 봤다.

월령과 12운성은 계절과 월(月)에 따라서 오행과 간지가 변화하는 기초원리라 여러 역술에서 두루 사용된다. 즉(卽) 계절과 월(月)에 따라 간지의 길흉(吉凶)이 달라진다.

## 3. 천간(天干)의 합(合)과 충(沖)

### 1) 천간(天干)의 합(合)

합(合)은 서로 화합(和合)한다는 뜻이다. 천간은 열 가지라, 천간합(天干合)에는 오합(五合)이 있다.

갑(甲)기(己) 합(合), 을(乙)경(庚) 합(合), 병(丙)신(辛) 합(合), 정(丁)임(壬) 합(合), 무(戊)계(癸) 합(合)이다.

서로 상극(相克)인 천간 중(中)에 양(陽)인 천간과 음(陰)인 천간이 서로 합(合)한다. 음양(陰陽)의 원리에 따른 합(合)이다.

두 천간이 합(合)할 때는 둘 중에 한쪽의 기(氣)가 더해진다. 이를 화기(化氣)라고 한다.

오행의 생극제화로 목극토(木克土)인데, 목(木)의 양간(陽干)인

| 天干 五合 | | | | | |
|---|---|---|---|---|---|
| 天干合 | 甲己合 | 乙庚合 | 丙辛合 | 丁壬合 | 戊癸合 |
| 化氣 | 土 | 金 | 水 | 木 | 火 |

갑(甲)이 토(土)의 음간(陰干)인 기(己)를 만나면, 갑기합(甲己合)이 된다. 갑기합이 되면 토(土)의 기(氣)가 형성되고, 따라서 토(土)의 기운(氣運)과 작용이 왕(旺)해진다. 다른 천간의 합(合)도 이와 같다.

천간합은 음양으로 이뤄진 삼라만상이 변화하는 원리를 보여준다.


## 2) 천간(天干)의 충(沖)

십천간(十天干)을 원형(圓形)으로 순위수(順位數)에 따라 배열하면, 7번째 위치(位置)에 있는 천간끼리 서로 충(沖)한다. 즉 갑(甲)과 경(庚), 을(乙)과 신(辛), 병(丙)과 임(壬), 정(丁)과 계(癸)가 서로 충(沖)한다.

| 天干沖 | | | |
|---|---|---|---|
| 甲庚沖 | 乙辛沖 | 丙壬沖 | 丁癸沖 |

무(戊)와 기(己)는 제외(除外)된다. 이때 무기(戊己)는 천지(天地)를 뜻하므로 충(沖)하지 않는다. 천지는 항상 화합(和合)한다. 천간충(天干沖)은 오행으로 상극이면서, 서로 음양이 같다.

사상(四象) 중(中)에 태양과 태음은 그 자체로 격변(激變)을 예고(豫告)한다. 양(陽)이 극(極)에 달(達)하면 음(陰)이 되고, 음(陰)

이 극(極)에 도달(到達)하면 양(陽)이 된다는 이치(理致)다. 천간의
충(沖)은 태양이나 태음이 되는 것과 같다.


## 4. 지지(地支)의 합(合)

천간의 합(合)처럼 지지도 서로 합(合)이 된다. 12지지에는 육합
(六合), 삼합(三合), 방합(方合)이 있다.


### 1) 지지(地支) 육합(六合)

지지의 육합(六合)이란, 자축합(子丑合), 인해합(寅亥合), 묘술합
(卯戌合), 진유합(辰酉合), 사신합(巳申合), 오미합(午未合) 여섯 가
지다. 그래서 육합이라고 한다. 지지의 육합도 음양의 합이다.

| 地支 六合 | | | | | | |
|---|---|---|---|---|---|---|
| 六合 | 子丑合 | 寅亥合 | 卯戌合 | 辰酉合 | 巳申合 | 午未合 |
| 化氣 | 土 | 木 | 火 | 金 | 水 | 天地 |

천간의 오합(五合)처럼 지지의 육합도 서로 화합하면서 새로운
오행의 기(氣)를 화출(化出)한다. 자축합(子丑合)은 토(土)를, 인
해합(寅亥合)은 목(木)을, 묘술합(卯戌合)은 화(火)를, 진유합(辰
酉合)은 금(金)을, 사신합(巳申合)은 수(水)를 화출한다. 이때 오
미합(午未合)은 화기(化氣)를 형성하지 않는다. 오미합은 그 자체

로 천지(天地)를 뜻한다.

지지의 육합은 땅의 기(氣)가 화합(和合)하는 것이라 변화에 시간이 걸린다고 본다. 그래서 육합이 있을 경우에 변화와 행동(行動)에 제약(制約)이 나타나는 것으로 보기도 한다.

## 2) 지지(地支)의 삼합(三合)

삼합(三合)은 오행 중에서 수(水)화(火)목(木)금(金)이, 12운성에서 장생, 제왕, 묘고가 되는, 세 지지 합(合)이다. 삼합은 오행과 12운성이 서로 소속된 결과다.

자(子)는 오행으로 수(水)인데, 12운성(運星)에서 수(水)의 장생인 신(申)과 제왕인 자(子) 그리고 묘고인 진(辰)이 서로 삼합을 이룬다. 이때는 자수(子水)의 세력(勢力)이 왕(旺)해진다.

| 地支 三合 | | | |
|---|---|---|---|
| 三合 | 申子辰 合 | 寅午戌 合 | 亥卯未 合 | 巳酉丑 合 |
| 五行 | 水 | 火 | 木 | 金 |

오(午)는 오행의 화(火)인데, 12운성 표(表)에서 화(火)는 인(寅)에서 장생이고 오(午)에서 제왕이 되며 술(戌)에서 묘고가 된다. 그래서 인오술(寅午戌) 삼합을 이룬다. 나머지도 이와 같다. 삼합의 가운데 있는 지지의 기(氣)가 왕(旺)해진다.

### 3) 지지(地支)의 방합(方合)

방합(方合)은 방위(方位)와 계절(季節)의 화합(和合)이다. 분리
될 수 없는 시간(계절)과 공간(방위)은 서로 동기(同氣) 화합한다.
그래서 같은 기(氣)인 동(東)쪽과 봄(春)과 목(木)이 화합하는 것이
방합이다.

동(東)쪽에서는 봄(春)과 인(寅)묘(卯)진(辰) 3개월(個月)이 서로
소속되고 화합한다. 남(南)쪽에서는 여름(夏)과 사오미(巳午未) 3
달이 서로 소속되고 화합한다. 서(西)쪽에서는 가을(秋)과 신유술
(申酉戌) 3달이, 북(北)쪽에서는 겨울(冬)과 해자축(亥子丑) 3달이
서로 소속되고 화합한다.

| 地支 方合 | | | |
|---|---|---|---|
| 方合 | 寅卯辰 | 巳午未 | 申酉戌 | 亥子丑 |
| 方位 | 東 | 南 | 西 | 北 |
| 季節 | 春 | 夏 | 秋 | 冬 |
| 五行 | 木 | 火 | 金 | 水 |

## 5. 지지(地支)의 상충(相沖)

지지(地支) 사이에 충(沖)도 순위수(順位數)를 바탕으로 일어난
다. 자(子)가 순위수로 1이고, 오(午)는 7이다. 따라서 자오(子午)

충(沖)이다. 칠충(七沖)이라고도 한다.

충(沖)은 음양(陰陽)이 같고 오행으로 상극인 지지가 만날 때 일어난다. 이때 진술(辰戌)과 축미(丑未)는 같은 오행이지만 음양이 같아서 서로 충(沖)이 된다.

| 地支 沖 | 子午沖·丑未沖·寅申沖·卯酉沖·辰戌沖·巳亥沖 |
|---|---|

충(沖)인 지지가 한 점괘(占卦)에서 만나면, 글자의 뜻대로 요동(搖動)치고 그 기반(基盤)이 흔들린다. 서로 충(沖)하는 두 지지가 모두 같다. 그래서 간지(干支) 사이의 칠충을 칠살(七煞)이라고도 한다.

일상(日常)에서 서로 상충(相衝)이라는 말을 쓴다. 역술에서 사용하는 말이 일상 언어(言語)가 된 예(例)다. 상충(相衝)은 상충(相沖)이나 상충(相冲)과 같은 말이다.

충(沖)과 충(冲)은 "용솟음치는 것이다. 요(繇)는 요(搖)의 옛글자다. 용(涌)은 위로 솟구친다는 뜻이다. 요(搖)는 옆으로 흔들린다는 뜻이다.(涌繇也 繇搖古今字 涌 上涌也 搖 旁搖也. 출처, 『설문해자』)"라고 한다. 요즘에는 두 글자 모두 "비다(空). 서로 꺼린다, 찌른다(衝)." 등(等)의 뜻으로도 쓴다.

충(衝)은 "수레를 언덕과 고을에 벌려놓는다는 뜻이다. 진(陳)은 열(列)을 뜻한다.(陷陳車也 陳者 列也. 출처, 『설문해자』)"라고 했다. 그런데 글자의 모양에 "꿰뚫는다. 찌른다."는 뜻이 있다.

그래서 지지의 충(沖)에 대해서, 상충(相衝) 상충(相沖) 상충(相冲)을 섞어서 쓴다.

## 6. 지지(地支)의 형(刑)

지지(地支)의 형(刑)에는 세 종류가 있다.

세 개(個)의 지지가 만날 때 일어나는 삼형(三刑), 두 지지가 만나는 상형(相刑), 같은 지지가 만나는 자형(自刑) 등(等)이다. 이때 형(刑)은 형벌(刑罰)을 받는 것과 같은 상태를 뜻한다.

삼형(三刑)에는 두 가지가 있다.

인(寅)사(巳)신(申)이 한 점괘(占卦) 안(內)에 드는 인사신(寅巳申) 삼형과 축술미(丑戌未) 삼형이다.

| 地支 刑 | | 
|---|---|
| 三刑 | 寅巳申 / 丑戌未 |
| 相刑 | 子卯 |
| 自刑 | 辰辰 / 午午 / 酉酉 / 亥亥 |

인형사(寅刑巳), 축형술(丑刑戌)처럼 삼형 중(中)에 두 지지만 점괘 안(內)에 들어도 삼형이 성립(成立)한다고 보는 역술도 있다.

그러나 사과점(四課占)에서는 한 과(課)에서 세 지지가 모두 만나야 삼형이 성립한다.

상형(相刑)은 자(子)와 묘(卯)가 만나는 한 가지다.

자형(自刑)은 진(辰)과 진(辰), 오(午)와 오(午), 유(酉)와 유(酉), 해(亥)와 해(亥) 등(等)이다.

형(刑)에 대한 뜻풀이는 역술(易術)마다 조금씩 다르다. 사과점에서는 인사신 형(刑)은 은혜(恩惠)를 원수(怨讎)로 갚는 형(刑)이고, 축술미 형(刑)은 세력(勢力)에 의지(依支)해서 상대(相對)를 핍박(逼迫)한다.

자묘(子卯) 형(刑)은 이유(理由)도 예의(禮儀)도 없이 생기는 흉조(凶兆)다. 그리고 진(辰)오(午)유(酉)해(亥)는 스스로 좋지 않게 되는 흉(凶)이다.

# 7. 지지(地支)의 파(破)와 월파(月破)

지지(地支)의 파(破)는 신파사(申破巳), 술파미(戌破未), 해파인(亥破寅), 인파사(寅破巳), 축파진(丑破辰), 오파묘(午破卯), 유파자(酉破子)다. 파(破)는 물상(物象)이 깨지고 흩어짐을 뜻한다. 좋지 않은 상황도 좋은 상황도 파(破)를 만나면 부서진다.

사과점에서는 월파(月破)를 중시한다.

월파란 정월(正月)에 신(申), 이월(二月)에 유(酉), 삼월(三月)에 술(戌), 사월(四月)에 해(亥), 오월(五月)에 자(子), 유월(六月)에 축(丑), 칠월(七月)에 인(寅), 팔월(八月)에 묘(卯), 구월(九月)에 진(辰), 시월(十月)에 사(巳), 십일월(十一月)에 오(午), 십이월(十二月)에 미(未)다.

| 地支 月破 | | | | | | | | | | | |
|---|---|---|---|---|---|---|---|---|---|---|---|
| 月 | 寅 | 卯 | 辰 | 巳 | 午 | 未 | 申 | 酉 | 戌 | 亥 | 子 | 丑 |
| 破 | 申 | 酉 | 戌 | 亥 | 子 | 丑 | 寅 | 卯 | 辰 | 巳 | 午 | 未 |

즉(卽) 사과점에서는 칠충(七冲)이 점(占)친 월(月)과 만날 때 파(破)가 된다. 그래서 월파(月破)라고 한다.

예(例)를 들어 정월(正月)에 기과(起課)했는데, 과(課) 안에 신

(申)이 들었다면 월파(月破)다. 월파가 되는 효(爻)는 충(沖)의 뜻대로 매우 요동(搖動)치는 상태가 된다.

## 8. 지지(地支)의 해(害)

지지(地支)의 해(害)는 자해미(子害未), 축해오(丑害午), 인해신(寅害申), 묘해유(卯害酉), 진해해(辰害亥), 사해술(巳害戌) 등(等) 여섯 가지다. 그래서 육해(六害)라고도 한다.

| 地支 六害 | 子害未·丑害午·寅害申·卯害酉·辰害亥·巳害戌 |
|---|---|

해(害)가 되면, 해당하는 물상(物象)에, 타인(他人) 또는 타물(他物)의 해(害)침이 생기고, 사람인 경우에는 관부(官府)에 일이 생긴다.

## 9. 십이신살(十二神煞)

지지의 삼합(三合)을 기초로, 여러 역술(易術)에서 두루 사용하는 12가지 신살(神煞)이 있다. 이를 십이신살(十二神煞)이라고 한다.

어떤 점괘에서든지 12신살 중(中)에 한두 가지는 나올 수 있는데, 이를 점단할 때는 신중해야 한다. 신살이 있다고 해서 항상 그 작용(作用)이 나타나는 것은 아니다. 신살이 작용하는지 안하는지

분별하는 것은 전적으로 술사(術士)의 몫이다.

또 12신살이 있다고 곧바로 길흉(吉凶)이 정(定)해지는 것도 아니다. 12신살의 길흉은 오행의 생극제화와 문점하는 내용에 따라 달라진다.

12신살은 겁살(劫煞), 재살(災煞), 천살(天煞), 지살(地煞), 연살(年煞), 월살(月煞), 망신살(亡身煞), 장성살(將星煞), 반안살(攀鞍煞), 역마살(驛馬煞), 육해살(六害煞), 화개살(華蓋煞)이다.

| 十二神煞 | | | | | | | | | | | |
|---|---|---|---|---|---|---|---|---|---|---|---|
| | 劫煞 | 災煞 | 天煞 | 地煞 | 年煞 | 月煞 | 亡身煞 | 將星煞 | 攀鞍煞 | 驛馬煞 | 六害煞 | 華蓋煞 |
| 申子辰 | 巳 | 午 | 未 | 申 | 酉 | 戌 | 亥 | 子 | 丑 | 寅 | 卯 | 辰 |
| 亥卯未 | 申 | 酉 | 戌 | 亥 | 子 | 丑 | 寅 | 卯 | 辰 | 巳 | 午 | 未 |
| 寅午戌 | 亥 | 子 | 丑 | 寅 | 卯 | 辰 | 巳 | 午 | 未 | 申 | 酉 | 戌 |
| 巳酉丑 | 寅 | 卯 | 辰 | 巳 | 午 | 未 | 申 | 酉 | 戌 | 亥 | 子 | 丑 |

겁살(劫煞)은 자기 것을 빼앗기거나, 겁박(劫迫)을 당한다는 뜻이다.

재살(災煞)은 수옥살(囚獄煞)이라고도 한다. 주(主)로 관재(官災)를 뜻한다. 일반인(一般人)에게는 관재가 되더라도, 이미 관직(官職)에 있거나 종교인(宗敎人)이거나 이와 유사(類似)한 직업인(職業人)에게는 승진(陞進)의 뜻도 있다.

천살(天煞)은 사람의 생명(生命)과 관계(關係)된 액난(厄難)이다. 종교적(宗敎的)인 일이나 영적(靈的)인 일, 제사(祭祀)도 뜻한다.

지살(地煞)은 대지(大地)와 택지(宅地)에 관계된 일이다. 이로부터 여행(旅行)과 같은 이동(移動)에 관한 일의 길흉(吉凶)을 유추(類推)하기도 한다.

연살(年煞)은 도화살(桃花煞)이라고도 한다. 주(主)로 이성(異性)에 관계된 일이다. 또 연살(年煞)은 중심인 오행(五行)의 십이운성(十二運星)으로 목욕(沐浴)에 해당(該當)하는데, 이로부터 타의(他意)로 인(因)한 곤란(困難)을 뜻한다.

월살(月煞)은 날마다 다른 모습으로 나타나는 달(月)과 같은 상황이다. 또 사람이 달(月)을 보는 경우도 여러 가지가 있다. 희망(希望) 때문에 달(月)을 보기도 하고, 절망(絕望) 때문에 보기도 한다. 월살뿐만 아니라 모든 신살(神煞)은 오행의 왕상휴수사(旺相休囚死)와 생극제화 및 문점(問占)한 일의 내용에 따라서 그 길흉(吉凶)이 달라진다.

망신살(亡身煞)은 몸을 버린다는 뜻이다. 신체(身體)에 관한 일이다.

장성살(將星煞)은 막강(莫强)한 세력과 권한(權限)을 말한다. 자신(自身)이 장성살(將星煞)을 가졌다면 과유불급(過猶不及)을 조심할 것이고, 타인(他人)이 장성살(將星煞)을 가졌다면 그로 인(因)한 피해를 입지 않도록 조심할 일이다.

반안살(攀鞍煞)은 말의 안장(鞍裝)을 잡고 앉는다는 뜻에서 파생(派生)된 살(煞)이다. 예전에는 안장이 있는 말이나 안장이 부(富)와 권세(權勢)의 상징이었다. 반안살은 권세를 잡거나, 권세에 영합(迎合)하는 일이다.

역마살(驛馬煞)은 예전에 역참(驛站)에서 일어난 일을 뜻한다. 이때 역참과 역마는 주(主)로 공적(公的)이나 사적(私的)인 소식(消息), 관리(官吏)들의 교통(交通)과 왕래(往來), 일반인의 여행에 관계됐다.

육해살(六害煞)은 사람에게 해(害)가 된다는 뜻이다. 그 길흉 또한 오행의 왕상휴수사와 생극제화 및 문점(問占)한 내용에 따라 점단한다.

화개살(華蓋煞)은 화려(華麗)함에 뒤덮인다는 뜻이다. 신(神)에 관계된 일이나 종교적인 일, 큰 행사(行事)에 관계된 일이다.

과거(過去)에는 살(煞)이 들었다고 하면 일단 나쁘다고 점단했으나, 이치(理致)에 맞지 않는다. 살(煞)이 들어도 오행의 왕상휴수사와 생극제화 그리고 문점한 내용에 따라서 살(煞)의 길흉이 달라진다.

신살뿐만 아니라 점단(占斷)은 역술인(易術人)의 통찰력에 따라서 그 적중률이 달라진다.


## 10. 간지(干支) 문자(文字)의 뜻

간지(干支) 글자에 담긴 뜻을 알면 역리(易理)를 이해하는데 도움이 된다.

역(易)과 문자(文字)는 거의 같은 시기에 만들어졌다. 오랜 역사(歷史) 속에서 문자의 뜻이 다양(多樣)해진 것처럼, 간지로 쓰는 글자도 수천(數千) 년(年) 동안 그 뜻이 변(變)하는 중(中)이다.

여러 역술(易術)이 체계를 갖출 때까지 간지 자(字)에 담긴 뜻을 알면 역리를 이해하고 점단(占斷)하는데 도움이 된다.

## 1) 천간(天干) 글자의 뜻

갑(甲)은 쪼개고 나온다는 뜻이다. 만물이 단단한 껍질을 쪼개고 나오는 모습을 취(取)했다. 역(易)에 말하기를, 백과(百果)와 초목(草木)은 모두 단단한 껍질을 쪼개고 움튼다고 했다.(甲者 坼 也 言萬物剖符甲而出也 易曰 百果草木皆甲坼)

을(乙)은 만물이 처음 생길 때 구불구불하게 움트는 것으로, 아직 자라지 않은 것이다.(乙 言萬物初生曲蘖 而未伸也)

병(丙)은 만물에 빛이 밝게 비쳐서 모습을 드러내는 것이다.(丙 言萬物炳然著見)

정(丁)은 만물이 내실을 갖추고 장성해서 형체를 보인다는 뜻이다. 그래서 나라 안의 그림이나 글에서도 장정(壯丁)이 된다고 했다.(丁 言萬物壯實支形 故邦國圖籍曰成丁)

무(戊)는 무성함을 뜻하고 만물이 무성한 모습을 가리킨다. 그래서 『한지(漢志)』에서도 승검초(蘗)가 무성한 것이 무(戊)라고 했다.(戊 茂也 言物之茂盛 故漢志曰 蘗茂於戊是也)

기(己)는 바탕(紀)을 뜻한다. 만물이 형체(形體)가 있어 그 바탕을 알 수 있는 것을 말한다.(己 紀也 言物有形可紀識也)

경(庚)은 굳세고 강한 모습이다. 만물이 수렴(收斂)되고 결실(結實)이 있는 것을 말한다.(庚 堅强貌 言物收歛而有實也)

신(辛)은 만물이 기세(氣勢) 좋게 일어나서 제지(制止)하는 것을 뜻한다. 그래서 신(辛)은 고통(苦痛)을 뜻하기도 한다.(辛 言萬物 方盛而見制 故辛痛也)

임(壬)은 아이를 밴다는 뜻으로 음양(陰陽)의 교차(交叉)를 말한다. 만물이 자(子)에 이르면 그 움(萌)을 회임(懷妊)하는 것을 말한다.(壬 妊也 陰陽之交 言物懷妊至子而萌也)

계(癸)는 겨울철이면 대지가 이미 평평해져서 만물이 그 도수 (度數)를 헤아릴 수 있다는 뜻이다.(癸者 冬時土旣平 萬物可揆 度也)

## 2) 지지(地支) 글자의 뜻

자(子)는 새끼를 갖는다는 뜻이다. 양기(陽氣)의 움(萌)이 시작 되는 것으로, 새끼는 아래에서 비롯된다.(子 孶也 陽氣始萌 孶生 於下也)

축(丑)은 매듭짓는 것이다. 한기(寒氣)가 스스로 굽어진다.(丑 紐也 寒氣自屈曲也)

인(寅)은 종지뼈다. 양기(陽氣)가 드러나려는 것이다. 양(陽)은 높고 강(强)하지만 종지뼈(髕)처럼 아직 아래에 있다는 뜻이 다.(寅 髕也 陽氣欲出 陽尙强而髕演於下)

묘(卯)는 덮어쓰고 있음이다. 만물이 대지(大地)를 덮어쓰고 있 다가 나온다는 뜻이다.(卯者 冒也 萬物冒地而出)

진(辰)은 뻗어나감이다. 만물이 펴지고 뻗어나면서 드러남을 말 한다.(辰 伸也 物皆舒伸而出)

사(巳)는 이미 되었다는 뜻이다. 양기(陽氣)가 이미 두루 퍼졌다 는 말이다.(巳 已也 陽氣畢布巳矣)

오(午)는 짝을 뜻한다. 음양(陰陽)이 서로 교차(交叉)하면서 짝 을 이룬다.(午 仵也 陰陽交相愕而仵也)

미(未)는 어둠이다. 해가 중천(中天)에 이르면 기우는 것처럼, 양(陽)이 어두운 곳으로 향한다는 뜻이다.(未 昧也 日中則昃 陽向 幽也)

신(申)은 빠르게 이루어진다는 뜻이다. 그래서 『진지(晉志)』에 만물의 형체(形體)가 모두 이뤄진다고 했다.(申 伸束以成 故晉志曰 萬物之體皆成也)

유(酉)는 나아가 마친다는 뜻이다. 만물이 성숙(成熟)됐다.(酉 就也 萬物成熟)

술(戌)은 없어진다는 뜻이다. 만물은 사라지기 마련이다.(戌 滅也 萬物滅盡)

해(亥)는 씨앗이다. 만물을 모두 거두어 감추는 단단한 씨앗이다.(亥 核也 萬物收藏 皆堅核也)

간지 글자의 뜻은 『연해자평』에서 인용(引用)했다. 이 책은 남송(南宋 1127~1279) 때 서승(徐升)이라는 사람이 만든 것으로 알려졌다. 이와 유사(類似)한 책이 『명리정종(命理正宗)』이다. 명(明 1368~1662)나라 때 장남(張楠. 1609~미상)이라는 사람이 썼다. 두 책은 모두 현대적인 사주점(四柱占)의 바탕이 된다.

# 제2편

# 정본(定本) 사과점(四課占)

# 1장 사과점(四課占)의 유래(由來)

## 1. 사과점(四課占)의 명칭(名稱)

사과(四課)는 사과점(四課占)의 점괘(占卦)다.

이때 사(四)는 네 개(個)를 뜻하고, 과(課)는 점괘를 구성하는 효(爻)다. 육효점(六爻占)에서 육효(六爻)가 점괘를 구성하는 6개(個)의 효(爻)라는 뜻과 같다.

사과점은 4개(個)의 효(爻) 즉(卽) 사과(四課)를 점괘로 쓴다. 그래서 사과점이라고 한다. 과(課)와 효(爻)는 같은 뜻이다.

한편 사과는 사과점과 금구결에서 공통으로 사용하는 점괘다. 육효점과 주역점이 공통적으로 여섯 개(個)의 효(爻)로 구성된 64 괘(卦)를 점괘로 쓰는 것과 같다. 그래서 사과점을 금구결로 오해하는 술사(術士)도 있다. 그러나 사과점은 금구결과 다르다. 그래서 사과점이라고 했다.

## 2. 사과점(四課占)의 유래(由來)

사과점(四課占)은 조선(朝鮮)의 역술(易術)이다.

사과점은 대략 1,600년대(年代) 말(末)~1,700년대 초(初)에 활약했던 조선의 고명(高明)한 술사(術士)가 창안했다.

그런데 사과점을 창안한 술사는 당시의 사회적 분위기 탓에 사과점을 책으로 만들지 않았고, 후대(後代)의 출중(出衆)한 술사에게 구전(口傳)으로만 전수(傳授)했다.

그래서 그 술사의 이름은 알려지지 않았고, 시간이 흐르면서, 사과점 이라는 이름도 모르는 술사가 많은 것이 현실이다.

사과점이 창안될 당시는 왜란(倭亂)과 호란(胡亂) 이후(以後)였다. 이때는 상고시대(上古時代)부터 전(傳)해진 각종(各種) 점술이 번성했다. 국가적인 전란(戰亂)을 거듭 겪으면서, 민심(民心)은 불안(不安)할대로 불안했고, 이를 반영하듯이 여러 가지 참위설(讖緯說)이 난무(亂舞)했다.

그럼에도 금구결을 포함해서 역사가 오래된 각종 점술은 쇠잔(衰殘)했다. 당시의 여러 점술은 정통(正統)한 역리(易理)로부터 멀리 벗어났다. 따라서 불안한 민심을 달랠 수 없었고, 백성(百姓)들의 인생(人生)에 희망(希望)을 주지 못했다.

송대(宋代) 이후(以後)로 유입(流入)된 사주점(四柱占)도 몇몇 양반(兩班)을 대상으로 벼슬할 운(運)을 점(占)칠 때나 활용될 정도로 미미(微微)했다.

이순신(李舜臣 1545~1598) 장군(將軍)이 임진왜란 때 주(主)로 사용한 육효점이, 그 적중률(的中率)을 바탕으로 두각(頭角)을 나타내며 점술의 명맥(命脈)을 유지(維持)했다.

이와 같은 배경(背景)에서 한 고명한 술사가 사과점을 창안했다.

　오래된 점술들이 뭇 술객(術客)을 거치면서, 근본적인 역의(易義)와 역리(易理)에서 벗어난 것을 바로 잡았다. 삼라만상으로 펼쳐지는 자연(自然)의 원리(原理)와 오랜 역사(歷史)를 통(通)해서 전(傳)해진 사리(事理)에 정통(正統)하게 창안했다. 사과점은 정통(正統)한 역의와 역리에 더욱 정통(精通)하게 창안됐다.

　이 같은 연유(緣由)로 사과점이라는 독립적인 이름을 정(定)했다. 창안된 이후 사과점은 육효점과 함께, 선대(先代)의 고명한 술사로부터 후대(後代)의 출중한 술사에게만, 입에서 입으로 전(傳)해졌다. 말 그대로 비전(祕傳)이다.

　혹자(或者)는 사과점을 금구결로 오해한다. 그런데 사과점은 점괘를 얻는 기과법(起課法)과 점사(占辭)를 제시하는 점단법(占斷法)에서 금구결과 매우 다르다. 이는 이하(以下)의 내용에서 확인된다. 사과점은 조선의 고명한 술사가 창안한 조선의 역술이다.

# 2장 사과점(四課占) 기초원리(基礎原理)

## 1. 사과(四課)의 모양(模樣)

사과(四課)란 사과점의 점괘다. 우선 점괘인 사과의 모습을 익히면서 대표적인 특징을 알아본다.

| 四課例 1 | | | |
|---|---|---|---|
| | ? | | |
| 死 | 庚 | 人元 貴神 | 壬戌月己亥日 |
| 相 | 甲戌 | 天空 月將 | |
| 休 | 丁卯 | 太冲 | |
| 旺 | 午 | 地分 | |

사과예(四課例) 1은 양력으로 1918년 10월 19일(음력 9월 15일) 오시(午時)에 찾아온 사람이 오방(午方)에 앉아서, 아무 말도 없이 술사(術士)를 바라볼 때 얻은, 사과점괘의 모양(模樣)이다.

사과점은 이처럼 점(占)을 묻는 사람이 자신에 대하여 아무 것도 말하지 않아도 점괘를 얻을 수 있다. 즉(卽) 사과를 세울 수 있다.

사과는 일(一) 지분(地分), 이(二) 월장(月將), 삼(三) 귀신(貴神), 사(四) 인원(人元)의 순서로 과(課)를 얻는다.

점(占)을 칠 때는, 진한 글씨로 보이는 부분(部分)만 쓴다. 가운데 진한 글자가 사과다. 그 위에 ? 표시는 하늘(天)에 묻는다는 뜻이다. 가장 오른쪽에는 점괘를 얻은 달(月)과 날짜(日)를 쓴다.

## 2. 사과(四課)의 명칭(名稱)

점괘인 사과에는 각각(各各) 명칭(名稱)이 있다.

사과예 1의 모양에서, 월(月)일(日) 옆에 흐린 글씨로 쓴 인원(人元), 귀신(貴神), 월장(月將), 지분(地分)이 사과 각각의 명칭이다.

과(課)의 이름 옆에 천공(天空)은 열두 귀신(貴神) 중(中)에 하나의 이름이고, 태충(太沖)은 열두 월장(月將) 중(中)에 하나다.

물음표(?)가 있는 세로 줄에 경(庚) : 술(戌) : 묘(卯) : 오(午)라고 진하게 쓴 글자가 사과다. 지분부터 귀신까지는 지지로 세우고, 인원은 천간으로 세운다.

사과 왼쪽에 흐리게 쓴 갑(甲)과 정(丁)은 귀신과 월장의 천간이다.

그리고 가장 왼쪽에 위부터 아래로 사(死), 상(相), 휴(休), 왕(旺)이라고 쓴 부분은 각(各) 과(課)의 왕(旺)상(相)휴(休)수(囚)사(死)다. 각 과(課)의 왕상휴수사는 점단을 할 때 가장 중요하고도 기본적인 판단이므로, 필요에 따라서 이 같이 표시할 수도 있다.

실제 점괘를 쓸 때는 흐린 글씨로 표시한 부분은 거의 쓰지 않고, 점(占)친 월(月)일(日)과 ? 및 진한 글씨로 쓴 사과만 쓴다.

사과예 1에서처럼 사과는 네 개의 효(爻)로 이뤄진다. 각(各) 효

(爻)를 아래부터 위로, 일과(一課), 이과(二課), 삼과(三課), 사과(四課)라고 부른다. 즉(則) 지분은 1과(課), 월장은 2과(課), 귀신은 3과(課), 인원은 4과(課)다.

사과 전체를 다른 말로 과체(課體)나 사위(四位), 점괘(占卦) 또는 과(課)라고 한다. 과체는 사과(四課)의 모양이고 몸(體)이라는 뜻이다.

| 四課의 名稱 | | | |
|---|---|---|---|
| 四課 | 四位 | 人元 | 干 |
| 三課 | 三位 | 貴神 | 神 |
| 二課 | 二位 | 月將 | 將 |
| 一課 | 一位 | 地分 | 方 |

사과는 위치(位置)를 나타내는 지지로 점괘를 얻는다. 천간으로 표시하는 인원도, 지지를 바탕으로 얻는다. 방위와 위치를 중시하므로, 지분을 1위(位), 월장을 2위(位), 귀신을 3위(位), 인원을 4위(位)라고도 하고, 과체를 사위(四位)라고도 한다.

그런데 사과점에서 위(位)라고 할 때는 하나의 과(課)를 가리킬 때도 있지만, 4개(個)의 과(課) 중(中)에서 가장 아래에 있는 지분을 가리킬 때가 많다. 지분은 문점인(問占人)의 위치를 과(課)로 사용하기 때문에, 위(位) 또는 방(方)이라고 할 때는 대게 지분을 가리킨다. 때로는 향(鄕)이라고도 한다.

그리고 월장은 장신(將神)이나 장(將)이라고 하는데, 때로는 신(身)이라고도 한다. 신(身)은 월장의 소속 중(中)에 하나다.

귀신은 일반적으로 신(神)이라고 한다. 그리고 인원은 간(干)이라고 한다. 사과를 세울 때 인원은 천간으로 표시하기 때문이다.

사위의 명칭과 위(位)를 결합해서 지분위(地分位), 월장위(月將

位), 귀신위(貴神位), 인원위(人元位)라고도 한다.

앞에 사과예 1 점괘를 보면, 아무 말도 없이 앉아 있는 문점인
은, 근래(近來)에 처형장(處刑場)에서 피(血)를 보고 놀란 일이 있
고, 관(官)에 부름을 받은 상황이다. 문점인에게 관(官)에 갈 일의
길흉을 알고자 왔는가 물었더니, 생년월일시도 묻지 않고 그걸 어
떻게 아느냐고 되묻는다.

이는 내정점(來情占)이다. 내정점이란 문점인이 술사를 찾아온
까닭을 알아내는 점(占)이다.

사과예 1은 내정(來情)뿐만 아니라 다른 많은 사정을 보여준다.
사과점은 이처럼 문점인의 생년월일시나 이름(姓名)을 모르더라
도 사과를 얻고 점단해서, 점사(占辭)를 제시할 수 있다.


## 3. 사과점(四課占)의 기초(基礎)

지분(地分), 월장(月將), 귀신(貴神), 인원(人元) 4과(課)는 자연
과 인사(人事)를 바탕으로 정(定)해졌다.

지분은 천지 중(中)에 지(地)를 중심으로 인사가 처(處)한 현재
의 위치다. 월장과 귀신은 모두 천상계(天上界)의 신(神)으로 자연
과 인사에 영향을 미치는 무형의 힘이다.

인원(人元)은 사람(人)의 근본(根本)이고 인생(人生)의 위치로,
그 바탕에는 하늘(天)과 천명(天命)이 있다.

하늘(天)은 양(陽)이고 땅(地)은 음(陰)이라는 음양의 원리를 바
탕으로 한 자연과 인사의 원리가 사과에 있다.

## 1) 지분(地分)

지분(地分)이란 본래 땅(地)의 등급(等級)과 품질(品質)을 가리
킨다. 사람(人)이 살아가는데 바탕이 되는 지리(地理)와 지형지세
(地形地勢), 토양(土壤)의 환경이다. 이와 같은 사정을 담아 지분
을 과(課)로 얻는다.

사과점에서 가장 먼저 얻는 점괘가 지분이다. 지분은 점(占)을
묻는 문점인의 현재 위치로 현실적(現實的) 위치다. 땅에서의 위
치와 상황에서의 위치다. 문점인이 이미 갖추고 있는 조건이고,
이미 발생한 일(事)의 배경이다.

## 2) 월장(月將)

오랜 옛날부터 사람들은, 매월(每月)마다 삼라만상과 인간사(人
間事)의 변화를 주관(主管)하는 신(神)이 있다고 보았다. 이 신
(神)이 월장(月將)이다. 장신(將神)이라고도 한다. 월장은 천상계
(天上界)에 존재한다. 천상계는 무형의 세계다.

사람들이 알 수 없는 모든 원인(原因)이 천상계에 있다. 자연과
인간사의 변화에 영향을 주는 영향력의 세계다.

오늘날 천상계의 존재나 신(神)의 존재를 믿는 사람은 많지 않
다. 다만 인생의 미래(未來)와 길(吉)흉(凶)화(禍)복(福)에는 사람
이 알 수 없는 어떤 영향력(影響力)이 있다. 이 영향력이 월령(月
令)처럼 매(每) 월(月) 변화한다. 이 영향력이 장신이고 월장이다.

사과점에서 월장은 2번째로 얻는 과(課)다. 월장은 인생에 영향
을 미치는 미지(未知)의 영향력이다.

1년(年) 12달(月)에 맞춰 열두(十二) 월장이 있다. 월장은 인월(寅月)에 해(亥), 묘월(卯月)에 술(戌), 진월(辰月)에 유(酉), 사월(巳月)에 신(申), 오월(午月)에 미(未), 미월(未月)에 오(午), 신월(申月)에 사(巳), 유월(酉月)에 진(辰), 술월(戌月)에 묘(卯), 해월(亥月)에 인(寅), 자월(子月)에 축(丑), 축월(丑月)에 자(子)다.

월장은 그 지지에 장(將)을 붙여서, 해장(亥將) 술장(戌將) 유장(酉將) 신장(申將) 미장(未將) 오장(午將) 사장(巳將) 진장(辰將) 묘장(卯將) 인장(寅將) 축장(丑將) 자장(子將)이라고 한다. 점괘를 쓸 때는 지지만 쓴다.

| 月將의 名稱과 干支 | | | | | | | | | | | |
|---|---|---|---|---|---|---|---|---|---|---|---|
| 占月 | 寅月 | 卯月 | 辰月 | 巳月 | 午月 | 未月 | 申月 | 酉月 | 戌月 | 亥月 | 子月 | 丑月 |
| 月將 | 亥將 | 戌將 | 酉將 | 申將 | 未將 | 午將 | 巳將 | 辰將 | 卯將 | 寅將 | 丑將 | 子將 |
| 名稱 | 登明 | 河魁 | 從魁 | 傳送 | 小吉 | 勝光 | 太乙 | 天罡 | 太沖 | 功曹 | 大吉 | 神后 |
| 干支 | 癸亥 | 戊戌 | 辛酉 | 庚申 | 己未 | 丙午 | 丁巳 | 戊辰 | 乙卯 | 甲寅 | 己丑 | 壬子 |

또 월장에는 각각 이름이 있다. 해장은 등명(登明), 술장은 하괴(河魁), 유장은 종괴(從魁), 신장은 전송(傳送), 미장은 소길(小吉), 오장은 승광(承光), 사장은 태을(太乙), 진장은 천강(天罡), 묘장은 대충(太衝), 인장은 공조(功曹), 축장은 대길(大吉), 자장은 신후(神后)다.

그리고 각(各) 월장에는 소속된 간지(干支)도 있다. 해장은 계해(癸亥), 술장은 무술(戊戌), 유장은 신유(辛酉), 신장은 경신(庚

申), 미장은 기미(己未), 오장은 병오(丙午), 사장은 정사(丁巳), 진장은 무진(戊辰), 묘장은 을묘(乙卯), 인장은 갑인(甲寅), 축장은 기축(己丑), 자장은 임자(壬子)다.

12월장은 주관(主管)하는 월(月)이 다를 뿐만 아니라, 주(主)로 담당하는 일(事)도 다르다. 12월장이 각각 주관하는 일에 대하여는 이어지는 간지자(干支字)의 소속(所屬) 편(編)에 있다.


### 3) 귀신(貴神)

귀신(貴神)은 월장처럼 천상계에서 자연의 삼라만상과 인간사의 변화를 주관하는 열두(十二) 신(神)이다.

1년(年) 내내 자연의 변화와 인사(人事)의 변화에 영향을 주는 미지의 힘이다. 무의식의 영역을 주관하는 영향력이다.

귀신은 본래 12신(神)의 첫 자리에 있는 천을귀신(天乙貴神)을 가리키는 말이다. 천을귀신과 같은 종류(種類)인 12귀신을 통칭할 때도 귀신이라고 한다. 따라서 귀신이라고 할 때는 내용과 문맥에 따라서 천을귀신을 가리키는지 아니면 12귀신을 가리키는지 파악해야 한다.

귀신에는 일(一) 천을(天乙), 이(二) 등사(螣蛇), 삼(三) 주작(朱雀), 사(四) 육합(六合), 오(五) 구진(勾陳), 육(六) 청룡(靑龍), 칠(七) 천공(天空), 팔(八) 백호(白虎), 구(九) 태상(太常), 십(十) 현무(玄武), 십일(十一) 태음(太陰), 십이(十二) 천후(天后)가 있다.

앞에 숫자는 열두 신(神)이 사령(司令)하는 순위(順位)다. 숫자 뒤에 쓴 천을, 등사, 천후가 12귀신의 이름이다.

12귀신에도 각각 소속된 간지가 있다. 천을은 기축(己丑), 등사

는 정사(丁巳), 주작은 병오(丙午), 육합은 을묘(乙卯), 구진은 무
진(戊辰), 청룡은 갑인(甲寅), 천공은 무술(戊戌), 백호는 경신(庚
申), 태상은 기미(己未), 현무는 임자(壬子), 태음은 신유(辛酉),
천후는 계해(癸亥)다.

12귀신은 밤(夜)인지 낮(晝)인지에 따라서 각자(各自)의 위치가
달라진다. 12귀신이 위치를 정(定)하는 기준이 천을귀신이다. 또
12귀신도 각각 소속이 다르다. 사과점 간지자에 나타난 12귀신의
소속을 참조하면 향후 점단할 때 도움이 된다.

### 貴神의 名稱과 干支

| 順位 | 1 | 2 | 3 | 4 | 5 | 6 | 7 | 8 | 9 | 10 | 11 | 12 |
|---|---|---|---|---|---|---|---|---|---|---|---|---|
| 名稱 | 天乙 | 螣蛇 | 朱雀 | 六合 | 句陳 | 靑龍 | 天空 | 白虎 | 太常 | 玄武 | 太陰 | 天后 |
| 干支 | 己丑 | 丁巳 | 丙午 | 乙卯 | 戊辰 | 甲寅 | 戊戌 | 庚申 | 己未 | 壬子 | 辛酉 | 癸亥 |

귀신의 대표격인 천을귀신은, 그 날(日)의 천간과 밤인지 낮인
지 따라서 세상에 영향력을 행사하는 위치가 달라진다.

갑(甲)무(戊)경(庚) 일(日) 낮에는 축(丑)에 오고, 밤에는 미(未)
에 온다. 즉(卽) 점(占)치는 날(日)의 천간이 갑(甲)이나 무(戊)나
경(庚)이고 낮(晝)이면 천을귀신이 축(丑)에서 세상을 다스리고,
밤(夜)이면 천을귀신이 미(未)에서 다스린다.

을(乙)기(己) 일(日) 낮에는 자(子)에, 밤에는 신(申)에 천을귀신
이 와서 치세(治世)한다.

병(丙)정(丁) 일(日) 낮에는 해(亥)에, 밤에는 유(酉)에 천을귀신이 와서 세상을 다스린다.

여섯 신일(辛日) 낮에는 오(午)에 밤에는 인(寅)에 천을 귀신이 와서 치세한다.

임(壬)계(癸) 일(日) 낮에는 사(巳)에 밤에는 묘(卯)에 천을귀신이 온다.

이와 같이 그 날의 천간과 밤인지 낮인지에 따라서 천을귀신의 위치가 정(定)해지면, 다른 귀신은 사령하는 순위에 따라 배열하면서 위치를 정(定)한다.

천을귀신이 진(辰)과 술(戌)에는 위치하지 않는다. 진(辰)은 천강(天罡)이고 술(戌)은 천괴(天魁)인데, 모두 죄인(罪人)을 가두는 감옥(牢獄)이기 때문이다.

그리고 밤낮의 기준은, 하늘에 별(星)이 보이면 밤(夜)이고, 별이 안 보이면 낮(晝)이다.

또 12귀신이 세상을 다스리기 위해서 진행하는 방향도 있다. 술(戌)과 진(辰)을 기준으로, 해(亥) ⇒ 자(子) ⇒ 축(丑) ⇒ 인(寅) ⇒ 묘(卯)와, 유(酉) ⇒ 신(申) ⇒ 미(未) ⇒ 오(午) ⇒ 사(巳) 두 방향이다.

그런데 세상은 한 방향으로 돌아간다. 지구(地球)의 자전(自轉)과 공전(公轉) 방향은 일방통행이다. 그래서 천을귀신의 위치를 기준으로 12귀신을 그 진행방향대로 사령순위에 맞춰 배열하면, 12귀신의 순행(順行)과 역행(逆行)이다.

정리하면 12귀신은 일간(日干)과 밤인지 낮인지에 따라서 치세하는 위치가 달라지고, 천을귀신의 위치에 따라서 귀신의 배열이 순행이 되거나 역행이 된다.

## 4) 기자시법(起子時法)

  기자시법(起子時法)은 기시법(起時法)이라고도 한다. 예전에는
오자원둔기법(五子元遁起法)이라고 했다. 이는 모두 그 날(日)의
시작(始作)인 자시(子時)의 천간(天干)을 얻는 방법을 뜻한다.

  역술에서는 하루(一日)를 12시(時)로 구분한다. 자시(子時)부
터, 축시(丑時), 인시(寅時), 묘시(卯時), 진시(辰時), 사시(巳時),
오시(午時), 신시(申時), 유시(酉時), 술시(戌時), 해시(亥時)까지
가 하루다. 하루의 시작은 자시부터다.

  현대에는 하루를 24시(時)로 구분한다. 24시(時)와 0시(時)가
같다. 그래서 현대의 하루는 0시부터 시작해서 24시까지다.

  근래에 일부 술객들이, 자시를 0시(時) 전(前)과 후(後)로 나누
고, 야자시(夜子時)와 조자시(早子時)로 구분하면서, 야자시는 전
일(前日)에 조자시는 당일(當日)에 속(屬)한다고 주장한다.

  그런데 이는 자시부터 하루가 시작된다는 역리(易理)와 하루는
0시부터 시작한다는 현대식 시간법을 오해(誤解)한 억지주장이
다. 하루를 24시(時)로 정(定)한 이치를 따르더라도, 0시부터 자
시(子時)로 정(定)하는 것이 합당하다.

  하루의 시작인 자시를 둘로 나눠서 어제와 오늘에 소속시킬 수
는 없다. 하루는 12시(時)로, 자시(子時)부터 하루가 시작되는 것
은 역(易)의 기본원리다.

  이 12시(時)는 지지(地支)만으로 정(定)해졌다. 천간(天干)은 보이
지 않는다. 따라서 12시(時)에는 각각(各各) 천간이 숨어있다(遁).

  12시(時)의 천간은 날마다 달라지는데, 자시의 천간이 정(定)해
지면 간지의 순위수(順位數)에 따라서 다른 시(時)의 천간도 정
(定)해진다.

자시의 천간은 음양(陰陽)으로 양(陽)인 천간만 온다. 그래서 자시는 다섯 가지다. 예전에 오자원둔기법이라고 한 것은, 자시에 숨겨진 다섯 가지 천간을, 그 근원을 따져서 일으킨다는 뜻이다.

자시(子時)의 천간은 그 날(日)의 천간에 따라서 달라진다. 예(例)를 들어서 그 날(日)이 갑일(甲日)이나 기일(己日)이면, 갑자시(甲子時)로 그 날이 시작된다. 을일(乙日)과 경일(庚日)이면, 병자시(丙子時)로 시작한다. 병(丙)신(辛) 일(日)이면 무자시(戊子時), 정임(丁壬) 일(日)이면 경자시(庚子時), 무계일(戊癸日)이면 임자시(壬子時)로 그 날(日)이 시작된다.

| 起子時法 | | | | | |
|---|---|---|---|---|---|
| 當日 天干 | 甲己 | 乙庚 | 丙辛 | 丁壬 | 戊癸 |
| 子時 | 甲子時 | 丙子時 | 戊子時 | 庚子時 | 壬子時 |

이 기자시법은 천간(天干)의 합(合)과 기화(氣化)의 이치에 따라서 정(定)해졌다.

갑(甲)기(己)가 합(合)하면 토(土)의 기(氣)가 화출(化出)된다. 이 화기(化氣)인 토(土)를 극(克)하는 천간인 갑(甲)이 자시에 와서 갑자시(甲子時)가 된다. 나머지도 이와 같다.

## 4. 간지자(干支字)의 소속(所屬)

사과점(四課占)에서 간지자(干支字)에는 매우 다양(多樣)한 소속이 있다. 간지자 사이에 서로 중복(重複)되는 뜻과 소속을 갖기도 한다. 이는 사과(四課) 안에 함께 들어온 간지 사이의 관계에 따라서 각(各) 간지의 뜻과 소속이 달라지는 영향도 있다.

### 진(辰)

구진(勾陳). 천강(天罡). 무(戊). 토(土). 상음(商音). 성(姓). 보리밭 또는 매장지(麥地). 큰 고개(崗嶺). 절과 도관(寺觀). 못생긴 여인(醜婦). 맷돌과 방아(碾碓). 자기(磁器). 승도(僧道). 제후와 어른(侯人). 흙무덤(土堆). 땅귀신의 보호(祗護). 경쟁과 싸움(鬪競). 송사(爭訟). 유혈(流血). 도살인(屠宰). 흉악함(凶惡). 대를 넘김(殺代). 훈제한 고기(葷腥). 굳고 단단함(堅硬). 다섯 자(五尺). 논밭과 장원(田園). 가죽과 털(皮毛). 항아리(缸甕). 껍질을 깸(破皮). 재나 석회로 만든 동이(灰盆). 단맛(甘味). 무덤과 묘(墳墓). 정나라 땅(鄭地). 연주(兗州). 각성(角星). 항성(亢星).

※ 승도(僧道)란 승(僧) 즉 불교(佛教)와 도(道)인 도교(道教)를 아울러 가리키는 말이다.

### 술(戌)

천공(天空). 하괴(河魁). 무(戊). 토(土). 상음(商音). 성(姓). 다섯 가지 곡식(五穀). 자기로 만든 동이(磁盆). 벽돌과 기와(磚瓦). 빈집(虛堂). 승도(僧道). 착한 사람(善人). 품격이 낮음(下賤). 사기와 위선(詐僞). 사기를 당함(欺侵). 부실함(不實). 감옥(牢獄). 자물쇠와 열쇠(鎖鑰). 염주(數珠). 가죽신(鞋履). 목에 채우는 칼(枷紐). 실농사(田絲). 질그릇(瓦器). 디딜방아(碓). 나귀와 개(驢犬). 외로움과 추위(孤寒). 관복(朝服). 호리병(胡蘆). 옥지기(獄吏). 무덤(墳墓). 엄중한 포위망(天羅). 절과 도관(寺觀). 큰 고개(崗嶺). 백정아이(屠兒). 노나라 땅(魯地). 서주(徐州). 규성(奎星).

루성(婁星).

## 축(丑)

천을귀신(天乙貴神). 대길(大吉). 기(己). 토(土). 치음(徵音). 성(姓). 임금(人君). 귀인(貴人). 존장(尊長). 보물(珍寶). 그릇류(器物). 열쇠와 자물쇠(鑰鎖). 자라와 거북이(鼈龜). 진주(珍珠). 좋은 일(喜慶). 곡식 세는 말(斛斗). 가죽신(鞋履). 머리용 장신구(首飾). 수레(車較). 담장과 광주리(墻筐). 자줏빛 곡식의 낱알(紫皂). 소와 나귀(牛驢). 풍백(風伯). 우사(雨師). 신불(神佛). 궁전(宮殿). 원수(冤讐). 분묘(墳墓). 대머리(頭禿). 눈병(眼病). 뽕나무밭(桑園). 교량(橋梁). 오지(吳地). 양주(楊洲). 두성(斗星). 우성(牛星).

## 미(未)

태상(太常). 소길(小吉). 기(己). 토(土). 치음(徵音). 성(姓). 생황(笙). 연회(筵會). 정원(庭院). 담장 안(牆垣). 제사 그릇(醮器). 여인 옷(女人衣). 술과 음식(酒食). 도장류(印信). 약인 음식(藥餌). 부모(父母). 양과 매(羊鷹). 물맛 좋은 샘(甘泉). 술그릇(酒器). 단맛(甘味). 술집(酒舍). 흰머리노인(白頭翁). 과부(寡婦). 무당(師巫). 우물(井). 식물(食物). 황색(黃色). 분묘(墳墓). 방양인(放羊人). 다방(茶房). 노래와 음악(歌樂). 상주(喪主)의 깃발(幡子). 피리(笛). 발 즉 주렴(簾). 도인(道人). 진나라 땅(秦地). 옹주(雍州). 정성(井星). 귀성(鬼星)

## 신(申)

백호(白虎). 전송(傳送). 경(庚). 금(金). 우음(羽音). 성(姓). 신선의 집(仙堂). 신당(神堂). 도로(道路). 공인(公人). 디딜방아(碓

子). 도검(刀劍). 귀한 손님(貴客). 출산과 모유(産乳). 성채(城宇). 시신(死尸). 사냥(田獵). 경문(經文). 금수(禽獸)의 깃과 털(羽毛). 쇠(鉄). 원숭이(猿猴). 생강(薑). 마늘(蒜). 사당과 종묘(祠廟). 음성(音聲). 행인(行人). 멀고 가까움(遠近). 사자(獅子). 호수나 연못(湖池). 비단(絹帛). 도망(逃亡). 보리(大麥). 상자모양(匣像). 질병(疾病). 죽음과 초상(死喪). 군사(軍徒). 흉한 사람(凶人). 병장기(兵器). 아둔한 머리(石頭). 금은(金銀). 종이와 베(紙布). 진나라 땅(晉地). 익주(益州). 자성(觜星). 삼성(參星)

## 유(酉)

태음(太陰). 종괴(從魁). 신(辛). 금(金). 우음(羽音). 성(姓). 쇠와 돌(金石). 진주(珍珠). 구리 그릇(銅器). 과일과 밥(果食). 비석(碑碣). 외척(外親). 종 출신 첩(婢妾). 부녀(婦女). 문의 자물쇠(門鎖). 입과 구멍(口竅). 생김새(相貌). 음귀인(陰貴人). 길거리(街巷). 밀(小麥). 도검(刀劍). 귀의 문(耳門). 칼과 칼집(刀鞘). 가죽과 털(皮毛). 달팽이 뼈(瓜骨). 비둘기와 꿩(鳩雉). 방아를 찧음(碓磨). 종이돈(紙錢). 하얀 탑(白塔). 결핵(勞療). 비녀와 팔찌(釵釧). 돌 신선(石仙). 돌기둥(石柱). 술파는 사람(賣酒人). 돌 머리(石頭). 조나라 땅(趙地). 익주(翌州). 자성(觜星). 묘성(昴星). 필성(畢星).

## 자(子)

현무(玄武). 신후(神后). 임(壬). 수(水). 궁음(宮音). 성(姓). 강과 샘(河泉). 강물(水湘). 우물(地井). 개골창(溝渠). 도적(盜賊). 글 짓는 일(文墨). 석회나 조개껍데기(石灰). 숟가락(木匙). 도서(圖書). 왕궁이나 후궁(后宮). 부인(婦人). 음탕함이 넘침(淫泆).

사다리(梯棍). 옷감류(布帛). 쥐(鼠). 제비와 박쥐(燕蝠). 물속물건
(水中物). 콩류(大豆). 젖먹이는 여인(乳婦). 의복(衣服). 구슬과
옥(珠玉). 총명함(聰明). 태아와 출산(胎産). 설사함(瀉痢). 마작의
패 또는 아들을 찾음(索子). 제나라 땅(齊地). 청주(靑州). 여성(女
星). 허성(虛星). 위성(危星).

## 해(亥)

천후(天后). 등명(登明). 계(癸). 수(水). 각음(角音). 성(姓). 매
화(梅花). 장막(帳幕). 도적(盜賊). 잃어버림(亡失). 찾아 가짐(取
索). 어린이(小兒). 거지(乞丐). 통곡(哭). 감옥(牢獄). 돼지 잡는
사람(趕豬人). 술 취한 사람(醉人). 관가와 관청(庭廨). 화장실 웅
덩이(廁坑). 초장(酢醬). 우산과 삿갓(傘笠). 벼슬할 때 쓰는 관(幞
頭). 귀신(鬼神). 그림류(畫圖). 모발(毛髮). 열쇠와 자물쇠(管鑰).
붓과 먹(筆墨). 도교 사원(觀院). 강과 하천(江河). 누각 같은 건물
(樓臺). 곡식을 두는 창고(倉房). 삼베(麻布). 명주(紬絹). 위나라
땅(衛地). 병주(幷州). 실성(室星). 벽성(壁星).

## 인(寅)

청룡(靑龍). 공조(功曹). 갑(甲). 목(木). 치음(徵音). 성(姓). 보
도(寶刀). 칼춤용 도검(劍器). 향로(香爐). 신상(神像). 사각과 네
모퉁이(四角). 산의 숲(山林). 꽃나무(花木). 승상(丞相). 남편(夫
婿). 도사(道士). 귀인(貴人). 길고 큼(長大). 가늘고 아름다움(細
美). 사람과 말(人馬). 공공 사무원(公吏). 문서(文書). 횃불이 탐
(火炬). 화로(火爐). 재물(財物). 좋은 일(喜慶). 손님(賓客). 술과
음식(酒食). 소식(信息). 호랑이모습(虎貌). 어린 고양이(猫兒). 교
량(橋梁). 신성한 나무(神樹). 피륙 짜는 기계(織機). 관과 뚜껑(棺

椰). 관공서의 문(公門). 가장(家長). 말로 하는 바램(口願). 연나라 땅(燕地). 유주(幽州). 미성(尾星). 기성(箕星).

## 묘(卯)

육합(六合). 태충(太沖). 을(乙). 목(木). 우음(羽音). 성(姓). 문과 창문(門窓). 술 뜨는 도구(木勺). 나무빗(木梳). 손으로 만듦(手作). 며느리나 아내로 삼음(爲婦). 남녀(男女). 거리의 흙(街土). 초목(草木). 형제(兄弟). 배와 수레(舟車). 우레와 천둥(雷). 깃발과 깃대(旛竿). 향합(香盒). 받침 그릇(盤盒). 어떤 여자 또는 여자를 꾸짖음(何姑). 어머니(家母). 대나무(竹). 평상마루(床). 송나라 땅(宋地). 예주(豫州). 저성(氐星). 방성(房星). 심성(心星).

## 오(午)

주작(朱雀). 승광(勝光). 병(丙). 화(火). 궁음(宮音). 성(姓). 민사소송(詞訟). 갈까마귀와 참새(鴉雀). 과일과 음식(果食). 기와 굽는 가마와 부엌(窰竈). 도로(道路). 성문(城門). 구설(口舌). 세 개의 하천(三河). 말을 탄 사람(騎馬人). 부녀(婦女). 문서(文書). 날고 있는 새(飛鳥). 궁실(宮室). 화촉(火燭). 소식(信息). 혈광(血光). 갈까마귀 집(鴉巢). 왕이 내린 신임의 깃털(旌旗). 노을과 우레(霞雷). 옷걸이(衣架). 글과 그림(書畵). 쓴맛(苦味). 신(神)에 관(關)한 관리(官用神). 승(僧). 주나라 땅(周地). 옹주(雍州). 장성(張星). 류성(柳星).

## 사(巳)

등사(螣蛇). 태을(太乙). 정(丁). 화(火). 각음(角音). 성(姓). 놀람과 괴이(怪異)함(驚怪). 찾아 가짐(取索). 그림(畵). 얼룩점(斑

點). 대장간의 풀무(爐冶). 등불(燊). 지게나 출입문(戶). 꾸짖음
(毁罵). 가마솥이 울림(釜鳴). 가볍게 미침(輕狂). 부인(婦人). 반
딧불이(螢). 뱀과 지렁이(蛇蚓). 매미(蟬). 날벌레(飛虫). 거지(乞
丐). 꽃과 열매(花果). 바닥용 벽돌(磚瓦). 문자(文字). 그릇(盒).
자기(磁器). 초나라 땅(楚地). 형주(荊州). 익성(翼星). 진성(軫星).

이상(以上)에서 설명한 간지자(干支字)의 소속은 사과 안에서
자리한 위치와 다른 간지의 배열에 따라 다르게 해석(解釋)한다.
이를 숙지(熟知)하면 남다르게 탁월(卓越)한 점사(占辭)를 제시(提
示)할 수 있다.

## 5. 사과(四課)의 소속(所屬)

사과점(四課占)에서 사과(四課)는 모두 점(占)을 묻는 문점인에
관련된 사정(事情)을 보여준다.

시간을 기준으로 보면 과거로부터 지금까지와 앞으로 일어날
미래까지 문점인과 관계된 일(事)을 말해준다. 공간을 기준으로
볼 때는 사람이 터를 잡고 선 대지로부터 하늘까지 문점인과 관계
된 영역의 동향(動向)을 보여준다. 과거와 현재 그리고 미래까지
문점인과 관계된 사정들이 사과를 통(通)해서 나타난다.

사과(四課)의 소속(所屬)은 점괘를 얻고 점단을 하는데 기본적
인 원리가 된다.

여기에서 설명하는 지분, 월장, 귀신, 인원의 소속(所屬)은, 다
른 역술에서 말하는 용신(用神)과 같은 뜻이 있다. 점괘를 얻을

때, 점단할 때 살펴야 한다.


## 1) 인원(人元)의 소속(所屬)

사과(四課)에서 인원(人元)은 하늘(天), 임금(君), 조상(祖), 밖
(外), 손님(客)에 소속(所屬)된다.

이로부터 천명(天命)과 문점인의 인생(人生) 및 점(占)을 묻는
사람의 성씨(姓氏), 최고 권력자인 주권자(主權者), 조부모(祖父
母)와 윗대(代)의 조상(祖上), 울타리 밖의 아주 먼 곳과 생활권으
로부터 멀리 벗어난 권역(圈域), 경쟁관계의 상대방과 외부인(外
部人) 등(等)에 속(屬)한 상황을 보여준다. 사람의 신체(身體)로는
얼굴(顔面)과 머리(頭部)다.


## 2) 귀신(貴神)의 소속(所屬)

귀신(貴神)은 재상(宰相), 신하(臣), 부모(父母), 관직과 녹봉(官
祿), 주인(主) 및 점괘(占卦)의 주장(主將)이다.

나아가 일인지하(一人之下)의 고관(告官), 부모님과 같은 항렬
(行列)의 친족과 외척(親戚), 명예(名譽), 직업(職業)과 월급(月
給), 대가(代價)로 받는 재물(財物)에 서로 소속된다. 생활권역으
로는 가까운 외부에 속(屬)하고, 사람의 신체에서는 목과 가슴 부
위의 몸통을 뜻한다.

### 3) 월장(月將)의 소속(所屬)

월장(月將)은 처와 배우자(妻), 재산(財), 친척(親戚), 안(內), 자신의 몸(己身)에 소속된다.

이로부터 문점인의 형제(兄弟)나 동료(同僚) 및 동급(同級)인 사람, 부(富)와 재산(財産) 및 경제적인 규모, 집의 담장 안(內), 신체(身體) 자체, 생활권의 내부(內部)를 보여준다. 사람의 몸에서는 복부와 둔부(臀部)다.

### 4) 지분(地分)의 소속(所屬)

지분(地分)은 자손(子孫), 노복(奴僕), 안장 달린 말(鞍馬), 가축(六畜), 논밭과 집(田宅)에 소속된다.

이로부터 신분이나 지위가 낮은 사람, 자녀의 친구들, 가업(家業)이나 산업(産業), 재산적 가치가 있는 이동수단, 토지(土地)와 건물(建物) 자체, 향후 돈(錢)이 되는 유동적인 물건(物件)과 동식물 등(等)의 사정을 보여준다.

| 四課의 所屬 | | | | | | | | | |
|---|---|---|---|---|---|---|---|---|---|
| 人元 | 外 | 祖 | 君 | 天 | 客 | 人生 | 國 | 主權者 | 天命 |
| 鬼神 | 父 | 官祿 | 宰相 | 臣 | 主 | 對價 | 道 | 中央官 | 圈外 |
| 月將 | 內 | 己身 | 妻 | 親戚 | 財 | 事 | 市 | 地方官 | 同輩 配 |
| 地分 | 子孫 | 田宅 | 奴僕 | 六畜 | 鞍馬 | 自然 | 洞 | 民 | 不動産 |

예(例)를 들어서, 가족관계를 점(占)칠 때는, 문점인의 몸(身)과 그 배우자(配偶者)가 월장에 있는 것으로 본다. 이때는 인원이 조부모(祖父母)와 조상(祖上)이 되고, 귀신이 부모(父母), 지분은 자손(子孫)이다. 친척(親戚)의 위치(位置)도 월장인데, 친척 중(中)에서도 부모님과 같은 항렬(行列)인 사람은 귀신에, 조부모님과 그 위의 조상(祖上)은 인원에서 그 사정을 본다.

2011년 3월 18일(음력) 진시(辰時)에 사무실 입구로 들어서는데 등 뒤에서 손님이 불러 돌아봤다. 드문 경우라 그 상황을 바탕으로 기과했다. 사무실로 들어가 손님과 마주앉으며 점단한 얘기를 시작했다.

그날은 임진월(壬辰月) 을사일(乙巳日)이고, 손님이 등(背) 뒤에서 불렀기에 자(子)를 지분으로 얻고 기과했다.

우선 이 과(課)는 축토(丑土)가 왕(旺)하고, 인원은 상(相), 월장은 휴(休), 지분은 사(死)가 된다.(사과예 13 참조)

| 四課例 13 | | |
|---|---|---|
| ? | | |
| 庚 | 人元貴神 | 壬辰月 |
| 丑 | | 乙巳日 |
| 巳 | 月將 | |
| 子 | 地分 | |

집에 아이가 병원에 있느냐고 물으니, 그렇다고 한다. 자손을 뜻하는 지분은 집(宅)이다. 건강이 매우 좋지 않은데 집에 있는 사람은 거의 없다. 그래서 아픈 사람이 입원(入院)하는 병원으로 판단했다.

아이의 조부모님과 증조부모님은 강녕(康寧)하시겠다고 물으니, 역시 그렇다고 한다. 문점인의 부모님인 귀신이 가장 왕(旺)하고 조부모님인 인원이 상(相)인 것을 보고 알았다.

　　사과의 주장(主將)인 귀신이 가장 왕(旺)하니 길조(吉兆)다. 아이가 현재는 부모의 애를 태울 만큼 아프지만 쾌차(快差)할 점괘(占卦)다. 사는 집에서 서쪽에 있는 병원으로 아이를 옮기길 권했다. 상(相)인 인원이 먼 곳에서 지분을 생(生)하는 것을 보고 말했다. 그러지 않아도 병원에 입원한지 열 달이 지났는데, 차도(差度)가 없어 고민 중(中)이었다며, 병원을 옮기겠다고 돌아갔다.

　　그 후(後) 4달이 지날 무렵 옮긴 병원에서 퇴원(退院)했다며 아이를 데리고 왔다. 인원의 경금(庚金)이 생(生)하는 것을 보고 예측(豫測)했던 일이다.


　　사과를 집(宅)의 안(內)과 밖(外)으로 구분할 때는, 지분과 월장이 안(內)이고, 귀신과 인원이 밖(外)이다. 거리를 감안해서 말하자면, 지분은 집 자체요, 월장은 집의 담장 안(內)이다.

　　귀신은 생활권에 있는 담장 밖(外)이고, 인원은 생활권 밖(外)이다. 범위를 조금 더 확대하면, 지분은 집이 있는 동네(洞)요, 월장은 그 동네가 속(屬)한 행정(법정)구역 단위인 시(市) 군(郡) 구(區)다.

　　귀신은 시(市)가 속한 도(道)가 되고, 인원(人元)은 타도(他道)나 나라(國) 전체가 된다.

　　여기에서 말하는 사과의 소속은 이와 같은 방법으로 이해한다.

　　예(例)를 들어, 문점인의 인생 전반에 관련한 점(占)이라면, 그 인생이 처(處)한 전체적인 사정은 인원을 중심으로 점단한다.

　　직업과 명예나 거래관계에서의 경제적 득실(得失)은 귀신을 중심으로 판단한다.

　　몸의 건강과 그 집의 빈부(貧富), 배우자에 관련된 사정은 월장을 중심으로 점단하고, 그 집(宅)의 상태나 부동산(不動産)에 관련된 사정은 지분에서 판단한다. 나머지도 이와 같은 방법으로 추단한다.

# 3장 사과점(四課占) 기과법(起課法)

사과점(四課占) 기과법(起課法)은 점괘를 얻는 방법이다.

사과는 1과(課)부터 4과(課)까지 마치 벽돌을 쌓는 것처럼, 순서대로 쌓아가면서 과(課)를 얻는다. 과(課)를 얻는 모습이, 누워 있는 점괘를 일으켜 세우는 것과 같아서 기과법이라고 한다.

사과를 세울 때는 문점인이 있는 위치를 지지의 방위로 정(定)하고, 점(占)치는 월(月)과 날(日) 및 시(時)를 알아야 한다.

공간(空間)을 양(陽)이라고 하면 시간(時間)은 음(陰)이고, 시간을 양(陽)이라고 하면 공간은 음(陰)이 된다. 사람이 알 수 있는 것을 양(陽)이라고 하면, 사람이 지금 알 수 없는 것은 음(陰)이다. 알 수 없는 것을 양(陽)이라고 하면 알 수 있는 것은 음(陰)이 된다. 사과점 기과법은 자연이 변화하는 근본원리인 음양(陰陽)의 이치와, 삼라만상이 변화하는 원리에 따라 사과를 세운다.

지분위(地分位)부터 인원위(人元位)까지 과(課)를 얻는 기과법에 사과점의 신통(神通)함이 있다.

## 1. 지분(地分) 기과법(起課法)

지분(地分)은 점(占)을 묻는 문점인(問占人)의 위치를 지지(地支)로 정(定)해서 얻는다.

이때 위치는 문점인이 사는 곳이다. 술사(術士)가 있는 곳을 기준으로 문점인의 거처가 있는 방위의 지지로 지분을 얻는다.

사는 곳을 모를 때는 문점인이 앉은 위치로 지분을 정(定)한다.

문점인이 이미 궁금한 사안을 제시했다면, 그 사안이 전개되는 장소의 방위를 지분으로 정(定)하기도 한다. 점(占)을 묻는 사안이 지지로 나타나면, 그 지지를 지분으로 얻는다.

이렇게 얻은 지분 위(上)에, 다음으로 월장을 얻어 세우고, 그 다음에 귀신과 인원을 차례대로 얻어 세우면, 사과(四課)가 세워진다. 월장 귀신 인원의 과(課)를 얻는 기과법은 별도로 있다. 그래서 사과점은 문점인이 찾아와 아무 말이 없어도 점괘를 얻고 점사(占辭)를 제시하며 상담할 수 있다.

문점인의 위치를 지분으로 얻는 기과법이 기본적인 기과법이다. 지분을 얻는 다른 기과법은 뒤에 설명한다.


기본기과법으로 지분(地分)을 얻는 예(例)를 보자.

양력(陽曆) 2012년 12월 12일(음력 10월 29일) 오후4시15분에 손님이 찾아와 술사를 마주 보고 앉아 말이 없었다. 말 없는 문점인을 보며 기과했다.

이날은 임자월(壬子月) 정미일(丁未日)이었고, 손님이 찾아온 시각이 오후(午後) 4시(時) 15분(分)이므로 신시(申時)다.

말없이 앉아 있는 문점인에게 "어디에서 왔는지?" 사는 곳을 물을 수도 있었으나, 앉아 있는 위치로 지분을 얻고 기과했다.

```
┌─────────────────────┐
│    四課例 2          │
│                     │
│      ?              │
│                     │
│  人 元    壬         │
│  元 貴    子 丁      │
│     神    月 未      │
│     月    丁 日      │
│     將    未         │
│           日 地      │
│  午       地 分      │
│           分         │
└─────────────────────┘
```

술사와 마주 보고 앉았으므로 오방(午方)이다. 이 오(午)를 지분으로 얻어 사과예 2처럼 쓴다. 그러면 오(午)가 지분에 입과(立課)한다.

입과(立課)라는 말은 입과(入課)한다는 뜻이다. 과(課)를 얻어 점괘에 들인다는 말이다.

손님을 맞았을 때, 예(例)를 들어 술사가 동(東)쪽을 바라보고 앉아있는데 손님이 찾아와 정면(正面)으로 마주보고 앉았다면, 지분이 묘(卯)가 된다. 그런데 일반적으로 술사는 언제나 남면(南面)한다.

역리에서 술사는 신(神)의 대리인(代理人)이다. 따라서 술사와 마주보고 앉은 문점인의 지분은 오(午)가 된다.

점(占)을 묻는 사람이 사는 곳이나, 나이 또는 무엇을 물어보려고 왔는지 등(等)을 얘기했다면, 그에 맞춰 지분을 얻으면 된다. 문점인이 묻는 사안이 술사가 있는 곳을 기준으로 북쪽에 있는 장소에서 일어나면 이때는 자방(子方)의 자(子)를 지분(地分)으로 얻는다.

## 2. 월장(月將) 기과법(起課法)

지분(地分)을 얻었다면 다음으로 월장(月將)을 기과한다. 월장을 기과하려면 우선 12월장과 점(占)치는 달(月) 및 기과하는 시

(時)를 알아야 한다. 이를 알면, 기과하는 달(月)의 월장을 점(占) 치는 시(時) 위(上)에 배열하고, 시(時)부터 지분까지, 지지의 순 위수에 따라서 월장을 배열한다. 그리고 지분 위(上)에 오는 월장 의 지지를 입과한다.

예(例)를 들어 묘월 사시(巳時)에 유방(酉方)에 앉은 사람이 점 (占)을 물어 기과하면, 우선 지분은 유(酉)를 입과하고, 묘월의 월 장은 술장이니 사(巳)에 술(戌)을 배열한다.

그리고 오(午) 위(上)에는 해장(亥將), 미(未) 위(上)에는 자장 (子將), 신(申) 위(上)에는 축장(丑將), 지분인 유(酉) 위(上)에는 인장(寅將)을 배열한다. 그래서 월장으로 인(寅)을 얻고, 지분인 유(酉) 위(上)에 인(寅)을 입과한다.

여기서 "점(占)치는 시(時)"나 "기과하는 시(時)"는 같은 뜻이다.

| 四課例 3 | | |
|---|---|---|
| ? | | |
| 人元<br>貴神 | 壬子月 丁未日 | |
| 亥 | 月將 | |
| 午 | 地分 | |

12월장은 지지의 육합(六合)에 따라서, 인월(寅月)에는 해장(亥將)을 얻는다. 묘월(卯月)에는 술장 (戌將)이다. 점(占)치는 달(月)에 따라서 시(時) 위(上)에 배정하는 월장이 달라진다.

월장을 배열하는 방향은 시계바 늘이 돌아가는 방향이다. 지지의 순위수와 같은 방향이다.

지분을 기과할 때처럼, 임자월 (壬子月) 정미일(丁未日) 신시(申 時)에 찾아온 손님이 오방(午方)에

앉았다면, 자월(子月)의 월장은 축(丑)이므로 신(申) 위(上)에 축장 (丑將)을 배열하고, 유(酉)에 인장(寅將), 술(戌)에 묘장(卯將), 해

(亥)에 진(辰), 자(子)에 사(巳), 축(丑)에 오(午), 인(寅)에 미(未),
묘(卯)에 신(申), 진(辰)에 유(酉), 사(巳)에 술장(戌將)을 배열한
다. 지분인 오(午) 위(上)에는 해장(亥將)이 온다. 해(亥)를 지분인
오(午) 바로 위(上)에 입과해서 사과예 3을 세웠다.

점(占)치는 시(時)의 위(上)에 오는 월장을 정(定)할 때는 앞에서
말한 대로 입절일(入節日)을 기준으로 달(月)을 먼저 확인한다.
입절일은 만세력을 참조한다. 입절일부터 그 달이 시작된다.

## 3. 귀신(貴神) 기과법(起課法)

기과할 때 3번째로 얻는 과(課)가 귀신(貴神)이다.
귀신을 기과하려면, 기과일(起課日)의 천간과 점(占)치는 시
(時)가 밤(夜)인지 낮(晝)인지 먼저 판단(判斷)한다. 이를 기준으로
천을귀신이 오는 위치를 정(定)하고, 천을귀신의 위치에 따라 순
행이나 역행으로 12귀신을 배열해서, 지분 위(上)에 오는 귀신을
얻는다. 그리고 지분 위(上)에 온 귀신의 지지를 입과한다.
점(占)치는 날의 일간(日干)이 갑(甲)무(戊)경(庚)이고 낮이면,
천을귀신이 축(丑)에 오고, 밤이면 미(未)에 온다는 예(例)에 따
른다.
밤낮의 구분은 하늘에 별(星)이 없으면 낮(旦 = 晝)이고, 별(星)
이 있으면 밤(暮 = 夜)이다.
여름에는 묘시(卯時)만 돼도 별(星)이 사라질 때가 있고, 저녁에

| 貴神의 位置와 順逆 | | | | | | | | | | |
|---|---|---|---|---|---|---|---|---|---|---|
| 日干 | | 甲戊庚<br>日 | | 乙己<br>日 | | 丙丁<br>日 | | 六辛<br>日 | | 壬癸<br>日 |
| 貴神<br>位<br>置 | 晝 | 丑 | 順 | 子 | 順 | 亥 | 順 | 午 | 逆 | 巳 | 逆 |
| | 夜 | 未 | 逆 | 申 | 逆 | 酉 | 逆 | 寅 | 順 | 卯 | 順 |

는 거의 술시(戌時)가 돼야 별(星)이 보인다. 또 겨울에는 진시(辰時)가 돼도 별(星)이 보일 때가 있고, 저녁에는 유시(酉時)만 돼도 별(星)이 나타난다. 이를 감안(勘案)하여 술사가 밤낮을 정(定)하고, 천을귀신이 오는 위치를 얻는다.

12귀신이 세상에서 영향력을 행사할 때는 정(定)해진 방향이 있다. 이를 사령(司令)하는 순위(順位)라고 한다. 이 사령순위가 12귀신이 진행하는 방향이다.

12귀신의 진행 방향은 해(亥) ⇒ 자(子) ⇒ 축(丑) ⇒ 인(寅) ⇒ 묘(卯)와 유(酉) ⇒ 신(申) ⇒ 미(未) ⇒ 오(午) ⇒ 사(巳) 두 방향이다. 12귀신의 첫째인 천을귀신이 두 진행방향 중(中)에 어느 위치에 오는지에 따라 12귀신을 배열한다.

그래서 천을귀신이 온 위치에 따라서 12귀신의 배열이 순행과 역행으로 달라진다.

천을귀신이 온 위치를 기준으로, 12귀신의 진행방향과 12귀신의 순위를 맞춰서 배열하고, 지분 위(上)에 오는 귀신을 입과하면, 천을귀신이 오는 위치에 따른 순행과 역행의 이치에 부합된다.

귀신의 순행과 역행을 쉽게 찾는 다른 방법은, 시계바늘이 돌아가는 방향을 기준으로 한다. 순행은 시계바늘이 돌아가는 방향으로, 귀(貴) 등(騰) 주(朱) 육(六) 구(勾) 청(靑) 공(空) 백(白) 상(常) 현(玄) 음(陰) 후(后)로 귀신을 배열하고, 지분(地分)에 오는 귀신을 정(定)한다.

역행은 시계바늘 방향으로, 12귀신을 귀(貴) 후(后) 음(陰) 현(玄) 상(常) 백(白) 공(空) 청(靑) 구(勾) 육(六) 주(朱)로 배열하고, 지분(地分) 위(上)에 귀신을 정(定)한다. 순행과 역행의 기준이 지지(地支)의 순위와 방향 즉(卽) 시계바늘이 돌아가는 방향이기 때문이다. 여기에서 "귀(貴) 등(騰) 주(朱) …… 후(后)"는 12귀신의 명칭에 있는 글자다.

지분(地分)과 월장(月將)을 기과할 때처럼 임자월(壬子月) 정미일(丁未日) 신시(申時)에 손님이 찾아와 오방(午方)에 앉았다면, 지분은 오(午), 월장(月將)은 해(亥)다. 이 예(例)에서 귀신을 기과한다.

우선 신시(申時)는 낮이므로, 병정일(丙丁日) 낮(晝)에는 천을귀신이 해(亥)에 온다는 이치에 따른다. 다음으로 진(辰)과 술(戌)을 기준으로 해(亥)부터 묘(卯)까지 천을귀신이 올 때는 순행으로 배열한다는 이치에 따라서 해(亥)에 귀(貴), 자(子)에 등(騰), 축(丑)에 주(朱), 인(寅)에 육(六), …… 사(巳)에 공(空), 오(午)에 백(白)이 온다.

지분인 오(午) 위(上)에 온 백호가 귀신이다. 따라서 백호의 지지

四課例 4

?

人元 貴神
壬子月 丁未日

申

亥

午

月將

地分

인 신(申)을 귀신의 자리에 입과한다.

혹자(或者)는 문점한 시각을 기준으로 낮(旦)이면 순행으로, 밤(暮)이면 역행으로 귀신을 배열한다. 금구결에 따라 점(占)을 치는 술객(術客)들이 대게 그렇다. 그런데 이는 천을귀신이 오는 위치에 따라서 순행하고 역행하는 이치를 오해(誤解)한 것이다.

천을귀신이 오는 위치는 문점한 시각이 밤인지 낮인지에 따라서 달라지고, 12귀신의 순행과 역행은 천을귀신이 오는 위치에 따라서 정(定)하는 것이 올바른 이치다.

## 4. 인원(人元) 기과법(起課法)

인원(人元)은 사과점(四課占)에서 유일(唯一)하게 천간(天干)으로 기과한다. 그래서 간(干)이라고도 한다.

신수점(身數占)이나 내정점(來情占)에서는 인원을 문점인의 인생이 처(處)한 위치로 본다.

인원을 얻는 방법은 쉽다. 기과하는 날의 일간(日干)을 기준으로 기과하는 시(時)에 오는 천간을 얻어 입과한다. 점(占)치는 시(時)의 천간은 기자시법에 따라서 얻는다.

앞의 사과예 4처럼, 임자월(壬

四課例 5

?
戊申亥午

人元 貴神 月將 地分

壬子月 丁未日

子月) 정미일(丁未日) 신시(申時)에 손님이 찾아와 오방(午方)에 앉았을 때 인원을 기과하면 사과예 5가 된다. 이 날은 정미일이니, 정임일(丁壬日)에는 경자시(庚子時)부터 시작한다는 이치에 따라, 문점한 시(時)는 무신시(戊申時)가 된다. 그러므로 무(戊)를 인원에 입과한다.

이로써 임자월(壬子月) 정미일(丁未日) 신시(申時)에 찾아온 손님이 오방(午方)에 앉아 아무 말도 없는 상황에서 사과(四課)를 모두 세웠다.

사과점은 이처럼 손님의 구체적인 사정(事情)을 모르더라도, 그 손님에 관한 점괘를 얻을 수 있다.

손님이 찾아와 아무 말도 없는 상황에서는 내정점(來情占)이 필요하다. 인원을 중심으로 내정을 점단하고 상담을 시작한다.

내정점이란 손님이 찾아온 까닭을 알아내는 점(占)이다. 손님이 술사에게 물어보려는 사안을 미리 안다면, 상담을 하고 점사(占辭)를 제시하는데 도움이 된다. 사과점에는 내정점을 위한 과(課)를 얻는 별도의 기과법이 있는데 이는 다음에 설명한다.

우선 예시(例示)로 기과한 점괘로 내정을 추단한다.

사과예 5의 점괘는 인원이 가장 왕(旺)하니 우선 길조(吉兆)다. 게다가 지분이 인원을 생(生)하니, 부모(父母)님이 자식을 위해 행동하는 상황이다. 부모님이 부동산 문서를 주는 일이 있다.

사과 안에서 지분은 낮고 인원은 높다. 따라서 문점인이 하는 일이 잘 진행되고 있다. 다른 한편으로 직장인이면 승진이나 영전(榮轉)으로 직위가 높아진다. 사업을 한다면 사세가 더욱 커지고, 대학입시나 취업시험을 보면 합격한다. 문점인에게 새 옷도 생긴다.

또 인원부터 월장까지 거듭 생(生)하며 상생하(上生下)하니, 이 가정(家庭)의 재산(財産)이 날로 불어난다.

인원은 점(占)치는 시(時)에서 과(課)를 얻고, 지분은 문점인의 위치에서 과(課)를 얻는다. 귀신과 월장은 자연과 인생의 변화에 영향을 미치는 무형의 작용에서 과(課)를 얻는다. 여기에 사과점 기과법의 신통(神統)하고 신묘(神妙)한 이치가 있다.

천간과 지지를 대비(對比)하면, 천간은 양(陽)이고 지지는 음(陰)이다. 또 천간은 시간이고 지지는 공간이다.

인원과 지분은 알 수 있는 문점인의 위치와 사정을 바탕으로 과(課)를 얻고, 귀신과 월장은 알 수도 없는 미지의 영향력을 과(課)로 얻는다. 사과점 기과법이 바탕으로 하는 역리가 여기에 있다.

## 5. 지분(地分)을 얻는 다른 기과법(起課法)

이제부터 설명하는 기과법은, 같은 동네에 사는 여러 사람이 같은 날(日) 같은 시(時)에 찾아왔을 때 사용하면 유용하다.

지분이 달라지면 사과가 달라지므로, 다른 점괘를 얻게 된다. 물론 거주지(居住地)를 지분으로 얻지 않고, 술사를 중심으로 문점인들이 앉은 방위를 지분으로 사용해도, 다른 과(課)를 얻는다.

### 1) 본명기과법(本命起課法)

문점인이 찾아왔을 때 나이를 안다면, 그 생년(生年)의 납음오행(納音五行)을 추산(推算)해서 본명(本命)으로 기과한다. 생년의 납음오행을 본명이라 하고, 이 기과법을 본명기과법(本命起課法)

이라고 한다.

예(例)를 들어 문점인이 병신년(丙申年)이나 정유년(丁酉年)에 출생(出生)했다면, 병신(丙申)과 정유(丁酉)의 선천수 합계는 26 이다. 49에서 26을 빼면 23이고, 이를 5로 나누면 3(木)이 남는 다. 목(木)이 생(生)하는 화(火)가, 병신(丙申)과 정유(丁酉)의 납음오행이다.

납음오행으로 화(火)에 소속되는 지지는 사(巳)와 오(午)다. 문점인이 병신년 생(生)이면 양(陽)인 오(午)를 지분(地分)으로 정(定)하고, 정유년 생(生)이면 사(巳)를 지분에 입과한다. 그리고 월장과 귀신, 인원은 앞의 기과법에 따라 얻는다.

이 본명기과법은 사업의 성패(成敗)를 점단하는데 장점(長點)이 있다.

자연환경의 변화는 대게 1년을 단위(單位)로 한다. 예전에는 1년을 단위로 한 농업이 생활의 중심이었다. 그래서 연월일시(年月日時) 중(中)에 연(年)이 하늘 또는 천명(天命)이나 제왕(帝王)이다. 이와 같은 원리가 본명기과법의 바탕이다.


## 2) 생년기과법(生年起課法)

태어난 해(年)의 지지(地支)를 그대로 지분으로 얻어 입과하면 생년기과법(生年起課法)이다. 생년법(生年法)이라고도 한다.

즉(卽) 문점인이 병신년(丙申年)에 출생한 사람이면 신(申)을 지분으로 입과하고, 월장과 귀신 및 인원은 앞의 기과법에 따라 입과한다.

생년법은 문점인의 나이만 알면 바로 지분을 얻어 기과하므로,

점괘를 빨리 얻는 장점이 있다.


### 3) 행년기과법(行年起課法)

나이로 지분을 얻는 또 하나의 기과법이 행년기과법(行年起課法)이다. 행년법(行年法)이라고도 한다. 이때 행년(行年)은 나이에 해당하는 1년(年)을 뜻한다.

행년법에서는 문점인의 나이에 해당하는 간지를 얻는 별도(別途)의 방법이 있다.

문점인이 갑자순(甲子旬)에 태어났다면, 남자(男子)는 한 살의 간지(干支)를 병인(丙寅)으로 정(定)하고, 여자(女子)는 출생년(出生年) 간지를 임신(壬申)으로 한다. 다음으로 남자는 병인(丙寅)부터 현재의 나이까지 순행하고, 여자(女子)는 임신(壬申)부터 현재 나이까지 역행하여 육십갑자(六十甲子)를 순서대로 짚는다.

그러면 남녀(男女) 모두 열 살에는 해(亥)를 지나간다. 이때는 여자인지 남자인지에 따라 해(亥) 위(上)에 오는 천간(天干)이 다르다.

이와 같은 방법으로 문점인의 현재(現在) 나이에 해당하는 간지(干支)를 얻으면, 그 지지를 지분으로 입과한다.

문점인이 갑술순(甲戌旬)에 태어났다면, 남자는 한 살에 병자(丙子), 여자는 한 살에 임오(壬午)로 정(定)하고, 남자는 순행 여자는 역행하면, 열 살에는 모두 유(酉)에 다다른다.

갑신순(甲申旬)에 태어난 남자는 한 살에 병술(丙戌)부터 순행하고, 여자는 한 살에 임진(壬辰)으로 역행한다. 남녀(男女) 모두 열 살이면 미(未)에 도달(到達)한다.

　갑오순(甲午旬) 생(生)인 남자는 한 살에 병신(丙申), 여자는 한 살에 임인(壬寅)부터 각각 순행과 역행을 하면 열 살에는 사(巳)에 이른다.

　갑진순(甲辰旬)에 태어난 남자는 한 살에 병오(丙午), 여자는 한 살에 임자(壬子)로 추산하면 열 살에는 모두 지지(地支)가 묘(卯)가 된다.

| 定行年法 | | | | |
|---|---|---|---|---|
| 出生旬 | 男女 | 生年 | 順逆 | 十歲 |
| 甲子旬 | 女 | 壬申 | 逆行 | 亥 |
| | 男 | 丙寅 | 順行 | |
| 甲戌旬 | 女 | 壬午 | 逆行 | 酉 |
| | 男 | 丙子 | 順行 | |
| 甲申旬 | 女 | 壬辰 | 逆行 | 未 |
| | 男 | 丙戌 | 順行 | |
| 甲午旬 | 女 | 壬寅 | 逆行 | 巳 |
| | 男 | 丙申 | 順行 | |
| 甲辰旬 | 女 | 壬子 | 逆行 | 卯 |
| | 男 | 丙午 | 順行 | |
| 甲寅旬 | 女 | 壬戌 | 逆行 | 丑 |
| | 男 | 丙辰 | 順行 | |

갑인순(甲寅旬) 생(生) 남자는 한 살에 병진(丙辰) 여자는 한 살에 임술(壬戌)부터, 남자는 순행 여자는 역행(逆行)으로 추산하면 열 살에 모두 축(丑)에 이르고, 남자는 계속 순행하고 여자는 계속 역행하여 현재 나이의 간지(干支)를 추산한다.

예(例)를 들어서, 경인년(庚寅年)에 태어난 여인(女人)이 45살에 점(占)을 보러왔다면, 경인년(庚寅年)은 갑신순(甲申旬)에 들었으므로 이 여인의 한 살 행년(行年)은 임진(壬辰)이다.

여자는 역행하므로 10세(歲)에 계미(癸未), 20세에 계유(癸酉), 30세에 계해(癸亥), 40세에 계축(癸丑)이고 41세에 임자(壬子) 42세에 신해(辛亥) 43세에 경술(庚戌) 44세에 기유(己酉) 45세에 무신(戊申)이다. 즉(卽) 신(申)을 지분으로 입과하고, 월장 귀신 인원은 앞의 기과법에 따라 과(課)를 얻는다.

행년기과법은 1년(年)의 길흉(吉凶) 즉(卽) 신수점(身數占)에 탁월(卓越)한 효과(效果)가 있다.

행년기과법도 지분을 얻는 방법만 다르다. 월장, 귀신, 인원은 앞의 기과법에 따라 얻는다.


## 4) 내정기과법(來情起課法)

사과점에서는 사과(四課)를 세우면, 우선 인원을 중심으로 사과를 해석(解析)함으로써 내정을 점단할 수 있다. 여기에서는 이와는 별도로 내정을 점단하는 기과법을 설명한다.

내정기과법은 사과를 세운 후(後)에, 인원을 얻는 방법에 따라서 귀신과 월장의 천간(天干)을 얻는다.

즉(卽) 앞의 사과예 5에서 귀신은 백호인 신(申)이고, 월장은 등

| 四課例 6 | | |
|---|---|---|
| ? | | |
| 戊 | 人元 | |
| 戊　申 | 貴神 | 壬子月 |
| 辛　亥 | 月將 | 丁未日 |
| 午 | 地分 | |

명인 해(亥)다. 이때 인원을 얻은 방법대로 정임일(丁壬日)에는 경자시(庚子時)로 시작한다는 이치에 따라서, 신(申)과 해(亥)의 천간을 얻으면, 귀신에는 무(戊)를 얻고, 월장에는 신(辛)을 얻는다.(사과예 6 참조)

이렇게 얻은 귀신과 월장의 천간이 서로 생극제화(生尅制化)하는 이치에 따라 내정을 점단한다.

여기서 귀신의 천간을 신간(神干)이라 하고, 월장의 천간을 장간(將干)이라 한다.

내정점단법의 중요한 이치는 다음과 같다.

우선 신간이 장간을 생(生)하면 좋은 일이 밖에서 들어온다. 역(逆)으로 장간이 신간을 생(生)하면 좋은 일이 안(內)에서 생겨 밖(外)으로 뻗친다.

신간이 장간을 극(克)하면 밖(外)에서 좋지 않은 일이 들어오는데, 이는 적동(賊動)과 같다. 역(逆)으로 장간이 신간을 극(克)하면 안(內)에서 일이 생기는데, 이는 재동(財動)과 같다.

신간과 장간이 서로 합국(合局)이 되면 주(主)로 좋은 일이 거듭 생긴다.

신간과 장간이 각각 분국(分局)되면, 사과 안에 상생(相生)이 있어서 좋은 일이 생기더라도, 일이 성사(成事)되지는 않는다.

인원이 귀신을 생(生)하고 지분)이 월장을 생(生)하는 것을 합국

(合局)이라 하고, 귀신이 인원을 생(生)하고 월장이 지분을 생(生)하는 것을 분국이라 한다. 분국이 될 때는 일의 성사 여부(與否)가 불투명하다.

이와 같은 이치에 따라 내정을 점단한다. 사과예 6의 문점인에게는 좋은 일이 있다. 신간이 장간을 생(生)하는 것을 보고 안다.

신간이 인원과 비화하므로, 좋은 일이 집 외부(外部)의 가까운 곳으로부터 먼 곳까지 줄지어 선 것과 같다. 좋은 일이란 집에 재물이 불어나는 일이다. 재물이 증가하는 원인은 직업이나 사업에 있고, 재물이 증가하는 규모는 집을 개축(改築)할 만큼 큰 규모다.

집을 새로 고친다는 것은 가택(家宅)을 뜻하는 지분의 오화(午火)를 월장인 해수(亥水)가 극(克)하고, 오화(午火)는 장간인 신금(辛金)을 극(克)하는 것을 보고 안다. 신금(辛金)은 집의 천장(天障)을 뜻한다.

또 사과의 길흉(吉凶)이 십(十)이라면 그 중(中) 칠할(七割)은 귀신과 월장에 있다. 즉(卽) 생(生)이든 극(克)이든 과(課)에서 묻는 사안의 길흉은 주(主)로 귀신과 월장에서 판단한다. 신간이 인원과 비화하고, 귀신이 왕(旺)한 인원의 생(生)을 받으니 매우 길(吉)하다.

# 4장 점단(占斷)의 원리(原理)

점괘를 얻었을 때, 역리에 따라서 점괘를 해석(解釋)하는 것을 점단(占斷)이라 한다. 그리고 점단한 내용을 일상의 언어로 풀어서 문점인에게 설명하는 것을 점사(占辭)라고 한다.

소문에 들리는 것처럼, 사주(四柱)풀이를 한 술객이 손님에게 "당신은 일주(日柱)가 을목(乙木)이니"라는 얘기를 하는 것은 점사가 아니다. 이런 구절(句節)은 역리에도 부합하지 않는다. "당신의 일주(日柱)는 병화(丙火)입니다."라는 얘기는, 사주점을 점단(占斷)하는 이치 중(中)에 한 구절일 뿐이다.

사과점은 앞에서 본 대로 점괘를 얻는 기과법에서 다른 역술과 구별된다. 신통한 점괘를 얻도록 창안됐다. 그런데 아무리 신통한 점괘를 얻더라도, 점단을 잘못하고 엉뚱한 점사(占辭)를 제시하면 무용지물(無用之物)이다. 점(占)의 효과는 점단한 내용의 적중률에 있다.

따라서 신통한 점괘가 효과를 얻으려면, 그에 부합하는 점단(占斷)의 원리(原理)도 있어야 한다. 또 술사가 역리와 사리에 정통(精通)해야 한다.

사과점 점단의 원리는 기과법과 마찬가지로, 자연과 삼라만상

(森羅萬象)이 변화하는 이치에 정통(正統)하고 정통(精通)하게 구성됐다. 또 오랜 옛날부터 전(傳)해오는 사리(事理)에도 정통(正統)하다.


# 1. 왕효(旺爻)로 점단(占斷)

사과점(四課占)을 비롯해서 각종 역술에서는 점괘 안에 들어온 오행(五行)이 서로 생극제화(生克制化)하는 원리에 따라서, 미지(未知)의 사정(事情)을 점단한다.

즉(卽) 사과점에서는 오행의 생극제화를 기준으로 사과에 입과한 오행의 왕상휴수사(旺相休囚死)를 먼저 판단하고, 이를 바탕으로 문점한 사정을 점단한다. 즉(卽) 왕효(旺爻)로 점단(占斷)한다. 예전에는 종왕단(從旺斷)이라고 했다.

왕효로 점단한다는 뜻은, 입과한 효(爻) 중(中)에 가장 왕(旺)한 과(課)를 먼저 판단하고, 이 왕효의 생극제화에 따라 다른 세 효(爻)의 상(相) 휴(休) 수(囚) 사(死)를 판단한다.

이때 왕효의 기준은, 사과 안(內)에서 다른 효(爻)의 극(尅)을 받는지 아닌지에 있다. 사과 안에서 다른 효(爻)의 극(尅)을 받지 않는 효(爻)가 가장 왕(旺)한 효(爻)다.

그리고 왕효가 생(生)하는 효(爻)는 상(相), 왕효를 생(生)하는 효(爻)는 휴(休), 왕효를 극(克)하는 효(爻)는 수(囚), 왕효가 극(克)하는 효(爻)는 사(死)가 된다.

이것이 왕효를 중심으로 점단한다는 뜻이다.

앞의 사과예 6으로 얻은 점괘를 다시 보면, 무토(戊土)가 가장 왕(旺)하다. 오행의 생극제화에 따르면, 오화(午火)는 해수(亥水)가 극(剋)하고, 해수(亥水)는 무토(戊土)가 극(克)하며, 신금(申金)은 오화(午火)가 극(克)한다. 사과 안에서 무토(戊土)를 극(克)하는 효(爻)는 없다. 그래서 무토(戊土)가 가장 왕(旺)하다(사과예 7 참조. ※ 사과예 5부터 7까지는 같은 점괘다. 읽는 이의 이해를 돕기 위해서 같은 점괘를 썼다.)

| 四課例 7 |
|---|
| ? |
| 戊 人元 |
| 申 貴神 壬子月 丁未日 |
| 亥 月將 |
| 午 地分 |

무토(戊土)가 가장 왕(旺)하므로, 무토(戊土)가 생(生)하는 신금(申金)은 상(相)이 되고, 무토(戊土)를 생(生)하는 오화(午火)는 휴(休)가 되며, 무토(戊土)가 극(克)하는 수(水)는 사(死)가 된다. 이 생극제화에 따라서 점단한다.

즉(卽) 인원을 중심으로 내정을 추단하는데 왕(旺)하니, 우선 문점인에게 좋은 일이 있겠다. 귀신으로 사과 전체의 길흉(吉凶)을 판단하는데, 귀신이 상(相)이니 역시 길조(吉兆)다. 월장에서 문점인의 몸(身) 상태를 보는데 사(死)가 되니 건강에 문제가 있고, 지분은 집(宅)에 관계된 일인데 휴(休)가 되니 소모(消耗)되는 것이 많다. 또 인원부터 귀신, 월장까지 차례로 생(生)하는 것은 또한 좋은 징조(徵兆)다. 다만 월장이 지분을 극(克)하니 집이 편치 않다.

사과의 소속(所屬)을 이해하면, 왕효(旺爻)를 중심으로 점단한다는 이치만으로도 매우 구체적인 점단을 할 수 있다.

왕효로 점단하되, 귀신(貴神)을 점단할 때는 십이운성을 참조한
다. 귀신이 십이운성의 목욕지(沐浴地)나 사지(死地) 또는 절지(絶
地)에 들었는데 왕효의 극(克)을 받으면, 묻는 사안에 대하여 더
이상 전망(展望)할 것이 없다는 뜻이다.

이는 귀신이 사과의 주장(主將)이기 때문이다. 따라서 귀신에
입과한 오행이 십이운성에서 처(處)한 위치를 참작하여 점단한다.
이때는 귀신과 지분, 귀신과 월령(月令)을 대비(對比)하여 12운성
을 판단한다. 지분이나 월령이 귀신의 목욕지인지 사지인지 또는
절지인지를 본다.

## 2. 사과(四課)의 길흉(吉凶)

사과(四課)의 길흉(吉凶) 즉(卽) 점괘 전체의 길흉(吉凶)은 귀신
(貴神)과 월장(月將)에서 점단한다.

귀신은 사과의 주장(主)이다. 여기에서 주(主)의 뜻은, 네 개의
과(課) 중(中)에 귀신을 가장 존중(尊重)한다는 말이다. 월장은 문
점한 일(事)의 길흉(吉凶)을 보여준다.

사과가 보여주는 길흉이 십(十)이라면 그 중(中) 칠할(七割)은
귀신과 월장에 있다. 그러므로 사과의 길흉은 귀신과 월장을 중심
으로 점단한다.

무자년(戊子年) 갑인(甲寅)월(一月), 계미(癸未)일(七日) 진시
(辰時)에 찾아와 미방(未方)에 앉는 사람을 보고 기과했다.

미방(未方)에 앉았으니 미(未)가 지분(地分)이다. 인월(寅月)의
월장은 해장(亥將)이니 진시(辰時)에 올리고 미위(未位)까지 배열

하면 인장(寅將)을 얻는다. 임계일(壬癸日) 낮에는 천을(天乙)이 사(巳)에 오고, 사(巳)에서는 역행(逆行)하므로 미위(未位)까지 세면 태음(太陰) 유(酉)를 얻는다. 무계일(戊癸日)에는 임자시(壬子時)로 시작하니, 진시(辰時)의 천간(天干)은 병(丙)이다.

| 四課例 8 | | |
|---|---|---|
| ? | | |
| 丙 | 人元 貴神 | 甲寅月 |
| 酉 | | 癸未日 |
| 寅 | 月將 | |
| 未 | 地分 | |

이 과(課)는 우선 극(克)을 받지 않는 병화(丙火)가 가장 왕(旺)하다. 왕(旺)한 병화(丙火)가 극(尅)하는 귀신의 유금(酉金)은 사(死)가 되니, 일견(一見) 흉조(凶兆)다. 또 유금(酉金)은 월령에서 절지(絶地)에 드는데, 지분에서 관대(冠帶)를 두르면서 생(生)을 받으니 매우 흉(凶)하지는 않다. 흉(凶)한 중(中)에도 좋은 일이 있겠다. 게다가 흉(凶)한 유금(酉金)이 월장인 인목(寅木)을 극(克)하니 또한 흉(凶)한 조짐이다. 사과의 길흉(吉凶)을 정(定)하는 귀신과 월장이 흉(凶)하니, 이 과(課)는 흉(凶)한 일을 암시(暗示)한다.

그런데 문점인의 인생은 사과 안에서 가장 왕(旺)한 인원에 있다. 따라서 흉(凶)은 그 사람과 관계된 어떤 일에 있다. 그 흉(凶)한 일은 귀신과 월장에 소속된 일이다.

인원부터 지분까지 차례대로 거듭 극(尅)하는 모양이, 집안으로 보면 높은 곳에 둔 불건이 아래로 떨어지는 형상(形狀)이다. 전등(電燈)을 잡아주던 쇠붙이가 떨어지는데 집안사람이 다치지는 않는다. 그러나 전기공(電氣工)이 와서 등(燈)을 새로 달거나 고치던 중(中)이라면, 그 수리공은 목 부분(頸部)에 상처를 입는다.

이처럼 사과 전체의 선악(善惡)은, 귀신과 월장의 휴구(休咎)에 따라서 판단한다. 여기서 휴구는 왕상휴수사의 다른 표현이다.

## 3. 일의 시작과 끝

어떤 일이든 일에는 시작(首)과 끝(尾)이 있다. 일(事)을 시작하는 것을 수(首)라 하고, 일을 매듭짓는 것을 미(尾)라고 한다.

하나의 과(一課) 안에서는 인원(人元)을 수(首)라 하고, 지분(地分)을 미(尾)라고 한다.

| 四課例 9 | | |
|---|---|---|
| ? | | |
| 丙 | 人元 | 甲寅月 癸未日 |
| 酉 | 貴神 | |
| 寅 | 月將 | |
| 未 | 地分 | |

즉(卽) 묻는 사안의 시작이 어떠한가는 인원에서 판단하고, 시작한 일의 결과는 지분을 보고 점단한다.

바로 앞에서 예(例)로 든 과(課)를 다시 살펴보자(사과예 9 참조).

이 과(課)에서는 인원이 왕(旺)하고, 따라서 지분은 상(相)이 된다. 이 사람이 묻는 일은 시작을 잘 해서 그 결과까지 좋다. 인원이 멀리에서 지분을 생(生)하니 더욱 좋다(吉). 아주 먼 밖(外)에서부터 좋은 일이 집(宅)으로 들어온다.

게다가 월장에 재(財)를 뜻하는 인목(寅木)이 자리하고 인원을 생(生)하면서 지분을 극(克)하니, 좋은 일이란 반드시 돈(財)과 관련된 일이고, 예상보다 빨리 들어온다.


## 4. 주(主)와 객(客)

사람을 기준으로 주인(主)과 손님(客)을 구분할 때는, 인원(人元)이 객(客)이고 귀신(貴神)이 주인(主)이다.

즉(卽) 귀신이 나(我)요, 인원이 너(彼)다. 귀신이 점(占)을 묻는 사람이고, 인원이 묻는 일의 상대방(相對方)이다.

무자년(戊子年) 일월(一月) 갑인(甲寅), 칠일(七日) 계미(癸未), 진시(辰時)에 미방(未方)에서 온 손님이 진행 중(中)인 송사(訟事)의 결과를 물었다.

물어온 손님이 소송의 원고(原告)이든 피고(被告)이든 불문(不問)하고, 이때는 귀신이 찾아온 손님이고, 인원이 묻는 송사의 상대방이다.

인원의 병(丙)이 가장 왕(旺)하고, 귀신의 유(酉)는 사(死)가 된다. 즉(卽) 지금 당장의 정황(情況)은 물어온 손님이 패소(敗訴) 직전(直前)이다. 게다가 유금(酉金)은 문(門)을 뜻하고 공망이니, 이대로는 패소판결만 남은 상태다.

그런데 월장에서 인목(寅木)이 인원의 병화(丙火)를 생(生)하

四課例 10

?

丙
酉
寅
未

人元
貴神
月將
地分

甲寅月 癸未日

고, 병화(丙火)는 지분의 미토(未土)를 생(生)한다. 미토(未土)가 다시 유금(酉金)을 생(生)하니, 지금까지 소송에 제출된 문서(文書)가 도리어 상대방을 이롭게 했는데, 빠트린 서류가 있다. 이 서류를 찾아 제출하면 승소(勝訴)한다고 알려줬다. 유금(酉金)이 극(克)하는 인목(寅木)이 문서를 뜻한다.

시일(時日)이 지난 후(後)에, 깜박하고 지나친 서류를 찾아 제출하고 승소 판결을 받았다며 다시 찾아왔다.

## 5. 재산(財)과 집(宅)

문점한 사안이 재산이나 돈에 관계된 일이면, 월장을 중심으로 점단하고, 집(宅)에 관계된 사정은 지분에서 점단한다.

이때 집(宅)은 가정(家庭)이나 가족(家族)이 아니라, 부동산(不動産)인 건물(建物)이다. 즉(卽) 월장(月將)이 재(財)가 되고, 지분(地分)이 집(宅)이다.

기축년(己丑年) 정묘월(丁卯月) 임술일(壬戌日) 오시(午時)에 낯선 여인이 찾아와 정(正)서방(西方)에 앉았는데 한참을 말이 없다. 그 앉은 위치를 보고 기과했다.

서방(西方)에 앉았으니, 우선 지분으로 유(酉)를 얻었다. 정묘월(丁卯月)이므로 술장(戌將)을 써서 오시(午時) 위(上)에 놓고 지분인 유(酉)까지 배열해서 축장(丑將)을 얻었다.

임계일(壬癸日) 낮에는 천을귀신이 사(巳)에 오고 사(巳)에서는 역행(逆行)하므로, 유(酉)에는 태상(太常)이 오고 미(未)를 입과했다. 또 정임일(丁壬日)에는 병오시(丙午時)이므로 인원은 병(丙)을 얻었다(사과예 11 참조).

우선 이 과(課)는 사과 안에서 극(克)을 받지 않는 병화(丙火)와
미토(未土) 및 축토(丑土)가 왕(旺)하다.

이런 경우에는 점(占)치는 날(日)의 태세(太歲)와 월건(月建) 그

| 四課例 11 |
|---|
| ? |
| 丙 人元 |
| 未 貴神 丁卯月 壬戌日 |
| 丑 月將 |
| 酉 地分 |

리고 일간(日干)을 참조한다. 이
해(年)는 기축년(己丑年)이었다.
따라서 미토(未土)와 축토(丑土)가
가장 왕(旺)하고, 유금(酉金)은 상
(相)이 되며, 병화(丙火)는 휴(休)
가 된다. 귀신과 월장이 왕(旺)하
므로 우선은 길조(吉兆)다.

귀신과 월장이 합심(合心)해서
유금(酉金)을 생(生)하니, 매우 좋
은 징조(徵兆)다. 게다가 인원부터
지분까지 상생하(上生下)하니, 타
인(他人)이 비싼 값을 주겠다며 집
을 팔라는 일이다.

태세(太歲)가 재(財)를 뜻하는 월장에 들어와 집(宅)인 지분을
생(生)하니 더욱 좋고, 집값은 향후 10년(年)은 계속 오를 것이 확
실하다.

말없는 여인에게, 다짜고짜 지금 집을 팔면 오히려 손해다. 앞
으로 10년은 계속 집값이 오른다. 적어도 다음 병년(丙年)에 팔
고, 직거래보다 중개사를 통해서 거래해야 집값을 잘 받겠다고 점
사(占辭)를 제시했다. 이후(以後) 이 낯선 손님은 단골이 됐다.

## 6. 상중하(上中下)와 초중말(初中末)

세상에는 사람(人)이든 만사(萬事)든, 여러 가지 기준과 잣대에 따라, 신분(身分)이나 지위(地位) 그리고 품격(品格)이 있다.

묻는 사안의 위상(位相)을 상(上)중(中)하(下)로 구분할 때는, 인원(人元)이 상(上)이고, 귀신(貴神)이 중(中)이며, 월장(月將)이 하(下)다. 다만 이때는 인원과 지분, 귀신과 지분, 월장과 지분을 함께 살펴보고 각(各) 효(爻)의 사정을 판단한다.

이는 한 가지 일(事)에서도 같다. 그 일을 상중하(上中下) 3등급(等級)으로 구분한다면, 상위(上位)는 인원에서, 중위(中位)는 귀신에서, 일의 하위(下位)는 월장에서 점단하는데, 각각을 지분과 대조(對照)해서 점단한다.

|  四課例 12 |
| --- |
| ? |
| 癸　　人元 |
| 戌　貴神　庚辰月 |
| 酉　月將　丙申日 |
| 巳　地分 |

묻는 사안을 시간적 또는 인과적 기준에 따라 초(初)중(中)말(末)로 구분해서 점단할 때는, 월장이 초(初)요, 귀신이 중(中)이고, 인원이 말(末)이다. 이때도 지분과 대조해서 초중말(初中末)의 사정을 판단한다.

2010년 3월 16일(음력) 사시(巳時)에 낯선 손님이 와서 사위(巳位)에 앉았다. 손님이 입을 열기 전(前)에 기과했다.

경진월(庚辰月)이므로 유장(酉將)을 사시(巳時) 위(上)에 놓았다. 방(方)과 시(時)가 같으므로 월장은 그대로 유(酉)를 얻었다. 병정일(丙丁日) 낮에는 천을(天乙)

이 해위(亥位)에 오고 순행(順行)이므로, 천공(天空)인 술토(戌土)를 귀신으로 얻었다. 그리고 병신일(丙辛日)에는 계사시(癸巳時)가 되니, 인원에는 계(癸)를 입과했다.

이 과(課)는 우선 극(尅)을 받지 않는 술토(戌土)가 가장 왕(旺)하다. 따라서 유금(酉金)은 상(相)이 되고, 사화(巳火)는 휴(休)가 되며, 인원(人元)인 계(癸)는 사(死)가 된다.

사(死)가 되는 계(癸)가 지분을 극(尅)하니 이 손님이 근무 중(中)인 회사의 대표자는 능력도 없고 하는 일마다 말단 사원들을 괴롭히는 결과만을 초래한다.

왕효(旺爻)인 술토(戌土)는 사화(巳火)의 생(生)을 받으니, 대표자 바로 아래 임원진은 능력도 있고, 말단 사원들의 신뢰를 받는 형국(形局)이다.

상(相)이 되는 유금(酉金)은 인원을 생(生)하지만, 지분의 극(克)을 받는데 다행히 사화(巳火)가 휴(休)다. 실무책임자급의 사원들은 업무는 도외시한 채 대표자한테 아부하느라 바쁜 모양새다. 손님에게 그대로 말하니, 그렇다고 한다.

다시 인원은 사(死)요, 귀신과 월장이 왕상(旺相)한 것을 보고, 앞으로 일개월(一個月) 안에 대표자가 바뀔 것인데, 현 임원진 중(中)에 얼굴이 가장 넓은 사람을 믿고 따르면 직위(職位)와 연봉(年俸)이 오르겠다고 일러줬다. 계절이 바뀌면서 매우 고마웠다며 그 손님이 다시 찾아왔다.

지분, 월장, 귀신, 인원을 국가적(國家的)으로 보면, 지분이 일반국민, 월장은 지방공무원 및 시장 또는 도지사, 귀신은 중앙공무원 및 장차관과 총리, 인원은 국가원수가 된다. 한 회사 안이면, 인원이 대표자 또는 사주(社主), 귀신이 임원진 및 부장급 관리자, 월장은 과장 및 주임 등(等) 실무책임자, 지분은 평사원과 말단사원이다.

상중하(上中下)는 신분이나 지위를 3등급으로 구분해서 점단하고, 초중말(初中末)은 시간적으로 3등분하거나 원인과 과정과 결과로 3등분해서 점단한다.

## 7. 사과(四課)에서 음양(陰陽)

점괘(占卦)에서 음양(陰陽)을 판단해야 할 때가 있다. 예(例)를 들어 여자와 남자를 구별해야 할 때가 있다. 이때 기준은 월장(月將)이다. 월장의 음양에 따라서 점단하는 것이 기본(基本)이다.

사과(四課)에 양(陽)이 셋이고 음(陰)이 하나면, 사상(四象)으로 소음(少陰)이니 음(陰)을 취(取)한다. 이때는 일(事)이 여자에게 있다.

사과에 음(陰)이 셋이고 양(陽)이 하나면, 사상으로 소양(少陽)이고 양(陽)을 취(取)한다. 일(事)이 남자에게 있다.

음(陰)이 둘이고 양(陽)도 둘이면, 월장이 음(陰)인지 양(陽)인지에 따라서 음양을 취(取)한다. 월장이 음(陰)이면 여인과 관련된 일이고, 양(陽)이면 남자와 관련된 일이다.

순음(純陰)은 도리어 양(陽)으로 보는데, 그 작용은 월장을 중심으로 본다. 순음이 사과에 들어오면, 대게 울타리 안(內)에 감춰진 물건을 뜻하고, 양인(陽人)이 밖으로 나간다. 오래된 일은 전망이 어둡고 새로운 일은 전망이 밝다.

순양(純陽)은 도리어 음(陰)으로 보는데, 그 작용은 귀신(貴神)을 위주(爲主)로 본다. 순양은 대체로 먼 곳에 있는 물건이고, 음인(陰人)이 집으로 돌아온다. 오래된 일은 전망이 밝아지고, 새로운 것은 전망이 어둡다.

여기에서 음인(陰人)과 양인(陽人)은 보통 여인과 남자인데, 문점한 내용에 따라서는 앞에 사람이 양인이고 뒤에 사람이 음인이다. 신분으로는 윗사람이 양인이고 아랫사람이 음인이다.

음양(陰陽)이란 주(主)에게 마땅하면 객(客)에게 마땅치 않고, 밖(外)에서 화합(和合)하면 안(內)에서 불화(不和)하는 것과 같은 뜻이다. 역(逆)으로 객(客)에게 마땅하면 주(主)에게 마땅치 않은 것도 음양의 이치다.

음(陰)이 극(極)에 이르면 양(陽)으로 나아가고, 양(陽)이 극(極)에 다다르면 음(陰)으로 나아간다. 음양(陰陽)이 한쪽으로 치우치면 상생(相生)이 있더라도 성사(成事)되기 어렵다.

## 8. 동효(動爻)

점괘(占卦)에서 동효(動爻)는, 효(爻)가 움직인다는 뜻이고, 일(事)이 현실에서 일어나고 있다는 뜻이다.

사과점에 동효는 오동효(五動爻)와 삼동(三動) 및 오합(五合)이 있다. 오(五)와 삼(三)은 효(爻)가 동(動)하는 경우의 수(數)를 말한다. 그리고 동효(動爻)는 상극(相克)인 동효고, 동(動)은 상생(相生)인 동효(動爻)다. 오합의 합(合)은 과(課)가 서로 합(合)하는 것이다.

우선 5동효(動爻)에는 처동(妻動) 관동(官動) 적동(賊動) 재동(財動) 귀동(鬼動)이 있다. 3동(動)에는 부모동(父母動) 자손동(子孫動) 형제동(兄弟動)이 있고, 5합(合)에는 관합(官合) 정합(正合)

격합(隔合) 요합(遙合) 귀합(鬼合)이 있다.


## 1) 오동효(五動爻)

사과 안에서 일어나는 오행(五行)의 상극(相克)에 따라 오동효
(五動爻)가 있다. 이때 상극(相克)은 흉(凶)이라는 생각을 버려야
점단이 된다. 사과 안에서 길흉(吉凶)은 사과와 오행의 생극제화
전체와 귀신과 월장에 따라 점단한다.


### 가) 처동(妻動)

사과에서 인원이 지분을 극(尅)하면 처동(妻動)이다. 처동은 간
(干)이 방(方)을 극(克)하는 것이다. 이를 간극방(干克方)이라
한다.

문점인이 남자라면 그의 아내가 간(干)과 방(方)에 소속된 일을
하고 있다. 문점인이 여인이면 그 남편이 일을 벌이고 있다는 뜻
이다.

사과점에서는 처동과 재동(財動)이 뜻이 다르다. 처동은 처(妻)
즉(卽) 배우자인 사람이 움직인다는 뜻이고, 주(主)로 처(妻)와 택
(宅) 효(爻)에 일이 있다.


### 나) 관동(官動)

귀신이 인원을 극(尅)하면 관동(官動)이다. 신(神)이 간(干)을
극(克)하는 것이고, 신극간(神克干)이라 한다.

관(官)이 움직이면, 신(神)과 간(干)에 소속된 일로 관부(官府)
에서 어떤 조치를 취한다. 그 조치의 길흉(吉凶)은 사과의 왕상휴

수사와 오행의 생극제화로 점단한다.

이때 관(官)은 주(主)로 법(法)과 제도(制度)를 뜻한다. 현대적으로 보면, 경찰(警察), 검찰(檢察), 법원(法院) 쪽에 관계된 공무원이나 일반국민을 상대하는 일을 담당하는 공무원이다.

### 다) 적동(賊動)

귀신이 월장을 극(尅)하면 적동(賊動)이라 한다. 신(神)이 장(將)을 극(克)하니, 신극장(神克將)이라고 한다.

적동은 도둑이 움직인다. 귀신은 외부고 월장은 집안이다. 또 월장은 집의 재산이다. 집안에 도둑이 든다. 적동은 대체로 흉조(凶兆)다. 그러나 가까운 곳에 있는 외부인(外部人) 이익(利益)을 얻을 목적으로 집안에 들어온다는 뜻도 있으니, 길흉의 점단은 신중해야 한다.

### 라) 재동(財動)

장(將)이 신(神)을 극(克)하면 재동(財動)이다. 장극신(將克神)이라고 한다. 적동(賊動)과 반대되는 경우다.

집안의 재산(財産)과 재물(財物)이 움직인다. 집안의 재산이 집 밖으로 나가는 일은 투자(投資)나 손재(損財)다. 문점한 사안의 내용과 사과의 생극제화 및 왕상휴수사를 잘 살펴야 한다.

### 마) 귀동(鬼動)

방(方)이 간(干)을 극(克)하면 귀동(鬼動)이다. 방극간(方克干)이라고 한다. 처동(妻動)과 반대다.

귀(鬼)는 돌아가신 분의 넋(鬼神)과 도깨비다. 귀(鬼)가 움직인다. 돌아가신 분의 음덕(陰德)이 보살피는 일인지, 살아가는 사람을 해(害)치려는 귀(鬼)인지는 사과의 사정을 보고 점단한다.


## 2) 삼동(三動)

사과 안에서 오행의 상생(相生)에 따라 삼동(三動)이 일어난다.
상생(相生)은 길(吉)하다는 고정관념을 버려야 점단을 할 수 있다.
사과 전체의 동향을 잘 살펴야 점단이 된다.

### 가)부모동(父母動)
방(方)이 간(干)을 생(生)하면 부모동(父母動)이다.
부모님을 움직이는 가장 급(急)한 일은 대게 자녀에게 일이 생
겼을 때다. 물론 다른 일도 있다. 부동산 문서가 움직일 때도 부모
가 동(動)한다.
부모님의 움직임이 길(吉)인지 흉(凶)인지, 자녀에게 생긴 일이
길(吉)인지 흉(凶)인지는 사과와 오행의 생극제화로 판단한다.


### 나) 자손동(子孫動)
간(干)이 방(方)을 생(生)하면 자손동(子孫動)이다. 부모동(父母
動)과 반대의 경우다.
자손이 일을 벌인다. 좋은 일을 벌이는지 나쁜 일을 벌이는지는
생극제화로 판단한다. 간(干)은 먼 곳이고 방(方)은 집이니, 먼 곳
에서 좋은 소식이 집에 온다.


### 다) 형제동(兄第動)
간(干)과 방(方)이 비화(比和)하면 형제동(兄第動)이다.

형제가 동(動)하면 경제적인 문제에서는 손해가 나는 경우가 많다. 동료를 구(求)하거나 함께 어울려 놀 사람을 찾을 때는 수월하다.

## 3) 오합(五合)

사과(四課) 안(內)에서 천간이 서로 합(合)하면 동효(動爻)와 같다. 특(特)히 바라는 일이 이루어진다.

오행의 원리에서, 천간 합(合)은 갑기합(甲己合) 을경합(乙庚合) 병신합(丙辛合) 정임합(丁壬合) 무계합(戊癸合)이다.

사과의 오합(五合)에는 관합(官合) 정합(正合) 격합(隔合) 요합(遙合) 귀합(鬼合)이 있다. 합(合)의 기본적인 의미는 화합(和合)이다. 오행과 사과의 생극제화에 따라 좋은(吉) 화합도 있고 좋지 않은(凶) 화합도 있다.

### 가) 관합(官合)
신(神)과 간(干)이 합(合)하면 관합(官合)이다.

관(官)과 화합한다. 일반인은 관공서에 일이 생긴다. 관리(官吏)나 종교인의 경우라면 승진할 운(運)이다. 관(官)은 병(病)을 뜻하기도 하니, 병(病)이 온다.

### 나) 정합(正合)
장(將)과 신(神)이 합(合)하면 정합(正合)이다.

집 안팎(內外)이 화합한다. 친척 친구가 모인다. 혼인(婚姻)이 이뤄진다.

### 다) 격합(隔合)

장(將)과 간(干)이 합(合)하면 격합(隔合)이다.

서로 당기는 사람이 있는데 안팎에서 서로 바라만 본다. 일의 진행을 물었다면 지체된다. 간(干)과 장(將) 사이에는 신(神)이 있으니 격합이다.

### 라) 요합(遙合)

장(將)과 방(方)이 합(合)하면 요합(遙合)이다.

집안사람들이 모두 화합한다. 집 담장 안에서는 좋은 일이 있다. 어떤 일로 좋은 지는 사과 전체를 살펴서 점단한다.

### 마) 귀합(鬼合)

방(方)과 간(干)이 합(合)하면 귀합(鬼合)이다.

둘 사이에 신(神)과 장(將)이 버티고 있다. 이를 참작하여 점단한다. 집안에 밖의 먼 곳과 연결된 것이 있다. 걱정이 많겠지만 꿋꿋하게 밀고가면 먼 곳에 이른다.

### 바) 지분(地分)의 천간(天干)

지분의 천간(天干)도, 인원 및 신간(神干)과 장간(將干)을 얻는 기자시법(起子時法)으로 얻는다.

### 4) 신살(神煞)

신살(神煞)은 동효(動爻)와 같은 의미가 있다.

사과점에서는 우선 귀신이 다른 역술에서 말하는 신살의 뜻이

있다. 즉(即) 기과할 때 신살이 이미 점괘에 반영된다. 따라서 사
과의 생극제화를 중심으로 점단한다.

그리고 십이신살(十二神煞)이나 그 외(外)의 여러 신살은 점단
원리가 아니라, 점괘의 부분적인 의미를 판단하는데 참조만 한다.

사과점 점단의 원리는 사과와 오행의 생극제화에 있다. 이 중심
적인 점단의 원리를 익히는 것이 중요하다. 또 사과의 생극제화를
중심으로 한 점단에 익숙하면, 신살을 살피지 않고도 탁월한 점사
(占辭)를 제시할 수 있다.

신살의 점단은, 앞에서 설명한 12신살만을 잘 활용해도 충분
하다.

사과에 신살이 들어왔다고 신살이 작용하는 것은 아니다. 신살
의 길흉도 고정(固定)된 것이 아니다. 사과 안에서 신살이 작용을
할지 못할지, 신살의 작용이 길(吉)이 될지 흉(凶)이 될지는, 사과
의 왕상휴수사와 생극제화에 따라 달라진다.


## 9. 사과(四課)의 생극제화(生克制化)


### 1) 사위(四位)의 상생(相生)과 상극(相克)

과(課)를 위(位)라고도 하고, 사과를 사위(四位)라고도 한다.

사위가 인원부터 지분까지 차례대로 상생(相生)하면, 주(主)로
외부 사람이 재물(財物)을 주려고 들어온다.

사과가 지분부터 인원까지 차례차례 상생하면, 상업(商業)을 하

러 멀리 가는 게 좋다.

사위가 인원부터 지분까지 순서대로 극(克)하면, 주(主)로 외부에서 집안에 있는 사람을 해(害)치러 들어온다.

사과가 지분부터 인원까지 차례대로 극(克)하면, 주(主)로 집안에 사람이 밖에 나가 사람이나 물건을 해치려고 한다.

인원과 귀신이 상극(相克)하면 외전(外戰)이다. 월장과 지분이 상극(相克)하면 내전(內戰)이다. 외전이든 내전이든, 대게 구설(口舌)과 시비(是非)나 재물의 손실(損失)과 질병(疾病)이 생긴다. 외전은 집 밖에 원인이 있고, 내전은 집안에 원인이 있다.

상극하(上克下)는 주(主)로 관(官)에 얽힌 일이 집으로 들어오고, 하극상(下克上)은 주(主)로 재물이 부서지는 일이 집 밖으로 번진다.

세 개(個)의 상위(上位)가 아래에 있는 과(課)를 상극하(上克下)하면, 주(主)로 가사(家事)에 관한 과(課)다.

세 개(介)의 하위(下位)가 위에 있는 과(課)를 하극상(下克上)하면, 주(主)로 출행(出行)에 관한 과(課)다.

두 개(介)의 상효(上爻)가 상생하(上生下)하면 주(主)로 재물이 상자에 가득하고, 두 개(個)의 하효(下爻)가 하생상(下生上)하면 주(主)로 자손(子孫)이 흥기(興起)한다.


## 2) 삼합전신(三合全身)

지지의 삼합이 사과 안에 모두 들어오면 삼합전신(三合全身)이다. 삼합 중에 하나라도 사과 안에 들어오지 않으면 삼합전신이 아니고, 응기(應期)에서 말하는 허일대용이다.

삼합은 네 가지다. 해묘미(亥卯未) 합(合), 인오술(寅午戌) 합 (合), 사유축(巳酉丑) 합(合), 신자진(申子辰) 합(合)이다.

### 가) 곡직과(曲直課)

해묘미(亥卯未) 삼합이 사과에 모두 들어오면 곡직과(曲直課) 다. 거래관계, 결혼, 회합에 관계된 합(合)이다.

신유(申酉) 금(金)이 함께 사과에 들면 괴국(壞局)이다. 괴국이 면 일이 멀어진다.

인원이 갑인(甲寅)이면 목국(木局)이고, 인원이 무(戊)면 관귀 (官鬼)가 동(動)한다.

인원이 임(壬)이면 상생(相生)이다.

### 나) 염상과(炎上課)

인오술(寅午戌)이 사과에 모두 들어오면 염상과(炎上課)다. 재 물, 문서, 좋은 일에 관계된 합(合)이다.

해(亥)자(子) 수(水)가 함께 들면 괴국이다. 일이 보여도 이뤄지 지 않는다.

인원이 병오(丙午)면 화국(火局)이고, 만약 인원이 경(庚)이면 귀동(鬼動)이다.

인원이 갑(甲)이면 상생이다.

### 다) 윤하과(潤下課)

신자진(申子辰) 삼합이 과(課)에 들면 윤하과(潤下課)다. 음양 (陰陽)이 넘치는 일, 경박한 일에 관계된 합(合)이다.

진술(辰戌) 토(土)가 함께 들면 괴국이다. 일에 변화가 생긴다.

인원이 임(壬)이면 수국(水局)이다. 인원이 병(丙)이면 관귀(官

鬼)가 동(動)한다. 인원이 경(庚)이면 상생이다.

### 라) 종혁과(從革課)

사유축(巳酉丑) 삼합이 입과하면 종혁과(從革課)다. 관청에 문서를 발송하여 조회하거나, 허물을 씌우거나, 싸움에 관계된 합(合)이다.

사오(巳午) 화(火)가 함께 입과하면 괴국이다. 바라는 일에 간격이 생긴다.

인원이 신(辛)이면 금국(金局)이다. 인원이 을(乙)이면 귀동(鬼動)이다. 인원이 무(戊)이면 상생(相生)이다.

삼합은 변화의 원인이다.

그런데 일충(日沖), 월파(月破), 공망(空亡), 투합(妬合)이 함께 있으면 삼합전신이 아니다. 귀신이나 월장에서 삼합의 중심 오행을 극(克)하면 투합이다.

### 3) 오비동류(五比同類)

사과에 입과한 두 과(課)가 서로 비화하는 다섯 가지 경우가 있다. 이를 오비동류(五比同類)라고 한다. 오비동류는 정비(正比) 근비(近比) 원비(遠比) 차비(次比) 합비(合比) 다섯 가지다.

### 가) 정비(正比)

간(干)과 방(方)이 비화하면 정비다.

일이 친구나 동료, 형제나 경쟁자에게 있다. 대게 그 일은 불성

(不成)이다.

### 나) 근비(近比)

간(干)과 신(神)이 비화하면 근비(近比)다.

일이 밖에 있다. 이때는 간(干)을 문점인으로 본다.

### 다) 원비(遠比)

방(方)과 장(將)이 비화(比和)하면 원비(遠比)다.

원비가 되면, 일이 친구와 동료에게 있다.

### 라) 차비(次比)

신(神)과 장(將)이 비화(比和)하면 차비(次比)다.

출입문과 창문, 친척과 식구에 관계된 일이 있다.

### 마) 합비(合比)

사과(四課)가 비화(比和)하면 합비(合比)다.

친척과 식구에게 관계된 일이 있다. 주(主)로 반복되고 복잡하게 얽힌다.

예전에는 과(課)가 갑(甲)을(乙)인(寅)묘(卯)로 모두 비화(比和)하면 사위구비(四位俱比)라 하고, 갑(甲)인(寅)인(寅)인(寅)이나 을(乙)묘(卯)묘(卯)묘(卯)로 모두 비화하면 일류조원(一類朝元)이라 했다. 일류조원이나 사위구비나, 간지의 소속에 따라서 예고하는 일이 조금 다를 수 있다. 그러나 이를 점단하는 기본원리는 모두 합비다.

과(課)가 합비가 되면, 문점인이 부모나 자손, 배우자나 재산도 없는 경우가 많다. 다만 공직(公職)에 있는 사람이 합비인 과(課)를 얻었다면, 최고위에 있는 사람을 대면(對面)할 일이 있다.

합비의 길흉(吉凶)과 자세한 예고는 기과하는 날의 태세(太歲)와 월건(月建), 일진(日辰)을 참작해서 점단한다.

## 10. 오행(五行)의 소속(所屬)과 비화(比和)

사과점은 과(課)에 들어온 간지의 오행이 일으키는 생극제화를 중심으로 점단한다. 오행의 생극제화를 점단할 때는 사과 안에서 오행의 소속(所屬), 사과의 소속, 간지자(干支字)의 소속을 참조한다.

### 1) 사과(四課)에서 오행(五行)의 소속(所屬)

일상(日常)에서는 기후(氣候)를 알아보는 천시점(天時占), 여러 상황에서 지역적 상태를 알아보는 지리점(地理占), 사람의 성향(性向)을 알아보는 인사점(人事占), 병(病)의 원인(原因)과 부위(部位)를 알아보는 병원점(病源占)을 많이 쓴다.

이와 같은 점(占)을 칠 때, 오행의 소속을 알아두면 점단에 유리하고, 다른 경우에 점(占)을 칠 때 오행의 소속을 판단하는 기준이 된다.

우선 천시점(天時占)에서, 금(金)은 우레(鳴), 목(木)은 바람(風), 수(水)는 비(雨), 화(火)는 맑음(晴), 토(土)는 구름(雲)에 소속된다.

지리점(地理占)에서, 금(金)은 도로(道路), 목(木)은 숲과 들판(林野), 수(水)는 물길(河道), 화(火)는 높은 산(嵩), 토(土)는 높은 언덕(坡崗)에 소속된다.

사람의 성격을 보여주는 인사점(人事占)에서, 금(金)은 흉악(凶惡), 목(木)은 사치하고 화려함(奢華), 수(水)는 표류(漂流), 화(火)는 성급(性急)함, 토(土)는 순후(淳厚)함에 소속된다.

병(病)의 원인을 보는 병원점(病源占)에서, 금(金)은 허파(肺), 목(木)은 창자(腑), 수(水)는 콩팥(腎), 화(火)는 심장(心), 토(土)는 지라(脾)에 서로 소속된다.

| 四課에서 五行의 所屬 | | | | | |
|---|---|---|---|---|---|
| | 金 | 木 | 水 | 火 | 土 |
| 天時占 | 鳴 | 風 | 雨 | 晴 | 雲 |
| 地理占 | 道路 | 林野 | 河道 | 嵩 | 坡崗 |
| 人事占 | 凶惡 | 奢華 | 漂流 | 性急 | 淳厚 |
| 病源占 | 肺 | 腑 | 腎 | 心 | 脾 |

## 2) 오행(五行)의 비화(比和)

여기에서는 간지자의 소속을 바탕으로 두 과(課)의 오행이 비화(比和)하는 경우에 점단하는 예(例)에 대하여, 사과 전체에 미치는 영향을 위주로 살펴본다.

이토(二土)나 이수(二水)라는 말은, 두 과(課)가 토(土)가 되거나 또는 두 과(課)가 수(水)가 된다는 뜻이다. 나머지도 같다.

이목(二木)이 비화하면, 구(求)하는 것을 얻기 어렵다. 목(木)은 생명(生命)이다. 같은 땅에 두 나무가 살기는 어렵다.

그러나 다른 과(課)에 온 간지에 따라 그 길흉(吉凶)과 일의 성패(成敗)는 달라진다. 이하(以下)의 비화(比和)가 모두 같다.

이토(二土)가 비화하면, 일의 진행이 지지부진(遲遲不進)하고 지체(遲滯)된다. 토(土)는 사시사철 그 자리를 지킨다.

이금(二金)이 비화하면, 묻는 일에 순리(順理)가 없다. 금(金)은 법(法)과 제도(制度)처럼 무형(無形)의 칼이다. 순리가 없으면, 일이 뒤죽박죽되거나, 일이 들쑥날쑥 한다.

이화(二火)가 비화하면, 갖가지 일이 모질고 혹독(酷毒)하다. 화(火)는 거침없이 타오르며 그 열기(熱氣)를 뿜어낸다. 그 가까이는 모질고 혹독해진다.

이수(二水)가 비화하면, 일이 계획된 틀 안에서는 순조롭다. 물은 위에서 아래로 흐른다.

과(課)에서 두 오행이 비화하면, 묻는 일에 위와 같은 특성(特性)이 있다. 그러나 그 길흉(吉凶)은 다른 과(課)의 사정에 따라 달라진다. 두 오행이 비화한다고 길흉이 정해지는 것은 아니다.

귀신과 월장을 중심으로 길흉을 판단하고, 사과 전체의 생극제화로 묻는 일의 성패와 길흉을 점단한다.

## 11. 세신(歲神)과 월일(月日)의 건(建)

세신(歲神)은 점(占)을 치는 기과일(起課日)의 태세(太歲)다. 건(建)은 기과일의 월건(月建)과 일건(日建)이다.

기과일의 태세와 월건 그리고 일건은 사과 안에 들어온 간지를 생극제화한다.

태세와 월건 그리고 일건이 효(爻)를 생극제화하는 원리는, 왕효(旺爻)로 점단(占斷)한다는 원리를 보조(補助)한다.


### 1) 세신(歲神)

#### 가) 세신(歲神) 입과(入課)

점(占)치는 기과일이 진년(辰年)인데 사과 안에 진(辰)이 입과하면 세신(歲神)이다. 태세나 세군(歲君)이라고도 한다. 그리고 기과일이 갑진년(甲辰年)인데 과(課)에 갑진(甲辰)이 들었다면 진태세(眞太歲)라고 한다.

태세(太歲)는 그 해의 천자(天子)다. 예전의 임금과 같고, 오늘날의 대통령, 종교의 교주(敎主)와 같은 사람을 뜻한다. 작게는 각 단위의 장(長)과 대표, 마을의 촌장(村長), 가장(家長)을 뜻한다.

태세가 입과하면 가장(家長)이나 촌장(村長), 임금 같은 사람들에게 일이 있다는 뜻이다. 생극제화가 길(吉)하면 1년(年) 내내 좋은 일이 있다. 흉(凶)하면 1년(年) 내내 좋지 않은 일이 있다.

기과일이 입추(立秋) 전(前)인데, 월장(月將)에 공조(功曹 = 寅)나 전송(傳送 = 申)이 입과하고, 지난해의 태세가 과(課)에 들어오면 지난해의 일이고, 입추일(立秋日) 이후의 점(占)에 내년의 태세가 들어오면 내년의 일이다.

### 나) 세충(歲沖)

세충(歲沖)은 세파(歲破)나 대모(大耗)라고도 한다.

과(課)에 들어온 간지(干支)가 태세의 충(沖)을 받는 것이다. 세충이면 우선은 흉조인데, 구체적인 사정(事情)은 생극제화로 점단한다.

### 2) 월건(月建)

### 가) 월건(月建) 입과(入課)

월건(月建)은 축월(丑月)에 축(丑), 술월(戌月)에 술(戌)을 말한다.

월건이 과(課)에 들어오면 왕(旺)하다. 왕(旺)하면은 묻는 일이 왕상(旺相)하고 오래간다. 길흉(吉凶)의 작용력이 매우 크다. 만약 새로운 일이라면 그 달에 생긴 일이다. 월건이 동(動)하면 길흉이 확실하게 응(應)한다.

신(神)과 장(將)에 월건이 입과하면, 사물이 성대(盛大)하고 많다. 사람은 건장(健壯)하고 젊은 용모(容貌)다. 길(吉)할 때는 좋은 일(福)이 갈수록 많아지고, 흉(凶)할 때는 좋지 않은 일(禍)이 갈수록 더해진다.

### 나) 월건(月建)과 왕상(旺相)

왕(旺)한 경우에는 세 가지가 있다.

첫 번째는 사계절(四季節)에 왕(旺)한 것으로, 봄에 목(木), 여름에 화(火), 가을에 금(金), 겨울에 수(水)다. 그러나 사과점에서는 사과(四課) 안의 생극제화로 왕(旺)한 효(爻)를 위주(爲主)로 점

4장 점단(占斷)의 원리(原理) 139

단한다. 월건의 왕상(旺相)은 보조적인 원리다.

두 번째는 상생(相生)을 받아 왕(旺)한 것이다. 과(課)에 든 인묘(寅卯)가 해수(亥水)나 자수(子水)의 생(生)을 받는 예(例)다. 해자(亥子) 수(水)가 신유(申酉) 금(金)의 생(生)을 받는 것과 같은 경우도 같다.

세 번째는 일진(日辰)에 따라 왕(旺)해진다. 장신(將神 = 월장)에 해자(亥子) 수(水)가 입과했는데 기과일(起課日)에서 신유(申酉) 일 (日)을 얻는 경우에 왕(旺)해진다. 이와 같은 예(例)는 모두 같다.

### 다) 월파(月破)

사과점에서 월파(月破)는 주(主)로 지지(地支)의 상충(相沖)이다. 지지의 파(破)는 거의 사용하지 않는다.

월파(月破)란 기과일이 인월(寅月)인데 과(課)에 신(申)이 들어오고, 오월(午月)에 기과하는데 자(子)가 입과하는 예(例)를 말한다. 지지의 상충(相沖)에서 하나는 기과한 월건에 있고 충(沖)이 되는 지지가 입과하면 월파(月破)다.

과(課)가 월파(月破)를 만나면, 과(課)에 소속된 일이 부서진다. 갇힌 사람은 벗어나고, 아픈 사람(病者)은 죽는 경우도 있으니, 월파의 길흉(吉凶)도 사과의 생극제화로 점단해야 한다.

### 3) 일건(日建)

### 가) 일건(日建) 입과(入課)

일건(日建)은 과(課)의 장신(將神 = 월장)과 기과일의 일진(日辰)이 같다.

일건(日建)이 입과하면, 주(主)로 그 날 안의 일이다.

귀신(貴神)이나 지분(地分)에 일건(日建)이 입과하면, 신(神)이
나 방(方)은 휴수(休囚)된 것과 같다.

### 나) 일충(日沖)

일충(日沖)은 과(課)가 기과한 일진(日辰)과 상충(相沖)이다. 즉
(卽) 지지의 상충이, 과(課)와 일진에 함께 들어오면 일충이다.

일충이 입과하면, 그 과(課)의 일이 깨진다(破). 일파(日破)라는
뜻이다.


※ 사과점에서는 지지의 충(沖)을 세파(歲破), 월파(月破), 일파
(日破)로 점단한다.


## 12. 응기(應期)의 원리(原理)

응기(應期)란 점(占)으로 예측(豫測)한 일이 발생하는 때다.

응기는 미래에 발생할 일을 보여주고, 동효(動爻)는 이미 발생
한 일을 보여준다. 응기는 미래에 어떤 일이 언제 발생하는지를
보여준다.

응기가 빠진 점사(占辭)는 먹을 것도 없는데 소문난 잔치고, 희
망으로 고문(拷問)하는 격(格)이다. 응기가 없는 점사(占辭)는 간
혹(間或) 문점인에게 평생의 저주(咀呪)가 될 수도 있다.

응기는 점단(占斷)의 핵심이다.

사과에서 응기를 점단할 때는 다섯 가지 합(合)을 쓴다. 천지합(天
地合), 장간합(將干合), 삼기합(三奇合), 삼합(三合), 육합(六合)이다.

응기의 다섯 가지 합(合)은 간지(干支)의 합(合)이고, 동효의 오합(五合)은 과(課)의 합(合)이다.


## 1) 천지합(天地合)

천지합(天地合)이란 천간과 지지 즉 간지(干支)가 동시에 합(合)하는 때다. 사과 중(中)에 월장의 천간과 지지가 함께 합(合)을 만나는 날, 예측한 일이 응(應)한다.

예(例)를 들어서, 사과의 월장에 갑신(甲申)을 얻었으면, 기사(己巳)년(年)이나 기사(己巳)월(月), 기사(己巳)일(日)이나 기사(己巳)시(時)가 응기다.

이때 년(年)월(月)을 취(取)할지 일(日)시(時)로 점단할지는, 문점한 내용에 따라 술사가 판단한다. 월(月)이나 년(年)을 전제로 물었다면 년월(年月) 중에 택(擇)하고, 일시(日時)를 물었다면 일시(日時)로 답한다.


## 2) 장간합(將干合)

장간합(將干合)은 월장의 천간이 합(合)이 되는 때다. 장간합이 되면, 점단한 일이 응(應)한다. 이때 과(課)의 지지는 합(合)이 아니어도 된다.

예(例)를 들어, 월장의 천간이 병(丙)이면, 천간에 신(辛)이 오는 연월일시(年月日時)가 응기다. 즉(卽) 신년(辛年)이나 신월(辛月), 신일(辛日), 신시(辛時) 중(中)에 어느 때에, 사과로 예측한 일이 생긴다.

### 3) 삼기합(三奇合)

삼기합(三奇合)은 삼기(三奇)에 속(屬)하는 세 천간이 합(合)하는 때다. 삼기합이 될 때가 응기다.

삼기란 갑(甲)무(戊)경(庚)과 을(乙)병(丙)정(丁) 두 가지다.

삼기합을 쓸 때는 신간(神干)과 장간(將干)을 보고 점단한다. 과(課)에서 신간과 장간을 얻었는데 병(丙)정(丁)이 있고 을(乙)이 없다면, 을일(乙日)이 응기다. 이때는 사과 안에 갑(甲)무(戊)경(庚)이 모두 있다면, 삼기합을 응기로 쓰지 않는다.

예(例)를 들어, 신간과 장간에 무(戊)경(庚)은 있고 갑(甲)이 없으면, 갑일(甲日)에 반드시 응(應)한다. 응(應)한다는 것은 예측한 일이 발생한다는 뜻이다.

### 4) 삼합(三合)

응기(應期)에서 쓰는 삼합(三合)은 지지(地支)의 삼합(三合)이다. 해(亥)묘(卯)미(未) 삼합(三合), 인오술(寅午戌) 삼합, 사유축(巳酉丑) 합(合), 신자진(申子辰) 합(合)이다. 삼합을 쓸 때도 귀신과 월장의 지지로 점단한다.

과(課) 안에 해(亥)묘(卯)가 있는데 미(未)가 없으면, 미월(未月)이나 미일(未日), 미시(未時)가 응기다.

삼합(三合)을 응기(應期)로 점단할 때는, 셋 중(中)에 빈 글자가 있는 년(年) 월(月) 일(日) 시(時) 중(中)에 응기가 있다.

## 5) 육합(六合)

육합(六合)도 지지의 육합을 응기(應期)로 쓴다. 육합은 자축합
(子丑合) 인해합(寅亥合) 묘술합(卯戌合) 진유합(辰酉合) 사신합
(巳申合) 오미합(午未合)이다.

육합을 쓸 때도 월장을 기준으로 판단한다.

월장(月將)에 오(午)가 있으면, 미(未) 연월일시(年月日時) 중
(中)에 응기가 있다. 미월(未月)인지 미시(未時)인지는 문점한 사
안을 바탕으로 판단한다.

## 6) 근합(近合)

응기(應期)를 판단할 때는 문점한 사안에 따른다. 묻는 내용이
장기적(長期的)이면 년(年)이나 월(月)이고, 단기적(短期的)이면
일(日)이나 시(時)다.

합(合)이 되는 연월일시는 가장 가까운 합(合)을 취(取)한다. 즉
(卽) 10간(干) 12지(支)이므로, 12년(年)이내의 합(合)이 되는 해
(年), 12개월(個月) 이내의 합(合)월(月), 12일(日) 이내의 합(合)일
(日), 12시(時) 이내의 합(合)시(時) 중에 응기(應期)가 있다.

## 7) 허일대용(虛一待用)

사과(四課) 안에 인오술(寅午戌) 삼합이 들면 염상과다. 그런데
인오술(寅午戌) 중(中)에 하나가 없으면 염상파체과(炎上破體課)

라고 한다.

해묘미(亥卯未) 삼합이면 곡직과인데, 세지지 중(中)에 하나가 없으면 곡직파체과(曲直破體課)다.

과(課)가 신자진(申子辰) 삼합이면 윤하과인데, 한 지지가 없으면 윤하파체과(潤下破體課)다.

사유축(巳酉丑) 삼합이 들면 종혁과인데, 지지 하나가 없으면 종혁파체과(從革破體課)다.

사과가 파체과(破體課)가 되면, 과(課)에 없는 지지가 나타나 삼합을 이루는 연월일시(年月日時) 중(中)에 삼합과(三合課)의 효과가 나타난다.

삼합과는 대게 행인(行人)이 목적지에 도달하고, 계획한 일의 성사(成事)를 예고한다. 이것이 없는 하나를 기다려서 쓴다는 뜻의 허일대용(虛一待用)이다.

없던 지지 하나가 출현하는 연월일시가, 삼합과를 이루는 때이며, 응기(應期)가 된다.


## 13. 성심(誠心)

무릇 점(占)은 자연(自然)과 사람(人)이 같다는 사상(思想)에 바탕을 두고 발전했다.

세상 모든 것은 시시각각(時時刻刻)으로 변(變)한다. 그 변화(變化)의 속도(速度)는 매우 다르다. 사람이 보기에는 변화하지 않는 것처럼 보이기도 하고, 변화가 너무 빨라서 한 가지인데 전혀 다른 두 가지로 보이기도 한다.

또 세상에는 지금 이 순간에, 사람이 알 수 있는 일도 있고 알 수 없는 일도 있다. 사람이 알 수 없는 일도 자연은 알 수 있다는 사상을 바탕으로 점(占)이 발전했다. 그래서 아주 오래 전(前)부터 점(占)을 쳤다.

자연이 말해주는 변화의 예고(豫告)를, 지금 사람의 말로 바꿔 내는 게 역술(易術)이고 점(占)이다.

따라서 점(占)을 치는 사람은 점(占)을 치는 순간에 스스로 경건 (敬虔)해야 한다. 스스로 경건한 술사에게 신통한 점괘가 응(應)한다.

옛 선비들도 일상(日常)에서 점(占)을 칠 때마다 그러했다. 점 (占)을 치는 순간에는 누구나 술사(術士)다. 역(易)에서 술사(術 士)는 신(神)과 같다. 그에 걸맞게 스스로 경건함으로써 신통한 점 괘를 얻어야 한다.

한 가지 물음에 대(對)하여, 술사가 원(願)하는 점괘가 나올 때 까지 반복(反復)해서 점(占)을 치는 일을 가장 경계(警戒)한다. 물 음이 분명(分明)치 않은 일이나, 역술을 시험하는 일로, 함부로 점(占)을 치지 않아야 한다.

역(易)의 원리(原理)에 정통(正統)한 술사는, 점(占)을 묻는 사 람이 지금까지 보다 조금이라도 더 행복한 인생을 만들어가는 것 을 돕기 위해 점(占)을 친다. 정성(精誠)을 다해서 신통한 점괘를 얻는 게 점(占)의 출발이다.

※ 이상(以上)으로 조선(朝鮮)의 역술(易術)인 사과점(四課占)에 대하여, 독자 제위께서 생활에 활용할 수 있도록 소개를 마친다. 독자 여러분이 행복한 인생을 만드는데, 이 책이 작은 도움이 되 기를 바란다.

# 제3편
# 경본(京本) 금구결(金口訣)
# 번역문(飜譯文)

# 교정경본육임신과금구결대전서
## 校正京本六壬神課金口訣大全序

하도(下道)와 낙서(洛書)가 출현하자 옛 성인이 이를 경전(經典)으로 삼아 하늘의 뜻에 따라 만사를 성취하고, 옛사람들이 지성으로 이를 사용하여 만세(萬世) 도술(道術)의 시조가 되었다. 예전에 훌륭한 복서인(卜筮人)은 어떤 일이든 손바닥 위에 놓고 보았는데, 지금은 사라졌으니 매우 안타깝다.

세상에 전(傳)하는 신과(神課) 금구결(金口訣)은 손씨(孫氏) 빈(貧)이 저술했다. 빈(臏)이 육임(六壬)을 더욱 정교(精巧)하게 만들고 또 이를 퍼뜨렸다.

흐트러진(弗約) 이치(理致)는 간략하면서도 섬세하고 가장 신묘(神妙)한 이치에 따르도록 모아서, 이 책(冊)을 세상에 전(傳)했다. 이대로 점(占)을 쳐보면 응(應)하지 않는 것이 없다.

후세(後世)에 일 만들기를 좋아하는 자들이(好事者), 점법(占法)의 역리(易理)를 벗어난 것들(觸類)을 끌어다가 그 중요한 이치를 흩어버리고, 점(占)치는 사람들이 이를 바로 잡지 못하면서 요점(要點)을 잃고 병통(病痛)을 따르게 만들었다.

내가 내서국(內書局)에서 일할 때 시간을 내서 관본(官本)과 가(歌)·결(訣)·점단례(占斷例)·시(詩)·사(詞)·부(賦)·송(訟) 등등(等等)의 제설(諸說)을 끌어 모아 비교(比較)하고 그 동이(同異)를 살폈다.

거대(巨大)한 것이나 미세(微細)한 내용(內容)이나 일일이 거듭

정정(訂定)하고 교정(校正)하여 그 뜻을 붙였다. 이지러지고 분명하지 않은 것은 직접 해설(解說)하여 보충(補充)했으며, 녹봉(祿俸)을 보태어 인쇄(印刷)할 판(板)을 만들고 계속(繼續)해서 전(傳)해지게 한 것이 이 신과(神課)다.

세 번 전하고(三傳) 네 자리를 써서(四用), 천시(天時)·지리(地理)·인사(人事) 등(等)을 크게 생극(生剋)으로 점(占)치면, 기험(奇驗)하지 않은 것을 흩어낸다.

천하(天下)의 것이 아니고, 신(神)이 모두 아는 것처럼 다다른다. 이것이 금구결(金口訣)이다. 이제 사람들의 입을 통하여 그 내용(內容)이 나가도 이렇게 저렇게 고칠 것이 없는, 역(易)에서 말한 대로다.

옛사람들은 그 명칭(名稱)에서 뜻을 취(取)했는데, 그 뜻이 깊고 아득한 것이 많아서 작은 이지러짐은 모두 바로잡을 수가 없었다. 고명(高明)한 술사(術士)가 살펴보고 바로 잡아서 전인(前人)의 깊은 뜻을 잃지 않기를 기다린다.

초(楚) 황도중(黃陶中) 보찬(輔撰)
절란(浙蘭) 이우문(李右文) 중간(重刊)

# 육임신과(六壬神課) 금구결(金口訣)

동춘(洞春)도인(道人) 양수일(楊守一) 정열(精閱)
종곡(鍾谷)일사(逸士) 웅대목(熊大木) 교정(校正)
금계(金谿)거사(居士) 주경현(周儆弦) 중정(重訂)


## 1. 소식묘론(消息妙論)

점과(占課)의 입식가(入式歌)는 그 대상(大象)을 말한다. 오동효(五動爻)는 대의(大意)를 나타내고, 격국(格局)으로 일의 본체(事體)를 본다. 역마(驛馬)와 신살(神煞)로 그 길흉(吉凶)을 점단(占斷)하고, 공망(空亡)·월파(月破) 및 지간(支干)의 삼합(三合)과 육합(六合) 등(等)으로 그 성패(成敗)를 추단(推斷)한다. 마음을 가라앉히고 추측(推測)하면 신묘(神妙)하지 않은 것이 없다.


## 2 입식가해(入式歌解)

입식법(入式法)에 묘(妙)함은 현묘(玄)하니, 월장(月將)은 시각(時刻)부터 지방(地方)의 위(上)까지 펼치고, 또 같은 자리(位)에 어떤 귀신(貴神)이 오는지를 보며, 일간(日干)에서 오자원(五子元)을 쓴다.

해(解)에 말하기를, 과(課)에는 사위(四位)가 있다. 일(一)은 지분(地分)이고, 이(二)는 월장(月將), 삼(三)은 귀신(貴神), 사(四)는 인원(人元)이다.

일(一) 지분(地分)은 문과인(問課人)이 선(立) 자리의 방위(方位) 또는 앉은 방위를 말한다. 이(二) 월장(月將)은 정월(正月)에 등명(登明)인데, 해(亥)부터 십이위(十二位)를 거꾸로 돌려 십이월(十二月)을 정(定)했다. 삼(三) 귀신(貴神)은 천을귀신(天乙貴神)이다. 갑(甲) · 무(戊) · 경(庚) 일(日)에는 우(牛) · 양(羊)이라는 예(例)를 참조(參照)해서, 우양(牛羊) 두 자리(位)를 주야(晝夜)에 따라 쓰고, 순역(順逆)의 뜻에 따라서 나아간다. 사(四) 인원(人元)은 오자원(五子元)이 숨은(遁) 것인데, 갑일(甲日) · 기일(己日)은 갑자시(甲子時)에서 비롯된다. 점(占)치는 날(日)에 의거(依據)하여 이 예(例)에 따라 취(取)한다. ○ 가령(假令) 이월(二月) 술장(戌將) 병인(丙寅)일 오시(午時)에 신지(申地)에서 점(占)을 물었다면, 월장(月將)인 술(戌)을 오(午) 위(上)에 얹고 신지(申地)까지 펼쳐서 자장(子將) 신후(神后)를 얻는다. 이에 따라 귀신(貴神)을 일으키면 병정일(丙丁日)에는 저(猪) · 계(鷄) 위(位)에 천을귀신(天乙貴神)이 오므로, 귀신(貴神)을 해(亥) 위(上)에 얹고 순행(順行)하여 신(申)까지 세어가서 현무(玄武)를 얻는다. 오자원(五子元)에 따라서(就), 병신일(丙辛日)은 무자시(戊子時)부터 시작(始作)하므로 자(子) 위(上)부터 신(申)까지 셈하여 병(丙)을 얻는다. 병(丙)은 화(火)에 속(屬)하고, 지지(地支) 신(申)은 금(金)에 속(屬)하며, 귀신(貴神)과 장신(將神)은 수(水)에 속(屬)하니, 이 생극제화(生剋制化)로 길흉(吉凶)을 정(定)한다. 나머지도 이 예(例)와 같다.

극(尅)하는 자(者)가 없는 것이 종왕단(從旺斷)이다.

해(觧)에 말하기를, 없다는 것(無者)은 사위(四位) 안에 극(尅)하는 게 없다는 뜻이다. 오직 왕(旺)한 신(神)을 취(取)해서 쓰므로, 종왕단(從旺斷)이라고 한다.

오행(五行) 안에서 그 원리(元理)를 자세히 살펴야 한다.

해(觧)에 말하기를, 다만 사위(四位) 안에서 오행(五行)에 극(尅)이 있는지 극(尅)이 없는지 구별해서, 길흉(吉凶)을 본다.

귀신(貴神)과 월장(月將)의 편(便)에서 흉(凶)과 길(吉)을 자세히 밝힌다.

해(觧)에 말하기를, 귀신(貴神)이 주(主)이고, 주(主)란 존신(尊神)이다. 월장(月將)은 상(相)이고, 상(相)이란 일(事)을 취(取)하는 것이다. 재(災) · 복(福)이 십(十)이면 그 중(中)에 칠(七)은 이 두(二) 신(神)에 있다.

같고 다름에는 또 수미(首尾)가 있다. 수미(首尾)는 인원(人元)과 지분(地分)이다. 일의 시작(始作)을 수(首)라 하고, 일이 이루어짐을 미(尾)라 한다. 한 과(課)에서 수미(首尾)를 말하면, 인원(人元)이 수(首)요, 지분(地分)이 미(尾)다.

귀신(貴神)과 인원(人元)이 빈(賓) · 주(主)로 나뉘고, 장신(將神)과 지분(地分)이 각각(各各) 재(財) · 택(宅)이 된다. 또 귀신(貴神)과 월장(月將)의 휴구(休咎)를 추단(推斷)하여 선(善) · 악(惡)을 성(乏)한다.

월장(月將)과 귀신(貴神)과 인원(人元)으로 하(下) · 중(中) · 상(上)을 나누고, 초(初) · 중(中) · 말(末)로 보는데, 지분(地分)을 아울러 취(取)하여 그 재(災) · 복(福)을 점단(占斷)한다.

찾아온 사람(來人)을 두루 살펴서, 적중(的中)할 단서(端緒)를 본다.

해(解)에 말하기를, 찾아온 사람의 방위(方位)를 보거나, 어느 방위에서 왔는지 물어서 과목(課目)을 일으킨다. 십이(十二) 지분(地分) 위(上)에, 십이 신장(神將) 즉 월장(月將)이 있고, 또 그 위에 열두 귀신(貴神)이 있으며, 그 위에 인원(人元)이 있다. 마땅히 사위(四位) 안에서 이를 잘 살펴야 한다.

만일 길신(吉神)의 자리 위(上)에서 왔다면, 주(主)로 재물(財帛)에 관련되어 좋은 일 또는 승진할 일이 있는데, 왕(旺)하면 성사되고, 합(合)이면 만사(萬事)에 흉(凶)이 없다. 만일 흉신(凶神)이나 흉위(凶位)를 대(帶)한 곳 위(上)에서 왔으면, 주로 사망(死亡)이나 잃어버림(走失)·싸움·소송·관재(官災)·질병 등(等)이다.

또 방위(方位)로 찾아온 뜻(來意)을 아는데, 앉은 위치(位置)로 재(災)와 복(福)을 알고, 찾아온 사람의 본명(本命) 위(上)에서는 성패(成敗)를 안다. 일진(日辰)이 정(定)해진 후(後)에 시(時)를 취(取)해 사위(四位)를 세우고, 소식을 자세히 추구(推究)하면 신험(神驗)하지 않은 것이 없다.

두 개의 목(二木)이 효(爻)에 오면, 구(求)하는 것을 얻기 어렵다.

해(解)에 말하기를, 점과(占課)할 때 사위(四位)를 살폈는데, 만약 사위(四位) 안에서 이목(二木)을 보면, 구하고 바라는(求望) 일에 좋지 않고, 혹(或)은 이루기 어렵다. ○ 가령(假令) 지분(地分)이 인(寅)에 있고, 그 위에서 태충(太衝)을 얻으면 이목(二木)이다. 이때 만일 귀신(貴神)이 수(水)가 되면, 수(水)가 아래의 이목(二木)을 생(生)한다. 묘(卯)는 문호(門戶)이니, 재물(財)이 문(門)에 있음이 응(應)한다. 지분(地分)에 인(寅)이 재물(財帛)이다. 이 이목(二木)이 수(水)를 얻었으니 생기(生氣)가 있고, 좋은 일(喜事)이 칠할(七里)는 응(應)한다. 다시 인원(人元)이 토신(土神)을 보면 또한 재물(財帛)인 과(課)로 논(論)한다. 토(土)는 내 몸(我身)이고, 귀신(貴神)인 천후(天后) 수(水)를 극(尅)하니, 주(主)로 객(客)이 왕(旺)하다. 이목(二木)인 재물(財帛)이 다시 인원(人元)을 멀리에서 요극(遙尅)하니 크게 좋은 일이 응(應)할 것이 분명하다.

비록 이목(二木)이 있으면 구(求)하는 일에 어려움이 있다고 하지만, 자세히 살피면 쓰일 곳이 있으니, 한 가지 설(說)에 집착하지 말고 신중하라.

이토(二土)가 비화(比和)하면, 지지부진(遲遲不進)으로 본다.

해(解)에 말하기를, 사위(四位) 안에서 이토(二土)를 보면 주객(主客)이 꾸미는 일이 지지부진하다. 마침내 이루어지더라도 매우 지체(遲滯)된다. ○ 가령 그 집(家)에서 재물을 구하거나(求財) 혹(或)은 재물(財帛)을 다투는데, 사위(四位) 안에서 이토(二土)를 보거나, 혹(或)은 지분(地分)이 토(土)요 인원(人元)이 수(水)라면, 주(主)로 좋은 일이 두 번 거듭 있다. 게다가 귀신(貴神)으로 목(木)을 얻으면, 목(木)이 주인(主人)이니, 스스로 재(財)를 극(尅)하고, 토(土)는 무기(無氣)한데 도리어 인원(人元)인 수(水)를 요극(遙尅)하지만, 주객(主客)이 상생(相生)한다. 따라서 집의 재물(家財)은 반드시 얻는다. 비록 이토(二土)를 보면 주(主)로 구(求)하는 일이 지체되지만, 이처럼 구(求)하는 일이 바로 서면, 크게 좋은 일이 두 번 거듭된다(應之).

이금(二金)이 형극(刑尅)하면 순리(順理)가 없다.

해(解)에 말하기를, 사위(四位) 안에서 이금(二金)을 보면 주(主)로 흉(凶)하고 순리(順理)가 없다. ○ 가령 인원(人元)이 금(金)이고 귀신(貴神) 역시(亦是) 금(金)인데, 월장(月將)이 목(木)이면 서로 형살(刑殺)이니 흉(凶)하다. 주(主)로 처(妻)를 잃는데(亡), 이금(二金)이 음목(陰木)을 극(尅)하기 때문이다. 다음으로 이금(二金)을 취(取)하면 아래로 극(尅)하니, 귀신(貴神) 또한 주(主)로 재물을 버리고 잠사(蠶絲)도 이뤄지지 않는다. ○ 가령(假令) 장신(月將)이 금(金)이고 귀신(貴神)도 금(金)인데 인원(人元)이 목(木)이면, 위로 인원(人元)을 극(尅)한다. 이 또한 이금(二金)이니, 주(主)로 관사(官事)와 재액(災厄)이 있다. 게다가 좋지 않은 악살(惡煞)이 가중(加重)되면 객(客)이 형책(刑責)을 받는다. 소송(訴訟) 점(占)에서 사용되면 내가 길(吉)함을 얻는다. 또 이금(二金)이 양두(兩頭)에 있고 상하(上下)에서 수(水)와 토(土)를 보면, 주(主)로 좋은 일이 있다. 또한 만약 수(水)가 가운데 있으면, 주(主)로 집에서 여자를 출산(出産)하고, 토(土)가 중심(中心)에 있으면, 주(主)로 자손(子孫)이 장사하러 밖으로 나간다. 만일 상하(上下)가 비화(比和)하면 재물이 늘어나고 토지(田土)가 넓어지는 기쁨이 반드시 있다. 그렇지 않으면 집을 이사(移徙)한다.

이화(二火)는 재앙(災殃)이니, 온갖 일(百事)이 잔혹(殘酷)하다.
해(解)에 말하기를, 사위(四位)에서 화(火)를 보면 흉(凶)하다. 이화(二火)가 비록 흉(凶)하지만 이는 다르게 볼 줄 모르는 것이고, 좋은 일도 있다. ○ 가령 남방(南方)의 간지(干支)로 화(火)가 하나인데 다시 복음(伏吟)을 얻거나, 승광(勝光) 화(火)가 오지(午地)에 임(臨)하는 것을 보거나, 또 주작(朱雀)을 얻어 위(上)에 있는데 그 집에 임(臨)할 때, 그 인원(人元)이 토(土)를 얻으면 내 몸

(我身)이 되고, 그 집이 대부(大富)다. 만일 이화(二火) 이수(二水)라면, 한 가지도 좋은 일이 없고 또한 주(主)로 대흉(大凶)하다. 수(水)가 위에 있으면 주로 실재(失財)하고, 수(水)가 아래에 있으면 가정(家庭)이 불화한다. 만약 이수(二水)가 양두(兩頭)에 있으면, 주(主)로 부인이 생산(生産)한다. 만일 이화(二火)가 위에 있으면 주(主)로 부처(夫妻)가 불목(不睦)하고 분리된다.

이수(二水)는 대개(大皆) 대길(大吉)하다.

해(解)에 말하기를, 이수(水)를 본다고, 기쁘게 쓸 필요(必要)는 없고, 나쁘게(凶) 단정(斷定)할 필요도 없다. 신(神)과 장(將)을 밝혀서 길흉(吉凶)을 정(定)한다. 사위(四位) 중(中)에서 이수(二水)를 보면 혹(或) 비화(比和)했는지 혹(或)은 간격(間隔)이 있는지 혹은 충(衝)·형(刑) 되거나 살(殺)을 입는지, 혹(或)은 생(生)이거나 또는 극(尅)이거나 정(定)해진 본체(體)는 없다. ○ 가령(假令) 복위(伏位)가 자(子)인데 밖(外)에 이수(二水) 위(上)로 이토(二土)를 보면, 두 사람이 다친다. 또 파재(破財)하며, 도적이 모해(謀害)하는 모양이다. 또 만약에 이화(二火)가 위에 있으면 관사(官事)나 서로 분리되는 걱정이 있다. 만약 이목(二木)이 위에 있으면, 밖으로 나가 재물을 구하는데 크게 좋다. 이목(二木)을 보는데 안에 있으면, 청룡(靑龍)이고 주(主)로 재물(財帛)이다. 만약에 육합(六合)을 보면, 이때는 주(主)로 혼인을 하거나 나아가 서로 왕래(往來)하고, 벼슬길에서 일치점(一致點)을 찾는다. 만약에 화(火)를 보는데 목(木) 위에 있으면, 주(主)로 여자가 시집가고, 가택점(家宅占)이면 집이 남면(南面)해서 펼쳐있다. 또 만약 이화(二火)가 위에 있고 이수(二水)가 아래에 있으면 병(病)을 앓다가 사망한 사람이 밖으로 나가고, 이수(二水)가 위에 있고 이화(二火)가 아래에

있으면 사산(死産)하거나 주(主)로 부인이 남편을 싫어하는 상(象)
이다. 또 주(主)로 두세 차례 불(火)로 놀란다.

수(水)가 화(火)에 들어오면 부인(婦人)이 편안치 않다.
　해(解)에 말하기를, 수(水)가 와서 화(火)를 극(尅)한다는 것은,
사화(巳火)가 월장(月將)으로 사계토(四季土) 위에 있어서 화(火)
에 뿌리가 없는데, 다시 수(水)가 위에 와서 극(尅)을 입는다는 뜻
이다. 이때는 인원(人元)이 구원하지 않으면 주(主)로 부인이 심통
(心痛)으로 죽는다. ○ 예(例)를 들어 귀신(貴神)이 휴(休)·쇠(衰)
한 기(氣)를 대(帶)했는데 해(亥)나 자(子)가 극(尅)해 오면, 신수
점(身數占)이면 주(主)로 부모님이 돌아가신다. 삼수(三水)가 위에
서 아래로 극(尅)하면 화(火)가 그 집에서 살 수 없고, 주(主)로 세
사람이 죽는다. 이수(二水)가 위에서 아래로 극(尅)하면 주(主)로
두 사람이 사망(死亡)한다. 일수(一水)가 이화(二火)를 극(尅)할
때는 다만 관사(官事)가 재앙(災殃)이다. 위에 두 가지 설명은 왕
(旺)·상(相)·휴(休)·수(囚) 등(等)을 결단(決斷)하여 자세히 살
펴야 한다.

금(金)이 목향(木鄉)에 들어가면 구설(口舌)이 걱정된다.
　해(解)에 말하기를, 금(金)이 목(木)의 고향(故鄉)에 든다는 것
은, 신(申)이나 유(酉)가 인(寅)이나 묘(卯) 가임(加臨)해서, 안(內)
에 충(衝)과 형(刑)이 있다. 다시 위로 주작(朱雀)이나 등사(螣蛇)
를 보면 구설(口舌)이나 서로 싸울 일이 있다. 혹(或) 진(辰)이나
술(戌)을 보면 쟁송(爭訟)이라도 못할 것이 없이 사용된다(發用).

화(火)가 금위(金位)에 임(臨)하면 머뭇거림(逝遭)이다.

해(解)에 말하기를, 사오(巳午) 화(火)가 신(申)이나 유(酉)에 임(臨)한 것을 말한다. 만약 위로 현무(玄武)를 보면, 주(主)로 도둑질할 계획(賊謀)이나 관공서의 문서(文狀) 또는 송사하는(論訟) 일이다. 혹(或) 관(官)이 토지(田土)를 다투는 것을 보면 반드시 잃게 된다. 만약 귀신(貴神)을 보면 입에 달린 소원이 허락된다. 만일 청룡(靑龍)을 보면 역시 주(主)로 관사(官事)가 어지럽거나, 혹(或)은 재물(財帛)과 금은(金銀)을 놓고 다툰다. 만일 육합(六合)을 보면, 주(主)로 관사(官事)가 문 앞에 와서 부르는 것이고, 만일 사오(巳午)를 다시 보면, 주(主)로 괴이(恠異)한 일이나 핏빛(血光)이다.

목(木)이 토(土)에 들어오면 형옥(刑獄)이다.
해(解)에 말하기를, 목(木)이 토(土)에 들어온다는 뜻은, 진(辰)·술(戌) 두 신(神)이 사(巳)나 해(亥)의 위(上)에 있는데 다시 그 위로 청룡(靑龍)이나 육합(六合)을 보는 것이 "목입토(木入土)"의 뜻이다. 이때 다시 그 위로 금(金)을 보면 그 죄(罪)가 가볍지 않아서 주(主)로 참살(斬殺)의 액(厄)이 있고, 토(土)가 위에 있으면 주(主)로 형벌(刑罰)을 받거나 또는 주(主)로 재물(財帛)을 다툰다. 화(火)를 보면 주로 혈광(血光)이다.

※ 원문(原文)에는 "水来入土爲刑獄"인데, 내용이나 문맥으로 볼 때 "木来入土爲刑獄"이 합당(合當)해서 바꿔 번역했다.

토(土)가 수(水) 위로 가면 집과 토지(庄田) 문제로 다툰다.
해(解)에 말하기를, 진(辰)·술(戌)·축(丑)·미(未)가 해(亥)나 자(子)에 가임(加臨)한 것이다. 주(主)로 집과 토지(田庄)를 놓고 다툰다. 만일 사계토(四季土)를 볼 수 없고 다만 구진(勾陳)이 월장(月將)에 임(臨)하거나 혹(或)은 해(亥)·자(子) 위에 와도 같다. 혹(或) 현무(玄武)가 대길(大吉)에 임(臨)해도 또한 같다. 또 주작(朱雀)을 취(取)했는데 미(未)에 임(臨)하거나 등사(螣蛇)가 해(亥)·자(子)에 임(臨)하면, 역시 주(主)로 다툼(爭道)에 관련된 일이다.

상극하(上尅下)는 밖으로부터(從外) 들어오는(入) 것이고 하극상(下尅上)은 먼 밖으로(外邊) 향(向)하는 것이다.

해(解)에 말하기를, 일에는 밖에서 일어나는 것이 있고, 안에서 일어나는 것도 있다. 인원(人元)이 귀신(貴神)을 극(尅)하고 귀신(貴神)이 장신(將神)을 극(尅)하거나, 혹(或)은 거듭거듭 위로부터 아래를 극(尅)하는 상극하(上尅下)는, 모두 주(主)로 일이 밖에서 일어나서 들어오는 것이다. 장신(將神)이 귀신(貴神)을 극(尅)하고 귀신(貴神)이 인원(人元)을 극(尅)하거나, 혹(或)은 거듭거듭 아래로부터 위를 극(尅)하는 것은 모두 일이 안(內)에서 일어난 것이다.

주극객(主尅客)은 물건을 찾으러 오는 것이고, 객극주(客尅主)는 객(客)이 빈손으로 돌아가는 것이다.

해(解)에 말하기를, 이는 신수점(身數占)을 말하는 것으로, 귀신(貴神)이 그 몸(己)이다. 재물을 구할 때(求財)는 귀신(貴神)이 재물(財)이고, 인원(人元)이 주(主)가 된다. 주(主)가 객(客)을 보고 노(怒)했으므로 물건을 찾으러 오고, 객(客)이 주(主)를 상(傷)하면, 주인이 두려워 피(避)하고 객(客)이 빈손으로 돌아가게 된다. 무엇을 찾을 때는 주객(主客)을 자세히 보아야 하는데, 주객이 서로 불목(不睦)하면 어찌 얻을 수 있겠는가.

사위(四位)가 상생(相生)하면 모든 일이 잘 되고, 안(內)에 형극(刑尅)이 있으면 우환(憂患)이 얽힌다.

해(觧)에 말하기를, 사위(四位)가 상생하면 점(占)친 일에 불길(不吉)한 것이 없으며, 사위가 상극(相尅)하면 점(占)을 친 일에 흉(凶)하지 않은 것이 없다. 이때 어느 위(位)가 극(尅)을 받는지를 봐야 한다. 인원(人元)을 극(尅)하면 주(主)로 관사(官事)이고, 귀신(貴神)을 극(尅)하면 존장(尊長)이 다치며, 장신(將神)을 극(尅)하면 처(妻)나 재물(財物)이 다치며, 지분(地分)을 극(尅)하면 한두 식구나 어린 사람(소구(小口)이 다친다. 흉신(凶神)이 생(生)을 받으면 흉(凶)한 중(中)에도 좋은 일이 있고, 길신(吉神)이 극(尅)을 받으면 좋은 일 중(中)에도 좋지 않은 일이 숨어있다.

다만 인(寅)·신(申)을 취(取)해 귀객(貴客)으로 삼고, 자(子)·오(午)·묘(卯)·유(酉)는 음식 먹는 것을 말하며, 사(巳)·해(亥)는 무엇을 찾는 일이고, 소길(小吉)은 부인(婦人), 술과 음식 및 연회(筵會)다.

해(觧)에 말하기를, 인(寅)은 하늘의 관리(天吏)요, 신(申)은 하늘의 성(天城)이니, 귀객(貴客)이라고 한다. 소길(小吉)은 주(主)로 부인, 술과 음식 및 연회인데, 이는 제후(諸侯)를 맞을 때도 사용(使用)할 수 있다. 자(子)·오(午)·묘(卯)·유(酉)는 음식이나 과일 종류를 먹는 것으로 보고, 사(巳)·해(亥)는 물건을 찾는 것으로 보는데, 또한 사복점(射覆占)에서도 사용할 수 있다. 이 과(課)는 재(灾)·복(福) 또한 이처럼 추단(推斷)한다.

※ 사복점(射覆占)이란 고대에 일상화된 역술이다. 그릇 속에 숨겨 둔 것이 무엇인지 알아맞히는 점술(占術)이다.

수(水) · 토(土) · 금(金) · 화(火)는 요조(窰竈)다.

해(觧)에 말하기를, 사위(四位) 안에 각(各) 소속(所屬)이다. 주로 전토(田土)를 다투는 것인데, 가택점(家宅占)이라면 그 집에 두루 돌아가는 아궁이나 굴뚝(窰竈)이 있다. 가슴에 감춘 것에 관한 점(占)이면 와기(瓦器)다.

경(庚) · 신(辛)은 디딜방아(碓)와 연자방아(磨) 나아가 문(門)과 창(窓)이다.

해(觧)에 말하기를, 월장(月將)이 정시(正時)에서 본위(本位)에 갔을 때 그 위로 경(庚)을 보면 연자방아이고 신(辛)을 보면 디딜방아다. 경(庚)을 보면 문(門)이고 신(辛)을 보면 창(窓)인데, 또한 물길(水道)로도 본다.

경오(庚午)는 문(門)을 고쳤거나 지붕이 잇닿아 있는 것이다.

해(觧)에 말하기를, 만일 인원(人元)에서 경(庚)을 보았는데 그 아래에 오(午)가 있다면 필시(必是) 문(門)을 고쳤고, 주(主)로 남면(南面)한 집이다. 그렇지 않으면 그 문(門)이 연접(連接)해 있거나 혹(或)은 서남(西南)쪽에 기둥 하나를 덧붙일 일이 생긴다. 만일 이금(二金)을 보면 주(主)로 서까래를 늘려 덧붙였다. 만일 상극하(上尅下)이면 그 집에 주춧돌이 필시 기울어졌다.

사맹(四孟)이 상생(相生)하면 초방(草房)이 있다.

해(觧)에 말하기를, 사맹(四孟)은 인(寅) · 신(申) · 사(巳) · 해(亥)다. ㅇ 가령 오자원(五子元)으로 돌려 임인(壬寅) · 무신(戊申) · 을사(乙巳) · 신해(辛亥)를 보면 상생(相生)이다. 그러면 그 집에 반드시 초방(草房)이 있다.

병(丙)·정(丁)이 왕(旺)한 곳에 있는 사람이 가장 좋지 않다.

해(觧)에 말하기를, 무릇 가택과(家宅課)에서는 사위(四位)를 살펴서 어떤 신(神)이 왕(旺)하여 지배하는지를 본다. 높은 산등성이 위에서 살고 있을 뿐만 아니라, 그 집 사람이 주(主)로 나쁘고(惡), 이리처럼 욕심이 많고 도리에 어긋난다. 수(水)는 주(主)로 지나치게 가라앉고, 목(木)은 주(主)로 불의(不義)하며, 화(火)는 주(主)로 도둑질 할 계략(計略)이고, 금(金)은 주(主)로 불순(不順)하다. 이와 같이 유추(類推)한다.

성씨(姓氏)와 상생(相生)이면 자손(子孫)이 창성(昌盛)한다.

해(觧)에 말하기를, 왕(旺)한 지지(地支)와 성(姓)이 상생(相生)이면 주(主)로 그 자손이 창성(昌盛)한다. ○ 가령 과(課) 안에서 화(火)가 왕(旺)함을 보는데 각(角)·치(徵)·궁(宮) 성씨(姓氏)인 사람이 물었다면(問占), 그 집이 유기(有氣)하고 또 상생(相生)이다.

사위(四位)가 상형(相刑)하면 주(主)로 극(尅)이 있고, 상하(上下)가 상생(相生)하면 복(福)이 가득하다.

해(觧)에 말하기를, 무릇 문점인(問占人)의 명(命)에서 앞으로 다섯 진(辰)인 자리가 가택(家宅)이고, 명(命)에서 뒤로 세 진(辰)이 집의 둘레(庄)다. ○ 가령 묘생인(卯生人)이 과(課)를 물으면 즉(卽) 신(申)이 가택이다. 신(申) 위(上)에서 방위(方位)를 잡고 사과(四課)를 세웠을 때, 상생(相生)하면 길(吉)하고 상극(相尅)하면 흉(凶)하다. 만일 사위(四位) 안에서 세 개의 위에 있는 과(課)가 아래를 극(尅)하면 주(主)로 그 집의 하늘로 낸 창(天窓)이 부서졌고, 세 개의 아래에 있는 효(爻)가 위(上)를 극(尅)하면 주로 집(屋舍)이 무너지고 부서지며, 또한 자손(子孫)이 있어도 남달리 허약

(虛弱)하여 나중에 다음 부인을 본다. 세 개의 아래 과(課)가 위의 한 효(爻)를 극(尅)하는 이 과(課)는 주(主)로 관사(官事)가 거듭되고, 질환이 많이 있으며, 두목(頭目)에 해당하는 사람에게 가장 흉(凶)하다. 만약 사위(四位) 안에서 두 개의 아래에 있는 과(課)가 위에 있는 효(爻)를 극(尅)하면 또한 주로 관사(官事)나 병환이다. 두 개의 위에 과(課)가 아래의 효(爻)를 극(尅)하면 주로 처남(妻男)을 죽인다. 그래서 이르기를 상극하(上尅下)는 집이 아래에 있고, 하극상(下尅上)은 큰 언덕 머리에 집이 있다. 이런 집 또한 주(主)로 지붕이 일어나고 재물이 부서진다(破財).

| 課例 1 | |
|---|---|
| 戊 | 人元 |
| 卯 | 貴神 |
| 辰 | 月將 |
| 辰 | 地分 |

　상극하(上尅下)는 집이 반드시(必) 아래에 있다.
　가령 시월(十月) 월장(月將)이 인(寅)인데, 갑자일(甲子日) 인시(寅時)에 진(辰)이 방위(方位)가 되면, 위(上)로 천강(天罡)을 보는데 복음(伏陰)이 된다. 진(辰)은 높은 언덕이나 산등성이의 신(神)이다. 또 그 위로 육합(六合) 목(木)을 보면, 목(木)이 양두(兩頭)를 극(尅)하니 그 집안이 주(主)로 불화(不和)하고 또 할아버지가 없다. 목(木)이 천강(天罡)을 극(尅)하는데 또 인원(人元)이 무(戊)다. 그 무(戊)와 진(辰)은 모두 일가(一家)다. 위에서 극(尅)하니 주(主)로 형제(兄弟)가 각자 제 갈 길로 간다. 목(木)이 중심(中心)에 있고 토(土)가 양쪽 머리(兩頭)에 있으니, 큰일은 주(主)로 관(官)과 다툴 일이 늘어나고 작은 일로는 그 집이 길에 닿았다. 주(主)로 그 집(庄)은 동서(東西)로 뻗은 능선 옆 아래에 있고, 그곳에 산다.

※ 과예(課例) 1은 원문에 없으나, 이해를 돕기 위해, 원문의 설명대로 표시한 사과(四課)다. 참조하기 바란다.

하극상(下尅上)은 산등성이 머리에 있는 집(庄)이다.

가령 시월(十月) 장(將)에 갑자일(甲子日) 해시(亥時)에 사위(巳位)에서 펼치면 신(申)이 사(巳)에 임(臨)하는 것을 본다. 이 또한 하극상(下尅上)이다. 또 구진(勾陳)이 위(上)에 있는 것을 본다. 그 집(庄)이 남산(南山)에 있고 그 옆 아래에 서쪽으로 통하는 문(門)이 있는 것이다. 그렇지 않으면 서쪽에 가서 그 부인이 다툰다.

가택점(家宅占)을 칠 때 사위(四位) 안에서 화(火)가 왕(旺)함을 보면, 주로 그 집이 높은 언덕 위에 있다. 그 집과 그 성(姓)이 상생(相生)하고 유기(有氣)하면, 주로 크게 좋은 일이 있다. 만일 성(姓)의 왕(旺)한 기(氣)가 안(內)에

| 課例 2 | |
|---|---|
| 乙 | 人元貴神 |
| 辰 | 月將 |
| 申 | 地分 |
| 巳 | |

있고 아래에서 극(尅)하면, 주로 그 집 안에 서로 나뉠 일이 있다. 그 집이 비록 왕기(旺氣)가 있지만, 주(主)로 그 집 사람들은 흉악(凶惡)하다. 사위(四位) 안에서 토(土)가 왕(旺)한 것을 보면, 그 집이 주로 언덕이 거듭되는 곳 위에 있다. 그 집에 분묘(墳墓)가 있거나 혹(或)은 가까운 곳에 큰 무덤이 있다. 만일 이 토(土) 위에서 목(木)을 보면 주(主)로 병고(病苦)로 죽은 사람이 있다. 사위(四位) 안에서 목왕(木旺)을 보면 관사(官事)가 있다. 그 십이 지붕을 새로 덮었거나, 임목(林木)이 많고, 형제간에 의리(義理)가 없다. 만일 목(木) 위로 금(金)을 보면 주(主)로 송사(訟事)가 있다. 목(木) 위로 수(水)를 보면 주(主)로 재백(財帛)으로 좋은 일이 있다.

목(木) 위로 화(火)를 보면 주(主)로 집안에 여자가 태어나는데 이때 화(火) 위로 다시 화(火)를 보면 주(主)로 집안에 여인에게 병환이 있다. 사위(四位) 안에서 금(金)이 왕(旺)한 것을 보면 금(金)은 극형(尅刑)의 신(神)이니 주(主)로 그 집안에 송사(訟事)가 있고 형제가 의리가 없는데 함께 군인으로 나간다. 입묘(入廟)하면 고위(高位) 무관(武官)으로 출사(出仕)한다. 또한 주(主)로 그 집 사람들은 흉악(凶惡)하다. 만일 왕금(旺金) 위로 토신(土神)을 보면 주(主)로 재액(災厄)이 많다. 또 비화(比和)로 합(合)하면, 주(主)로 흉(凶)하다가 길(吉)해진다(先凶後吉). 만일 금(金) 위로 목(木)을 보면 주(主)로 가축(六畜)이 상(傷)하고, 화(火)를 보면 매우 좋지 않다. 주(主)로 관사(官事)와 환자의 치료에 흉(凶)하다. 금(金) 위로 수(水)를 보면 주로 대길(大吉)한데, 만일 현무(玄武) 수(水)라면 주(主)로 절도인(竊盜人)이다. 사위(四位) 안에서 수왕(水旺)을 보면 주(主)로 밖에 나가 도적이 될 사람이고, 그 집은 물가에 있으며 수재(水災)가 있다. 추(醜)한 모습의 자손(子孫)이 나타나며 또한 도적의 침해(侵害)가 자주 있다. 화(火)가 위에 있으면 주(主)로 산액(産厄)이 있고, 아래에 있으면 부부(夫妻)가 서로 불화(不和)한다. 목(木)이 위에 있으면 재물(財帛)로 좋은 일이 있고, 금(金)을 봐도 또한 좋은 일이 있는데, 위로 토(土)를 보면 산부(産婦)에게 좋지 않고 혹(或)은 수기(水氣)인 사람(人)이 병사(病死)한다.

※ 과예 2도 원문대로 세운 사과(四課)인데, 원문에서 귀신(貴神)을 잘못 세웠다. 자세한 설명은 뒤에 귀신기례(貴神起例)를 참조하라. 여기에서는 원문대로 번역했다. 역술(易術)의 고서(古書)에는 이 같은 오류(誤謬)가 종종 있으니, 유념(留念)하기 바란다.

※ 원문에 "主家中陰火患病"이라 했는데, 의미상(意味上) "主家

中陰人患病"이 타당하여 고쳐서 번역했다.

갑(甲)·을(乙)은 나무숲(樹林)이고, 하나이면 나무 한 그루다.
해(解)에 말하기를, 인원(人元)이 숨겨진 자리에서(元遁) 갑
(甲)·을(乙)을 보고 본위(本位)에 다다르면 반드시 임목(林木)이
다. 하나만 나타났으면 두 그루 혹(或)은 한 그루다. 만일 갑을(甲
乙)이 수(水)에 임(臨)하면, 그 집이 채소밭(菜園)에 있고, 그 안에
작은 나무 한 그루가 있다. 갑을(甲乙)이 토(土) 위에 왔으면 그 나
무에 마른 가지가 있다. 갑을(甲乙)이 화(火)에 임(臨)하면 주(主)로
부지깽이(火樹子)가 있거나 마르고 그을린 것이 반드시 있다. 시냇
물이 있어도 그러하다. 만일 금(金)에 임(臨)하면 또한 주(主)로 수
목(樹木)이 있는데, 그 나무는 가지가 많이 잘린 홰나무(槐樹)다.

금(金)을 보면 가지가 잘리고 나무껍질이 상(傷)한다.
해(解)에 말하기를, 인원(人元)이 두 날(日)에 두루 갈 때는 다
만 인원(人元) 위(上)에 의지(依支)해서 취(取)한다. 만일 갑(甲)·
을(乙)이 경(庚)·신(辛)의 충(衝)을 대(對)하면 경신(庚辛)의 요극
(遙尅)을 입으니, 그 나무는 필시 가지와 껍질이 없다. 양(陽)을
보면 가지(枝)를 극(尅)하고 음(陰)을 보면 껍질(皮)을 극(尅)한다.

병(丙)이나 정(丁)이 왕(旺)한 곳이면 높은 산등성이다.
해(解)에 말하기를, 인원(人元)이 두 날에 두루 가는데 병(丙)·
정(丁)이 왕(旺)한 곳(處)을 보면, 옆으로 뻗은 높은 산등성이다.
만약(若) 자(子)·축(丑)에 임(臨)해도 같고, 오(午)·미(未)에 임
(臨)하면 동(東)쪽으로 뻗었다. 인(寅)·묘(卯)·진(辰)·사(巳)·
신(申)·유(酉)·술(戌)·해(亥) 등(等)에 임(臨)하면 남북(南北)으

로 가로질렀다. 이어서 수(水)가 길(道)을 충(衝)하면 또한 도랑(水溝)이 뚫려있는데, 위(上)로 극(剋)이 있으면 높은 언덕이다. 만약 병(丙)·정(丁)이 인묘(寅卯) 목위(木位)에 임(臨)하면 반드시 산림(山林)이 있다.

경(庚)·신(辛)은 경사로(斜道)인데 자세히 보아야 한다.

해(觧)에 말하기를, 인원(人元)이 두 날(日)에 두루 돌 때 그 동서남북(東西南北) 또한 앞에서 설명한 방법에 따른다. 사맹지(四孟地) 위에 있을 때 경(庚)·신(辛)을 보면 그 도로가 반드시 기울어졌다. 또 말하기를, 천간(天干)은 넓은 도로(大道)요, 지지(地支)는 좁은 길(小道)이다. 만일 화(火)가 충(衝)하면 갈림길(岔道)이고, 반드시 갈림길 머리가 있다. 만일 본위(本位)에 임(臨)하면 반드시 매우 넓은 도로이고, 만약 다른 방위(方位) 위에서 보면 좁은 도로다.

무(戊)·기(己)가 왕(旺)한 곳은 분묘(墳墓)다.

해(觧)에 말하기를, 인원(人元)이 양쪽으로 가는 법(法)에서 만약 왕처(旺處)에 임(臨)하고 극(剋)이 없으면 반드시 산묘(山墓)가 있다. 과(課) 안에 사자(死者)가 있으면 어떤 병(病)을 앓다가 죽었다. 또한 뒤(後)에 말하는 점법(占法)으로 이를 추단(斷)한다. 우선 어떤 색(色)의 옷을 입었는지를 잘 보고, 다시 인원(人元)을 양쪽으로 돌린다. 납음(納音)을 쓸 때는 그 안색(顏色)을 추단(推斷)한다.

토(土)는 무덤이 고통(苦痛)을 받는 재앙(灾殃)이다.

해(觧)에 말하기를, 무(戊)·기(己)가 경(庚)이나 인목(寅木)인 지분(地分) 위(上)에 있으면, 그 무덤이 고통(苦痛)을 받는 재앙(灾殃)이 있거나, 혹(或)은 주(主)로 묘혈(墓穴)이 무너져서 반드시 다시 쌓을 일이 생긴다. 만일 묘(墓) 위에서 청룡(靑龍)·육합(六合)을 보면 반드시 꽃나무가 있다.

임(壬)이나 계(癸)는 긴 강하(江河)나 계곡물이다.

해(鮮)에 이르기를, 인원(人元)이 계(癸)를 보면 하천(河川)이나 계곡이다. 납음(納音)에서도 수(水)를 보면 반드시 물이 있다. 만약 무(戊)·기(己)의 충(衝)을 받는데 인(寅)이 있으면 도로다. 또 말하기를, 도로와 하천이 교차(交叉)하여 지나간다. 만약 대길(大吉)을 보면 반드시 흙다리가 있고, 태충(太衝)을 보면 반드시 선박(船舶)과 다리(橋梁)가 있으며, 또한 수레도 있다.

회(廻)돌아 굽어지고 끊어지는 것은 형상(刑傷)이다.

해(鮮)에 말하길, 임(壬)·계(癸)는 강하(江河)와 계곡물(澗)이다. 만약에 임인(壬寅)·계묘(癸卯)를 보면 그 물이 남북(南北)으로 길게 뻗었다. 남(南)쪽을 향(向)해 물이 흐르는 것은, 병(丙)·정(丁)이 앞에 있는 것을 보고 남쪽이라 한다. 왕처(旺處)가 극(剋)을 받으면(刑) 멈춘다. 앞에서 진(辰)을 보면 수(水)를 극(剋)하여 그 방향(方向)이 동남(東南)쪽으로 바뀐다. 주(主)로 남(南)쪽으로 흐른다. 북쪽을 향(向)해 건방(乾方)으로 들어가는 것은 하극상(下剋上) 때문이다. 이와 같다.

큰 나무가 죽을 때 가장(家長)도 죽는다. 수(水) 위로 오면, 하천(河川) 옆 가까운 곳에 샘이 있다. 귀신(貴神)은 신사(神祠)나 전당(殿堂)이고, 태음(太陰)은 디딜방아나 연자방아(碓磨)다. 등사(螣蛇)는 자기 굽는 가마나 부뚜막이고, 주작(朱雀)은 둥지나 창문(窓門)이 허공에 매달렸다. 육합(六合)은 수목(樹木)인데 생사

(生死)를 봐야 하고, 구진(勾陳)은 하천의 다리나 물 가운데 퇴적
(堆積)된 흙(土)이다. 청룡(靑龍)은 신수(神樹)요 창(鎗)과 칼날이
고, 천후(天后)는 연못·습지·계곡물과 샘물(泉)이다. 현무(玄
武)는 귀신(鬼神)이나 그림이고, 태상(太常)은 술이나 오곡(五穀)
이다. 백호(白虎)는 도로나 도검(刀劍)이고, 천공(天空)은 신위를
모시는 사당(廟宇)이나 도(道)·승(僧)·선(仙)이다. 이것이 손빈
(孫臏)이 천지(天地)를 가져다가 손바닥 안에 놓고 살펴본 진짜
갑자(甲子)다.

※ 원문에는 '宀+碓' 자(字)와 '磨' 자(字)로 표시했는데, '宀+
碓'를 '碓'로 바꿔서 번역했다.


## 3. 십간소속(十干所屬)

갑(甲)·을(乙)·병(丙)·정(丁)·무(戊)·기(己)·경(庚)·신
(辛)·임(壬)·계(癸).

갑(甲)·을(乙)은 동방(東方)·목(木)이고, 병(丙)·정(丁)은 남
방(南方)·화(火)다. 경(庚)·신(辛)은 서방(西方) 금(金)이고, 임
(壬)·계(癸)는 북방(北方)·수(水)다. 무(戊)는 동서(東西) 방향과
양토(陽土)이고, 기(己)는 남북(南北)방향과 음토(陰土)다.

## 4. 십이지소속(十二支所屬)

자(子)·축(丑)·인(寅)·묘(卯)·진(辰)·사(巳)·오(午)·미(未)·신(辛)·유(酉)·술(戌)·해(亥)

인(寅)·묘(卯)는 목(木)이고, 사(巳)·오(午)는 화(火), 신(申)·유(酉)는 금(金)이며, 해(亥)·자(子)는 수(水), 진(辰)·술(戌)·축(丑)·미(未)는 토(土)다.

## 5. 십이장신소속(十二將神所屬)

해(亥)는 등명(登明), 정월(正月)의 장신(將神)이며 취자(娵訾)이고 음수(陰水)다.

술(戌)은 하괴(河魁), 이월(二月) 장(將)이고 항루(降婁)며 양토(陽土)다.

유(酉)는 종괴(從魁), 삼월(三月)의 장(將)이며 대량(大梁)이고 음금(陰金)이다.

신(申)은 전송(傳送), 사월(四月)의 장(將)이고 실침(實沈)이며 양금(陽金)이다.

미(未)는 소길(小吉), 오월(五月)의 장(將)이며 순수(鶉首)이고 음토(陰土)다.

오(午)는 승광(勝光), 유월(六月)의 장(將)이고 순화(鶉火)이며 양화(陽火)다.

사(巳)는 태을(太乙), 칠월(七月)의 장(將)이며 순미(鶉尾)이고 음화(陰火)다.

진(辰)은 천강(天罡), 팔월(八月)의 장(將)이고 수성(壽星)이며 양토(陽土)다.

묘(卯)는 태충(太衝), 구월(九月)의 장(將)이며 대화(大火)이고 음목(陰木)이다.

인(寅)은 공조(功曹), 시월(十月) 장(將)이고 탁목(拆木)이며 양목(陽木)이다.

축(丑)은 대길(大吉), 십일월(十一月) 장(將)이며 성기(星紀)이고 음토(陰土)다.

자(子)는 신후(神后), 십이월(十二月) 장(將)이고 현효(玄枵)이며 양수(陽水)다.

## 6. 십이귀신소속(十二貴神所屬)

천을귀신(天乙貴神)은 기축(己丑)이고 음토(陰土)다.

전방(前方)으로 일진(一辰)인 등사(螣蛇)는 정사(丁巳)요, 음화(陰火)다.

전방으로 이진(二辰)인 주작(朱雀)은 병오(丙午)요, 양화(陽火)다.

전방 삼진(三辰)인 육합(六合)은 을묘(乙卯)요, 음목(陰木)이다.

전사(前四) 구진(勾陳)은 무진(戊辰)이고 양토(陽土)다.

전오(前五) 청룡(靑龍)은 갑인(甲寅)이고 양목(陽木)이다.

후방(後方)으로 일진(一辰)인 천후(天后)는 계해(癸亥)요, 음수(陰水)다.

후방 이진(二辰)인 태음(太陰)은 신유(辛酉)요, 음금(陰金)이다.

후삼(後三) 현무(玄武)는 임자(壬子)요, 양수(陽水)다.

후사(後四) 태상(太常)은 기미(己未)요, 음토(陰土)다.

후오(後五) 백호(白虎)는 경신(庚申)이고 양금(陽金)이다.

후육(後六) 천공(天空)은 무술(戊戌)이고 양토(陽土)다.


## 7. 귀신치단모(貴神治旦暮)

경(経)에 말하기를, 천을귀신(天乙貴神)은 자미(紫微) 문(門) 밖에 천황대제(天皇大帝) 아래 십이진(十二辰)에 위치(位置)하고, 집은 두우(斗牛)의 다음 자리인 기축(己丑)에 산다. 옥형(玉衡)을 잡고, 천인(天人)의 일을 관장(管掌)하며 괴강(魁罡)에는 살지 않는다. 천괴(天魁)는 주(主)로 옥(獄)이고 천강(天罡)은 가축을 가두는 우리(牢)이기 때문이다. 갑무경일(甲戊庚日) 낮(旦)에는 대길(大吉)에서 다스리고, 밤(暮)에는 소길(小吉)에서 다스린다. 을기일(乙己日) 낮에는 신후(神后)에서 치세(治)하고, 밤에는 전송(傳送)에 다스린다. 병정일(丙丁日) 낮에는 등명(登明)에서 다스리고, 밤에는 종괴(從魁)에 치세한다. 육신일(六辛日) 낮에는 승광(勝光)에서 치세하고 밤엔 공조(功曹)에서 다스린다. 임계일(壬癸日) 낮에는 태을(太乙)에서 다스리고, 밤에는 태충(太衝)에 치세한다.

천을(天乙)이 동(東)쪽에 있을 때는, 남(南)쪽이 전방(前方)이고 북(北)쪽이 후방(後方)이다. 천을(天乙)이 남(南)쪽에 있을 때는 동(東)쪽이 전방이고 서(西)쪽이 후방이다. 천을이 서쪽에 있을 때는 남쪽이 전방이고 북쪽이 후방이다. 천을귀신이 북쪽에 있을 때는 동쪽이 전방이고 서쪽이 후방이다. 천문(天門)을 등지고 지호(地戶)를 향(向)하는 것이 마땅하다. 천문(天門)과 지호(地戶)가 경계다.

주야(晝夜)에는 길고 짧음이 있고, 새벽과 저녁(晨昏)에는 빠르고 늦음이 있다. 별이 지면 아침(旦)이고 별이 뜨면 저녁(暮)이니,

이로써 아침(旦)과 저녁(暮)에 임(臨)하는 곳을 알 수 있다.


## 8. 귀신기례(貴神起例)

갑무경(甲戊庚) 우(牛), 낮(日), 순행(順行).

다른 서적(書籍)에서 "갑무경(甲戊庚) 우양(牛羊)"을 "갑무(甲戊) 겸(兼) 우양(牛羊) 경신(庚辛) 봉(逢) 마호(馬虎)"라고 한 예(例)가 있는데 잘못이다. 신술(神術)은 다른 술(術)과 다르다. 천상(天上)의 삼기(三奇)로서 갑무경(甲戊庚)을 사용하니, 이를 바꿀 수는 없다.

양(羊), 밤(夜), 역행(逆行).

을기일(乙己日) 낮에는 서(鼠)에서 순행하고, 밤에는 후(猴)에서 역행한다.

병정일(丙丁日) 낮에는 저(猪)에서 순행하고, 밤에는 계(鷄)에서 역행한다.

임계일(壬癸日) 낮에는 사(蛇)에서 역행하고, 밤에는 토(兎)에서 순행한다.

육신일(六辛日) 낮에는 마(馬)에서 역행하고, 밤에는 호(虎)에서 순행한다. 이것이 귀신(貴神)이 사령(司令)하는 방향(方向)이다.


결(訣)에 이르기를, 월장(月將)은 시(時)에 더하여(加) 순행(順行)으로 궁구(窮究)하고, 다만 (귀신은) 미리 기다리는 천신(天神)을 찾는다. 술(戌)부터 사(巳)까지는 역행하고 진(辰)부터 해(亥)까지는 순행하여 취(就)한다.

귀(貴) · 등(螣) · 주(朱) · 육(六) · 구(勾) · 청(靑) · 공(空) · 백(白) · 상(常) · 현(玄) · 음(陰) · 후(后) (귀신의 순행이다).

위 법(法)에 따라 각각의 궁(宮)에 귀(貴) 자(字)를 놓고, 순역(順逆)으로 수(數)를 세어 지분(位)에 도달하는 귀신(貴神)을 쓴다.


## 9. 오자원둔기례(五子元遁起例)

갑기(甲己) 일(日)에는 다시 갑(甲)부터 시작하고, 을경(乙庚)에는 병(丙)이 처음(初)을 만든다. 병신(丙辛)에는 무자(戊子)에서 비롯하고, 정임(丁壬)에는 경자(庚子)가 산다(居). 무계(戊癸)에는 임자(壬子)다. 시(時)의 시작(元)은 자(子)부터 추산(推算)한다.

※ 자시(子時)는 그 날(日)이 시작(始作)하는 시각(時刻)이다. 일부 역술인(易術人)들이 현대의 24시각(時刻)을 기준(基準)으로 날짜를 구분(區分)하면서 자시(子時)를 전날(前日)과 당일(當日)로 분리(分離)하여 "야자시(夜子時)네 조자시(朝子時)네"라고 주장(主張)하는 것은 역리(易理)와는 전혀 무관(無關)한 오류(誤謬)다. 날짜로는 해(年)와 달(月)이 바뀌어도 역리(易理)에서는 절기(節氣)를 기준(基準)으로 바뀐 해의 간지(干支)를 적용(適用)한다는 이치(理致)를 이해(理解)한다면, 일부(一部) 몰지각(沒知覺)한 술객(術客)들의 "야자시(夜子時) 조자시(朝子時)" 주장(主張)은 허무맹랑(虛無孟浪)한 낭설(浪說)임을 알 수 있다.

## 10. 사상소속도(四象所屬圖)

| 四象所屬圖 | | | | | |
|---|---|---|---|---|---|
| 外 | 祖 | 君 | 天 | 客 | 四<br>人元 |
| 官祿 | 父 | 臣 | 宰相 | 主 | 三<br>貴神 |
| 內 | 親戚 | 財 | 妻 | 己身 | 二<br>月將 |
| 六畜 | 鞍馬 | 奴僕 | 子孫 | 田宅 | 一<br>地分 |

※ 이 표(表)는 원문(原文)의 내용과 표기에 표(表)만 그려 넣었
다. 이 사상소속도(四象所屬圖)는 문점한 사안에 따라서 사위(四
位) 중에 어느 과(課)를 중심으로 추단해야 하는지를 알려준다.


## 11. 음양차제오용(陰陽次弟五用)

결(訣)에 말하기를, 장(將)이 양(陽)이면 양(陽)을 취(取)해 쓰는
게 도리(道理)고, 음(陰)이면 음(陰)을 취(取)해 쓰는 게 도리다.
음양(陰陽)을 쓰는데 공망(空亡)에 놓이면, 극살(尅煞)이 허사(虛
事)가 된다.

삼음(三陰) 일양(一陽)이면 양(陽)을 쓰는데, 상(象)은 소양(少
陽)을 취(取)하고, 일(事)이 남자(男子)에게 있다.

삼양(三陽) 일음(一陰)이면 음(陰)을 쓰는데, 상(象)은 소음(少
陰)을 취(取)하며, 일이 여자(女子)에게 있다.

이음(二陰) 이양(二陽)이면 장(將)을 쓰는데, 장(將)에 따라서 음양(陰陽)을 가린다(辨).

순음(純陰)은 도리어 양(陽)이고, 장(將)을 쓰는데, 두루 안(內)에 있는 물건이다.

해(鮮)에 이르기를, 주(主)에게 마땅하면 객(客)에게 마땅치 않고, 내(內)에 유리(有利)하면 외(外)엔 불리(不利)하다. 성곽(城郭) 안(內)에 감춰진 물건이고, 남자(陽人)가 밖(外)으로 나간다. 오래된 것은 어둡고 새로운 것은 밝다.

순양(純陽)은 도리어 음(陰)이고, 신(神)을 쓴다. 모두 밖(外)에 있는 물건이다.

해(鮮)에 이르기를, 객(客)에게 마땅하면 주(主)에게 마땅치 않고, 밖(外)에 화합(和合)하면 안(內)에는 불화(不和)한다. 사방(四方)으로 먼 곳에 둔 물건이고, 여인(陰人)이 집으로 돌아온다. 오래된 것은 밝고 새로운 것은 어둡다.

결(訣)에 말하기를, 펼치고 쓰는 발용(發用)이 공망(空亡)이면 일이 허사(虛事)가 되는 경우가 많다. 오동(五動)이 공망(空亡)이면 일이 이뤄지지 않는 경우가 많다. 과(課)는 발용(發用)에서 말미암는다. 오동(五動)은 발용(發用)의 문(門)이고, 만물(萬物)의 본체(本體)다. 기과(起課)하는 사람이 동(動)을 쓰는(用) 문(門)을 알지 못하면, 장차(將次) 절반(折半)은 허실(虛實)을 결정치 못한다.

※ 발용(發用)이란 음양(陰陽)을 정(定)하고 사용하는 방법, 동효(動爻)를 정(定)하고 쓰는 법을 말한다.

## 12. 오동효송(五動爻誦)

간(干)이 방(方)을 극(尅)하면 처동(妻動)이다.

가(歌)에 이르기를,

처동(妻動)은 처첩(妻妾)이다. 일(事)을 점(占)치면 주(主)로 처첩에게 있다.

관(官)과 재(財)는 손실과 좌절(損折)을 막아야(防備) 하고, 위(位)에 있으면서 재물을 구함(求財)은 불리하니 손해(損害)와 좌절(挫折)이 있다.

사람을 점(占)치면, 사람이 집에 있다. 상극하(上尅下)하니 찾는 사람이 집에 있다.

사람을 방문(訪問)하면, 그 사람이 좋아하지 않는다. 위(上)에서 거리를 두고 아래를 극(尅)하니 가면 반드시 가로막는 일이 있고, 찾는 사람이 집에 있는데 주(主)로 기뻐하지 않는다.

밖에서(外邊) 찾아와서 취(取)한다. 밖(外)에서 안(內)을 극(尅)해오니, 반드시 사람이 오고, 찾는 것을 취(取)한다. 혹(或)은 간(干)이 나를 예시(預示)한다.

낮은 쪽에 구설(口舌)이 있다. 낮은 쪽이 극(尅)을 받으니, 밖에서 들어오는 구설(口舌)을 막아야 한다.

물건(物件)으로 말하자면, 뒤집힌 것이 많다. 사복점(射覆占)에서 상극하(上尅下)는 물건을 말하는데, 뒤집힌 것이 바른 것이다.

한 귀퉁이에 흠이 있다. 아래(下)가 극(尅)을 받으면, 물건이나 그릇의 한 귀퉁이에 결함(缺陷)이 있거나 혹(或)은 다리가 없다.

신(神)이 간(干)을 극(尅)하면, 관동(官動)이다.

가(歌)에 이르기를,

관동(官動)이면 구관(求官)에 좋다. 관록효(官祿爻)가 동(動)하니, 관직(官職)에 매우 좋다. 만약 역마(驛馬)를 만나면 반드시 관직을 바꾼다.

봉록(俸祿)을 만났으니 직위(職位)를 옮긴다. 이마(二馬)를 만났으니, 구관점(求官占)을 치면 발탁(拔擢)돼 직위를 옮길 조짐(兆朕)이다.

※ 원문에는 "扌 + 日 + 隹"라고 썼는데, 擢으로 고쳐서 번역했다.

일반인(常人)이면 관공서(公府)에 일이 있다. 관효(官爻)가 간(干)을 극(尅)하므로 일반인은 관공서에 일이 있다.

직위는 있어도 재물을 구하기(求財)는 어렵다. 직위는 있어도 재물을 구하는데 마땅치 않은 것은, 재(財)가 상관(傷官)을 움직이면(動) 도리어 극(尅)하기 때문이다.

합(合)이 되면 관공서(官)에 있는 물건을 얻는다. 관(官)이 동(動)하고 합(合)을 만나니, 관공서(官) 안에 있는 재물을 얻을 수 있다.

밖(外)에 있는 간(干)은 휴(休)가 된다. 인원(人元)이 극(尅)을 받으니, 일이 자기(自己)에게 있다. 밖(外)에서 구(求)하는 것은 마땅치 않다.

재(財)를 얻으면 암암리에 일어나는 손해를 막아야한다. 내(我)가 밖(外)을 극(尅)하니 재물이 은밀하게 새는 것을 막아야 한다.

병(病)을 물었다면 인후(咽喉)에 있다. 위(上)가 극(尅)을 받으니 병(病)이 인후에 있다.

신(神)이 장(將)을 극(尅)하는 신극장(神尅將)은 적동(賊動)
이다.

가(歌)에 이르기를,

적동(賊動)이면 안(內)에서 도둑(盜賊)이 나온다. 안(內)에 재물
이 극(尅)을 받으니, 주(主)로 음모(陰謀)와 도적이 생기고 재물을
훔쳐간다.

올가미(勾)가 이어졌으니 계략(詐)이 불분명(不分明)하다. 밖
(外)에 올가미(勾)가 안(裡)으로 이어졌으니, 공허한 모략(空詐)도
불분명하다.

재물을 잃고(損) 어린 사람이나 아랫사람이 병(病)난다. 처위
(妻位)가 상(傷)하니, 어린 사람이나 아랫사람에게 재앙과 우환(災
患)이 있다.

바라는 일은 이루어지지 않는다. 신(神)과 장(將)이 극(尅)을 보
관하니 내부(內部)가 불화하고 바라는 일은 이루어지지 않는다.

구조적인 일인데 사의(私意)로 꾸민다. 처(妻)·재(財)가 극(尅)
을 받으니 반드시 간교(奸巧)하고 사특(私慝)한 일이 있고, 구조적
인 일이다.

훔치고 뺏는 일(偸攘)에서 순탄하게(宛轉) 이룸난다. 처재(妻
財)가 극(尅)을 받으니 혹(或)시 음탕(淫蕩)한 일·완전(宛轉)한
일·남몰래 침탈하는 일을 만들고, 반드시 손실이 있다.

괘효(卦爻)로는 사리(事理)가 어둡다. 내효(內爻)가 극(尅)을 받
으니, 일은 주로 이치(理致)가 어둡고 불분명하다.

병(病)이면 두려운데 또한 가볍지 않다. 안(內)에서 협력하지 않
는다. 어린 여자가 병(病)나고 또 주(主)로 가볍지 않다.


장(將)이 신(神)을 극(尅)하니 재동(財動)이다.

가(歌)에 이르기를,

재(財)가 동(動)하니 재물을 구하는데(求財) 이롭다. 안(內)이 밖(外)을 극(尅)하니 재동(財動)이라 하고 재물을 구하면 반드시 얻는다.

관점(官占)이면 조화롭지 않은 것으로 정(定)한다. 관효(官爻)가 극(尅)을 받으니 구관점(求官占)이면 실패(失敗)가 있고, 주(主)로 불순(不順)하다고 정(乏)한다.

집안사람이 밖으로 나간다. 안(內)이 밖(外)을 극(尅)하니 주(主)로 사람이 밖으로 나간다.

처첩(妻妾)과 몸(身)에 재앙(灾)이다. 병(病)은 처첩(妻妾)에게 있지 않고 자신(自身)에게 재앙(灾)이 있다.

질병은 쾌차(快瘥)하기 어렵다. 신(神)이 극(尅)을 받으니 병(病)이 심장(心臟)이나 흉부(胷部)에 있는데, 치료(治療)할 약(藥)이 없다. 주(主)로 좋아지기 어렵다.

다른 사람을 도우면(營救) 좋은 일이 스스로 온다. 내(內)가 외(外)를 극(尅)하니, 다른 사람을 도우면 좋은 일이 있다.

물건을 헤아리면(射物) 손해(損)가 있다. 신(神)이 극(尅)을 받으니 그 물건에 반드시 손해가 있다.

직위는 무너질 일이 많으니 두렵다. 관효(官爻)가 극(尅)을 받으니, 주(主)로 물러나고(退失) 불리하다.

※ 원문에는 "丿 一 卄 一 丨"조합의 글자인데, 의미로 볼 때 괴(乖) 자(字)로 보는 것이 타당하여 고쳐서 번역했다.

방(方)이 간(干)을 극(尅)하니 귀동(鬼動)이다.
가(歌)에 이르기를,

귀(鬼)가 동(動)하니 재앙과 괴이한 일이(灾恠) 걱정된다. 점(占)에서는 주(主)로 재앙(灾)이나 괴이(恠)한 일이 사람에게 이른다.

관(官)으로 형통(亨通)하니, 사람이 밖으로 나간다. 하극상(下尅上)이니 주(主)로 벼슬이 형통(亨通)하고, 사람이 밖으로 나가려 한다.

다른 사람과 연관된 송사를 한다. 떨어진(隔) 위(位)에서 밖(外)을 극(尅)하니, 주(主)로 다른 사람과 연관된 송사다.

외(外)와의 사이가 온당치 않은 원인(原因)이다. 하극상(下尅上)하니, 비천(卑賤)한 일이 존귀(尊貴)한 일을 넘어서고 온당치 않다.

※ 원문에는 〈丿一卄一丨〉戾로 썼는데, 괴려(乖戾)로 바꿔서 번역했다. 괴려(乖戾)는 "사리(事理)에 어그러져 온당(穩當)하지 않음"을 뜻한다.

구설(口舌)과 시끄럽게 다투는 일이다. 인원(人元)이 극(尅)을 받으니, 일은 외부(外部)에서 일어난 것이고 구설로 인(因)해 싸우게 된다.

원수(寃讎)와 손해(損害)다. 원수로 인(因)하여 손해가 난다.

병(病)을 고치는 물건(物)이 우러르며 합(仰合)한다. 방극간(方尅干)하니 병(病)은 눈(目) 아래에서 위를 향(向)해 있고, 그래서 우러르며 합(合)한다.

가택점(家宅占)이면 아직 편안치 않다. 집(宅舍)이 안녕하지 않고, 사람들도 편안하지 않다.

## 13. 간류(干類)

간(干)이 신(神)을 극(尅)하면.

외(外)에서 무엇을 찾으러 온다. 만약 문(門)에 임(臨)했다면, 주(主)로 타인(他人)이 자기를 해(害)치려고 한다. 보통사람(常人)은 재물을 잃고(損財), 벼슬아치는 직위를 잃는다. 중요한 일을 구함(求幹)은 좋지 않다. 관공서에서의 일(官事)이 주(主)로 흩어진다. 관효(官爻)가 극(尅)을 받기 때문이다.

간(干)이 장(將)을 극(尅)하면.

재물을 구해도(求財) 얻지 못한다. 일반인(常人)은 파산(破財)하거나 병(病)이 걱정이다. 장(將)이 양(陽)이면 주(主)로 자기 몸(本身)에 일어나는 일이고, 장(將)이 음(陰)이면 주(主)로 아내(妻室)쪽에 일이 있다.

간(干)이 신(神)을 생(生)하면.

외(外)에서 물건이나 재물(物帛)로 나를 돕는다. 혹(或)은 친한 벗이 찾아온다. 가택점(家宅占)이면 주(主)로 부유하다. 아니면 부자가 되려고 한다(生意). 이는 외(外)가 내(內)를 생(生)하기 때문이다. 말을 더 하자면, 관부(官府)에 일이다.

간(干)이 장(將)을 생(生)하면.

내외(內外)가 화순(和順)하다. 타인(他人)이 장차 내게로 물건을 보낸다. 혹(或)은 (그렇게 해야 할) 타인이 있다. 간(干)은 나(我)를 예고(預告)한다.

## 14. 신류(神類)

신(神)이 방(方)을 생(生)하면.
순탄하게(宛轉) 화합(和合)한다. 귀인(貴人)이 소인(小人)의 뜻을 가엽게 여기니, 귀인의 힘을 얻는다.

신(神)이 방(方)을 극(尅)하면.
멀리에 있는 손으로 재물을 구(求)하니, 비록 얻더라도 일이 주(主)로 늦게 된다.

신(神)이 장(將)을 생(生)하면.
순리(順理)에 따라 일을 도모(圖謀)하니, 내외(內外)가 조화(調和)한다. 타인(他人)이 장차 재물로 나를 돕고, 행인(行人)이 도달한다.

신(神)이 간(干)을 생(生)하면.
벼슬하는 사람이 관직(官職)을 말하면, 서로 청탁(請託)할 일이 있다. 일반인(常人)이면 관공서(官府)에 일이 있다. 타인이 장차 물건으로 나를 구(求)한다. 혹(或)은 자기가 장차 재물로 타인에게서 일을 구(求)한다. 구(求)하면 반드시 얻고, 찾으면 반드시 본다.

## 15. 장류(將類)

장(將)이 간(干)을 생(生)하면.

자기가 장차 재물을 귀인(貴人)에게 준다. 내외(內外)가 화창(和暢)하니, 부자(父子)가 유친(有親)하고 부부(夫婦)는 유별(有別)하다. 부귀(富貴)할 조짐이고, 모든 일이 잘 된다.

장(將)이 간(干)을 극(尅)하면.
좋은 일이 거듭된다. 재물을 구(求)하면 사이가 뜨고, 명예(名譽)를 구(求)하면 반드시 따른다. 과거(科擧)를 보면 윗자리에 붙고, 멀리 가는 것(遠行)도 마땅하다.

장(將)이 방(方)을 생(生)하면.
이름하여 천부(天覆)다. 집안이 화합하고, 명령을 받고(使令) 나를 돕는 사람이 있다. 주(主)로 친척(親戚)이 각자 멀리 가고, 재물(財帛)로 좋은 일이 있다. 자손(子孫)이 영화(榮華)롭다.

장(將)이 방(方)을 극(尅)하면.
공무(公務)로 송사(訟事)한다. 몇몇 식구나 어린 사람은 불안(不安)하고, 자신(自身)에게 상처(傷處)가 난다. 가축(六畜)이 상(傷)하거나 달아나고, 집(家宅)이 편치 않다. 재물(財帛)이 파산된다.

# 16. 방류(方類)

방(方)이 신(神)을 극(尅)하면.
외부(外部)의 재물을 손해(損害)본다. 떨어진 자리(位)에서 극(尅)하고 아래가 위를 범(犯)하니, 민초(民草)들이 관리(官)를 고

발한다.

　방(方)이 장(將)을 극(尅)하면.
　돈(錢財)이 흩어지고 또 주(主)로 처(妻)를 상(傷)한다. 사람이
밖으로 나가려고 한다. 재물을 잃어도 후(後)에 얻는다.

　방(方)이 신(神)을 생(生)하면.
　내외(內外)가 화합한다. 사람에게 경사(慶)가 있고 재물이 풍족
하다. 일을 구(求)하는데 손이 미치지 않는다(隔手).

　방(方)이 장(將)을 생(生)하면.
　이름하여 지재(地載)다. 집안사람들이 화합한다. 경사(喜慶)와
부귀(富貴)가 순조롭게 협력할 조짐이다. 혼인에 좋고, 바라는 일
을 이룬다.


## 17. 삼동(三動).

　이(此)는 극(尅)을 받지 않으므로, 정상적인(正) 동효(動爻)로
들이지 않는다.
　방(方)이 간(干)을 생(生)하는 방생간(方生干)은 부모가 동(動)한
것이다.
　인수(印綬)라고 한다. 점(占)에서는 비소(卑小)한 자리에서 존
귀(尊貴) 자리로 나아간다. 대길(大吉)하다.

　간생방(干生方)은 자손이 동(動)한 것이다.

점(占)에서는 주(主)로 간(干)은 자손에 관한 일이다. 소길(小吉)하다.

간(干)·방(方)이 같은 간방동(干方同)은 형제가 동(動)한 것이다. 점(占)에서는 일(事)이 경쟁자(比肩)나 친구(朋友)에게 있다. 소흉(小凶)하다.

## 18. 오합(五合)

신(神)과 간(干)이 합(合)하는 신간합(神干合)은 관합(官合)이다.
벼슬아치는 영화로운 녹봉(祿俸)을 얻고 또한 관직(官職)을 구(求)하는데 좋다. 일반인(常人)이면 관공서(官)에 일이 있다.

장(將)과 신(神)이 합(合)하면 정합(正合)이다.
혼인에 기쁨이 있고, 친척(親戚)·친구(親舊)와 회합(會合)한다. 병점(病占)에는 마땅치 않다. 일을 구(求)하면 이룬다. 서로 번갈아 가며 도움이 되고 의지가 된다. 한가지로 집안일(家室)이다.

장(將)과 간(干)이 합(合)하니 격합(隔合)이다.
끌어당기는 사람이 있는데, 내외(內外)가 서로 바라만 본다. 위치(位置)가 가로막히고 걸리는 것이 있는 게 원인이다. 일은 지체되고 머문다.

장(將)과 방(方)이 합(合)하니 요합(遙合)이다.

주(主)로 사람들이 함께(共相) 도로(道路)에 흙(土)을 쌓는 것과 같다. 낮은 자리(位)가 동(動)해서 높은 자리(位)에 오르니, 작은 것이 크게 된다. 일은 더디게 이뤄진다.

방(方)과 간(干)이 합(合)하면 귀합(鬼合)이다.

관직(官職)을 구(求)하면 녹봉(祿俸)을 얻는다. 벼슬아치는 승진한다. 가까운 사람들이 불화하고, 주(主)로 우환이 있다. 병점(病占)이면 좋지 않다.

해(鮮)에 이르기를, 간지(干支)가 합(合)하는 것은, 천지(天地)·음양(陰陽)의 짝이 합(合)한다는 뜻이다. 만물(萬物)이 생성(生成)하고, 길흉(吉凶)이 갖춰진다. 예(例)를 들어 갑기일(甲己日)에 오자원법(五子元法)으로 자시(子時)를 일으키면 병인(丙寅)과 신미(辛未)가 합(合)이 되고, 정묘(丁卯)와 임신(壬申)이 합(合)이 되며 무진(戊辰)과 계유(癸酉)가 합(合)이 되고, 기사(己巳)와 갑술(甲戌)이 합(合)이 되며, 경오(庚午)와 을해(乙亥)가 합(合)이 되고, 신미(辛未)와 병자(丙子)가 합(合)이 된다. 이처럼 간지(干支)가 일순(一旬) 안에 있고 서로 합(合)이 되는 것을, 군신(君臣)이 좋은 일로 모임(慶會)이라고 한다.

다른 순(旬)에 있는 지간(支干)이 합(合)하는 것은, 천지(天地)의 덕(德)이 합(合)하는 것이다. 오합(五合)의 용법(用法)은 일이 진행되는 본체(事體)에 있는데, 바라는 것이 이루어진다는 뜻이다. 지간(支干)이 합(合)이 되면, 그 사물(事物)이 원(圓)과 같은 종류다.

합(合)하는데 공망(空亡)에 놓이면, 물건에 관한 점(占)에서는 원(圓)이 가운데가 비었고, 구(求)하는 일이 보이긴 해도 이뤄지기 어렵다. 합(合)이 불합(不合)이면, 조밀하게 막혀서 펼쳐지지 않는다(鬱而不發). 합(合)한 중(中)에 나눠지면(分), 친했던 사람이 도리어 멀어진다. 먼저 합(合)이 되었다가 나중에 분리(分離)되면, 친한 사람이 친한 사람이 아니고(親而不親), 의로운 일이 의로운 일이 아니다(義而不義).

## 19. 삼합전신(三合全身)

인오술(寅午戌)

이름하여 염상과(炎上課)다. 재물(財帛)·문서(文書)·좋은 일(喜美) 등(等)의 합(合)이다. 해자수(亥子水)를 꺼리는데, 괴국(壞局)이 된다. 일이 보여도 이뤄지지 않는다. 만약 인원(人元)이 병오(丙午)이면, 화국(火局)이 완전하다. 만약 인원(人元)이 경(庚)이면 귀동(鬼動)인데, 신(身)을 극(剋)한다. 혹(或)시 인원(人元)이 갑(甲)이면 상생(相生)이다.

해묘미(亥卯未)

곡직과(曲直課)라고 한다. 교역(交易)·혼인·화합의 모임(和會) 등(等)의 합(合)이다. 신유금(申酉金)을 꺼리는데, 괴국(壞局)이 된다. 일이 멀어지고 험(險)해진다. 만약 인원(人元)이 갑인(甲寅)이면 목국(木局)이 모두 갖춰진다. 만약 인원(人元)이 경(庚)이면 관귀(官鬼)가 동(動)한 것으로 논(論)한다. 혹(或) 인원이 인(寅)이면 상생(相生)이다.

※ 원문에 "或人元是寅爲相生"이라고 돼 있다. 문맥과 내용으

로 볼 때 "或人元是壬爲相生"이 합당한데, 역술(易術)의 고서(古書)들에 이치(理致)에 어긋나거나 또는 오류(誤謬)인 내용이 포함된 점(點)을 보이기 위해, 원문대로 번역했다.

신자진(申子辰)

윤하과(潤下課)라고 한다. 관청에 문서를 발송하여 조회함(行移), 허물을 씌움(幹蠱), 싸움(爭戰) 등(等)의 합(合)이다. 진술토(辰戌土)를 꺼리는데, 괴국(壞局)이 된다. 일이 보이는데 변화(變化)가 생긴다. 만약 인원(人元)이 임(壬)이면 수국(水局)이 모두 갖춰진다. 인원(人元)이 병(丙)이면 관귀(官鬼)가 동(動)한 것으로 논(論)한다. 인원(人元)이 경(庚)이면 상생(相生)이다.

※ 번역문의 "관청에서 …… 싸움의 합(合)이다" 부분은 바로 아래 종혁과(從革課)에 "음양(陰陽)이 넘치고, 경박한 합(合)"이라고 번역한 문구와 바뀐 것으로 보이는데, 원문에 기재된 대로 번역하였다. 또 원문의 행이(行移)는 행문이첩(行文移牒)의 줄임말이라, 그 뜻을 풀어 번역하였다.

사유축(巳酉丑)

종혁과(從革課)라고 한다. 음양(陰陽)이 넘치고(滔濫), 경박(輕薄)한 합(合)이다. 사오화(巳午火)를 꺼리는데 괴국(壞局)이 된다. 일에서 바라는 것에 간격(間隔)이 생긴다. 만약 인원(人元)이 신(辛)이면 금국(金局)이 모두 갖춰진다. 인원(人元)이 을(乙)이면 귀동(鬼動)으로 논(論)한다. 혹(或) 인원(人元)이 무(戊)라면 상생(相生)이다.

해(觧)에 이르기를, 괴국(壞局)은 하극상(下尅上)이니 (그 효과

가) 신속(迅速)하고, 상극하(上尅下)는 가로막히기도 한다. 중간(中間)에서 괴국(壞局)이 되면, 구(求)하는 일이 절반(折半)만 성사된다. 과(課)에서 삼합(三合)은 모두 갖췄는지(全備)를 보고, 길흉화복(吉凶禍福)을 말할 수 있다. 또 극합(尅合)인지 생합(生合)인지 예(例)에 따라서 추단(推斷)한다.

만약 인오술(寅午戌) 화국(火局)이 모두 갖춰졌는데(全備), 신(神)·장(將)에 임계수(壬癸水)를 대(帶)하면 투합(妬合)이니, 일이 순조롭다가도 험난해진다. 합(合)이지만 불합(不合)이고, 쉬운 일도 쉽지 않다. 다른 세 가지 삼합과(三合課)는 관(官)·귀(鬼)로 논(論)하는데, 사시(四時)의 휴왕(休旺)과 공망(空亡)에 따라 추단한다.

과(課)에서 삼합(三合)은 변화(變化)의 원인이니, 일충(日沖)·월파(月破)·공망(空亡)·투합(妬合) 등(等)을 모두 자세히 살펴야 한다. 한 가지 합(合)이 비추는 것만으로 전신(全身)을 논(論)할 수는 없다.


## 20. 허일대용(虛一待用)

인오술(寅午戌) 합(合)은 염상과(炎上課)인데 한 자리(一位)가 비면 염상파체과(炎上破體課)라고 한다.

해묘미(亥卯未) 합(合)은 곡직과(曲直課)인데 한 자리가 빠지면 곡직파체과(曲直破體課)라고 한다.

신자진(申子辰) 합(合)은 윤하과(潤下課)인데 한 자리가 비면 윤하파체과(潤下破體課)다.

사유축(巳酉丑) 합(合)은 종혁과(從革課)인데 한 자리가 없으면 종혁파체과(從革破體課)라 한다.

해(觧)에 이르기를 과(課)가 합(合)이 되면 화기(化氣)를 따르는
데(從) 이를 전신(全身)이라 한다. 두 글자는 있는데 한 글자가 비
면 파체(破體)라고 한다. 예를 들어 과(課)에 술(戌) 오(午)가 있는
데 인(寅)이 없으면, 인년(寅年)이나 인월(寅月) 또는 인일(寅日)이
나 인시(寅時)를 응기(應期)로 본다. 신(申) · 자(子)가 있는데 진
(辰)이 없고, 묘(卯) · 미(未)가 있는데 해(亥)가 없으며, 유(酉) ·
축(丑)이 있는데 사(巳)가 없는 것이 파체(破體)다.

점(占)에서 사람들이 바라는 일이 증험(證驗)되는 데에는 멀고
가까움이 있다. 멀다는 것은 연(年)이고 다음으로 월(月)이며, 가
깝다는 것은 일(日) · 시(時)다. 여기에서 빈 한 글자가 나타나길
기다려 삼합(三合)을 이루어지면, 행인(行人)이 목적한 곳에 도달
하고, 계획한 일이 이루어진다. 이를 허일대용(虛一待用)이라 한
다. 과(課) 중(中)에서 가장 중요한 추론(推論)이니, 잘 살펴야 한
다. 만약 일충(日冲) · 월파(月破) · 공망(空亡) 등(等)의 제지(制
止)를 받으면 더 자세히 살펴야 한다.

## 21. 삼기덕수(三奇德秀)

갑(甲) · 무(戊) · 경(庚). 이를 덕전과(德全課)라고 한다.
을(乙) · 병(丙) · 정(丁). 이를 기전과(奇全課)라고 한다.

해(觧)에 이르기를, 점과(占課)에서 삼기(三奇)를 모두 보면, 대
인(大人)을 만나는 것이 좋다. 모든 일이 좋고 잘 된다. 지진(支辰)

이 조화롭게 협력하고, 상하(上下)가 서로 보필(輔弼)한다. 삼기덕수(三奇德秀)가 되면, 대게 경사가 많고, 귀자(貴子)를 낳는다.

## 22. 일류조원(一類朝元)

경(經)에 이르기를, 일류조원(一類朝元)은 한 과(課)에서 하나의 간(干)이 그 소속(所屬)인 지지(地支)를 세 번 만나는 것이다. 만일 천을귀인(天乙貴人)이 점(占)에서 이 과(課)를 얻었다면 왕(王)의 부름을 받아서, 왕을 보기(朝見) 위해 집을 나선다. 다만 일반인은 생극(生尅)이 없으므로 마땅할 것도 없다.

십이위(十二位)의 신장(神將)이 조원(朝元)한다는 것은, 갑(甲)이 세 개의 인(寅)을 보고, 을(乙)이 세 개의 묘(卯)를 보며, 병(丙)이 세 개의 오(午)를 보고, 정(丁)이 세 개의 사(巳)를 보며, 무(戊)가 세 개의 진(辰)이나 세 개의 술(戌)을 보고, 기(己)가 세 개의 축(丑)이나 세 개의 미(未)를 보며, 경(庚)이 세 개의 신(申)을 보고, 신(辛)이 세 개의 유(酉)를 보며, 임(壬)이 세 개의 자(子)를 보고, 계(癸)가 세 개의 해(亥)를 보는 것을 모두 일류조원(一類朝元)이라고 한다.

점(占)에서는 일이 중첩(重疊)되고, 문(門)을 닫고 엎드려 움직이지 않으며, 번영(榮)이나 명예(譽)도 없고, 가로막혀서 통하는 것도 없이 지체된다. 모두가 비견(比肩)이니, 부모·관귀·처재(妻財)·자손 등(等)도 없다. 또 생극(生尅)이 없어 쓸 일도 없다. 만약 순화(純火)나 순금(純金)이면 이 예(例)로 논(論)할 수 없고, 수(水)·목(木)·토(土) 또한 그렇다.

## 23. 사위구비(四位俱比)

경신(庚辛)·신유(申酉) 등(等)의 금(金)으로 비화(比和)하면, 서방(西方)을 뜻하고 백호(白虎)와 태음(太陰)을 상징(象徵)한다. 과(課)가 이렇게 놓이면 주로 병사(兵士)를 잃음(兵喪), 소송(訟事), 요사하고 음탕함(邪淫), 간사하고 비밀스러움(姦私), 사람이 죽음(人口死亡), 육친(六親)이 형을 받음(刑尅), 집(家宅)안이 불편함(不寧), 온갖 일(百事)에 좋은 징조가 막힘(罔吉) 등이다.

병정(丙丁)·사오(巳午) 화(火)가 비화(比和)되면, 남방(南方)을 가리키고 주작(朱雀)과 등사(螣蛇)를 상징한다. 과(課)가 이러하면 주로 시비(是非)가 있고, 관청(官司)·재앙 (灾禍)·험한 상해(殘傷) 등(等)이 생기며, 가마솥이 소리를 내고 화광(火光)이 일어나며, 괴이(怪異)하게 놀라거나 걱정할 일이 있고, 육친(六親)이 형극(刑尅)을 받으며, 거처(居處)가 상서(祥瑞)롭지 않다.

※ 원문에 "거처불상居處不詳"에서 처(處)를 "一丨厂土勹丿丿丶"조합으로 표기하였는데, 현재 사용하지 않는 글자이고 고전(古典)에서도 찾을 수 없으며 의미상 처(處)가 합당하여 고쳐서 번역했다.

임계(壬癸)·해자(亥子) 수(水)로 비화(比和)하면, 북방(北方), 현무(玄武), 천후(天后) 등(等)을 상징으로, 수성(水性)이 범람(泛濫)한다. 과(課)가 이처럼 놓이면, 주(主)로 집을 옮길 계획, 간사(奸私)하고 사음(邪婬)함, 벌레로 인한 고병(蠱病)과 물로 인한 액난(水厄), 과부(寡婦), 고아(孤兒), 도둑이 들어 사람을 해(害)함 등(等)을 뜻한다.

갑을(甲乙) · 인묘(寅卯) 목(木)으로 모두 비화(比和)되면 동방(東方), 청룡(靑龍), 육합(六合) 등(等)을 상징한다. 과(課)가 여기에 처(處)하면, 비록 길(吉)해도 생성(生成)함은 없고, 주(主)로 인자(仁慈)해도 은혜(恩惠)롭지는 못하며, 형제는 있어도 부모는 없고, 혼인을 거듭해도 대를 잇지 못한다(絶嗣續). 바라는 일을 이루기 어렵고, 영예(譽)와 영화(榮)도 없으며, 고생스럽고 곤궁하다. 온갖 일이 지체되고 절뚝거린다.

무기(戊己) · 진술축미(辰戌丑未) 토(土)로 비화(比和)되면 중앙(中央), 구진(勾陳), 천공(天空), 괴강(魁罡) 등을 상징한다. 과(課)가 이렇게 놓이면 주(主)로 일이 반복되고, 부모 · 관귀(官鬼) · 처재(妻財)가 없고, 자손도 없다. 상생(相生) · 상극(相尅)이 없기 때문이다. 이 토(土)는 만물(萬物)을 생육(生育)하는 공(功)이 없다. 하는 일마다 지체되고 정체되며, 바라는 일은 이루어지기 어렵고, 중복 · 반복되며, 일이 일정(一定)하지 않다.

## 24. 오비동류(五比同類)

간(干)과 방(方)이 비화(比和)하면 정비(正比)다.
일이 친구(親舊) · 동료(同僚) · 경쟁자(競爭者) · 형제에게 있고, 이루어지지 않는 경우가 많다.
간(干)과 신(神)이 비화(比化)하면 근비(近比)다.
일이 밖에 있고, 간(干)이 자기(自己)다.
방(方)과 장(將)이 비화(比化)하면 원비(遠比)다.
일이 친구(朋友)와 동류(同類)에게 있다.
신(神)과 장(將)이 비화(比化)하면 차비(次比)다.

일이 문호(門戶)나 친척(親戚) 또는 집안사람(家屬)에게 있다.

사위(四位)가 서로 비화(比化)하면 합비(合比)다.

일이 주로 친척이나 집안사람에게 있으며, 중첩되어 얽히고설킨다.

## 25. 간원류(干元類)

신간(神干)이 장간(將干)을 생(生)하면 좋은 일이 밖에서 들어온다.

장간(將干)이 신간(神干)을 생(生)하면 좋은 일이 안에서 생겨서 밖으로 뻗친다.

신(神)·장(將) 두 천간(天干)이 분국(分局)이 되면, 상생(相生)이 있어도 좋은 일은 있으나 이루어지지는 않는다.

신(神)·장(將) 두 천간(天干)이 합국(合局)이 되면, 주로 좋은 일이 중첩(重疊)되어 일어난다.

신간(神干)이 장간(將干)을 극(尅)하면, 좋지 않은 일이 밖에서 들어오는데, 이는 적동(賊動)과 같다.

장간(將干)이 신간(神干)을 극(尅)하면, 일이 안에서 생기는데, 이는 재동(財動)과 같다.

해(解)에 이르기를, 신(神)·장(將) 두 천간(天干)은 지진(支辰)에 따라서 서로 생극(生尅)하는데, 주(主)로 일이 거래와 왕래가 겹쳐진다. 신(神)·장(將)이 만일 경(庚)·신(辛) 금(金)이고 신(身)을 극(尅)하면, 주(主)로 가택(家宅)에 괴이(恠異)·소송·흉상(凶喪)이 생긴다. 금(金)이 백호(白虎)의 기(氣)이기 때문이다.

장(將)·신(神) 위(上)에는 어떤 천간(天干)이 오는가. 만약 육을일(六乙日)에 묘장(卯將)을 보았다면 숨어있는 오자원을 일으켜 기묘(己卯)를 얻고, 신(神)이 주작(朱雀)이면 임오(壬午)가 되어, 상극(相剋)·비화(比和)·합국(合局)을 만난다. 이 방법에 의거하여 내정(來情)을 추단(推)한다.


## 26. 오행기화(五行氣化)

갑(甲)·기(己)는 토(土)를 화출(化出)하고, 을(乙)·경(庚)은 금(金)을 화출하며, 병(丙)·신(辛)은 수(水)를 화출하고, 정(丁)·임(壬)은 목(木)을 화출하며, 무(戊)·계(癸)는 화(火)를 화출한다.

해(解)에 말하기를, 과(課)에서 토(土)를 못 봐도 만약 신(神)·장(將) 위(上)에서 숨은 갑(甲)과 기(己)를 얻으면, 원기(元氣)가 토(土)를 화출하니, 토(土)가 쓰이도록 한다. 사복점(射覆占)이면 토류(土類)이고, 혹(或)은 토(土)에서 나온 물건이며, 그 외의 점사(占事)에서는 토(土)로 본다. 또한 유기(有氣)하고 토(土)가 왕(旺)한 일(日)·시(時)가 응기(應期)다.

가령(假令) 정임일(丁壬日)의 과(課)로 갑(甲)·사(巳)·술(戊)·진(辰)을 얻으면, 방(方)까지 오자원(五子元)이 숨어있고(遁), 위(位)는 진(辰)이고, 인원(人元)은 갑(甲)이다. 또 갑목(甲木)은 아래로 사화(巳火)를 생(生)하며, 화(火)는 다시 술(戊)·진(辰)을 생(生)한다. 이로써 보면 토(土)는 처음부터 왕(旺)하다. 다시 신간(神干)을 일으키면 을(乙)이 되고, 장간(將干)은 경(庚)을 보니, 을경(乙庚) 합(合)이 되고 금(金)을 기화(氣化)하는데, 토(土)에서 생(生)을 받는다. 전체적으로는 인원(人元)의 갑목(甲木)

이 금(金)의 상해(傷害)를 입으니, 마땅히 상세하게 논(論)해야 한다.

관점(官占)에서는 귀(鬼)로 논(論)하고, 벼슬살이를 하려는 점(占)에서는 길(吉)한데, 관공서(官)에 얽힌 일(事)에서는 흉(凶)하다. 나머지도 모두 이 법(法)에 따라서 추단(推斷)한다.

다시 일진(日辰)과 월령(月令)에 가산(加算)하여 사용한다. 가령(假令) 갑기(甲己)가 을경(乙庚)을 보거나, 을경(乙庚)이 병신(丙辛)을 보거나, 병신(丙辛)이 정임(丁壬)을 보거나, 정임(丁壬)이 무계(戊癸)를 보거나, 무계(戊癸)가 갑기(甲己)를 보면, 이름하여 수제불화(受制不化) · 투합불화(妬合不化) · 비시불화(非時不化) · 봉공불화(逢空不化) · 비기소불화(非其所不化)라고 한다. 이는 오행(五行)의 오묘(奧妙)한 뜻(旨)이니 불가불(不可不) 상세히 살펴야 한다.


## 27. 음양상생(陰陽相生)

경(經)에서 말하기를, 가령 갑(甲)은 나무(木)고 을(乙)은 풀(草)이며 병(丙)은 불(火)이고 정(丁)은 연기(煙氣)다. 갑(甲)은 볕을 받은 나무(陽木)라 바짝 말라서, 능(能)히 정(丁)인 연기를 생(生)한다. 을(乙)은 그늘의 풀(陰草)이라 능(能)히 밝은 빛(陽火)을 좋아한다(生). 양(陽)이 음(陰)에서 나오니(産) 양(陽)은 아버지(父)라 하고, 음(陰)은 양(陽)에서 나오니 음(陰)은 어머니(母)라 한다. 만약 양(陽)이 양(陽)을 보고 음(陰)이 음(陰)을 보면, 음양(陰陽)이 편고(偏枯)된 것이라 조화(造化)가 어렵다(危脆). 이는 나무(木)가 번성하고 꽃(草)이 만발한 것이 구름(雲)이 가득한 것(密雲)

과 같지만, 비(雨)는 내리지 않는다.

사유(四維)는 인(寅)·신(申)·사(巳)·해(亥)요, 사정(四正)은 자(子)·오(午)·묘(卯)·유(酉)인데, 오행(五行)의 상충(相冲)이다. 음양(陰陽)이 공허하다(冐). 점(占)에서 이것이 오면, (일이) 순조롭다가도 멀어지고, 길(吉)한 가운데에도 위험이 있다.

역(易)에 말하기를, 천지(天地)에 가득한 기운이 서로 엉기어 만물이 순일(純一)하고, 남녀(男女)가 정(精)을 나누어 만물이 변화한다(化生). 여기에 인오술(寅午戌)·사유축(巳酉丑)·신자진(申子辰)·해묘미(亥卯未) 류(類)가 있다. 이는 음양(陰陽)이 합(合)한 것이고, 그런 후(然後)에 변화가 이루어진다. 오행에서 나를 생(生)하는 것을 부모(父母)라 한다. 음생양(陰生陽)·양생음(陽生陰)의 덕(德)으로 짝과 합(合)하여 화육(化育)하고 생성(生成)하니, 과(課)에 길(吉)·복(福)이 만전(萬全)한다.

과(課)의 사위(四位) 위(上)에서는 상생하(上生下)하고 하생상(下生上)하며, 내생외(內生外)하고 외생내(外生內)하며, 혹(或) 삼위(三位)가 일위(一位)를 생(生)하거나 혹(或) 일위(一位)가 삼위(三位)를 생(生)하고, 나아가 왕래하며 혹(或)은 서로 합(合)하고 은혜를 베푸는 것은, (음양이) 펼쳐지고 사용되는 아름다움의 끝이다. 길조(吉兆)라는 것은, 중요한 일을 점(占)쳤을 때 이루어지고, 바라는 일은 취(就)하는 것이다. 또 말하기를, 사위(四位)가 상생(相生)하면 만사(萬事)가 좋게 뻗어간다. 과(課)에서 오행(五行)이 상생(相生)하면, 비록 과(課) 안에 백호(白虎)·주작(朱雀)이 있고, 겸(兼)하여 겁살(劫煞)·괴강(魁罡) 등(等)의 종류가 점(占)에 들어와 그 포악(暴惡)함을 받더라도, 상생(相生)이 입과(入課)하면 모두 화기(和氣) 중(中)에 들어서, 곧 얼굴을 바꾸고(革面) 순종(順從)하니, 나쁜 일을 만났다가도 좋은 일을 만난다.

특히 극(尅)을 원수인 적(讎敵)으로 삼고 생(生)을 부모의 은혜(親恩)로 여기는 것을 몰라야(不知), 합진(合辰)하였을 때 복(福)이 더욱 두터워진다.


## 28. 사위상생(四位相生)

경(經)에 말하기를, 가령 인원(人元)이 귀신(貴神)을 생(生)하고, 지분(地分)이 월장(月將)을 생(生)하면, 합국(合局)이라고 한다. 주(主)로 집(家)이 부귀하고, 또한 주(主)로 내외(內外)가 화순(和順)하다. 만약 월장(月將)이 지분(地分)을 생(生)하면, 주(主)로 친척이 멀리 간다. 신체(身體)나 재물(財帛)을 점(占)쳤다면 마땅히 주(主)로 따르고, 또한 자손이 흥왕(興旺)한다.

인원(人元)이 귀신(貴神)을 생(生)하면, 주(主)로 친(親)한 사람이 물건을 빌리러 오고, 혹(或)은 친구가 방문한다. 만약 귀신(貴神)이 인원(人元)을 생(生)하면 주(主)로 자기가 다른 사람을 찾는데, 찾아가면 반드시 만난다.

만약 지분(地分)이 월장(月將)을 생(生)하면, 주(主)로 혼인에 관한 일이고, 바라는 일은 취(就)하게 된다. 만약 월장(月將)이 귀신(貴神)을 생(生)하면, 주(主)로 처(妻)가 현숙(賢淑)하고 자손이 효도하며, 부귀영화가 있다.

만약 사위(四位)가 위(上)부터 차례대로 아래(下)까지 상생(相生)하면, 주(主)로 외부 사람이 재물을 바치러 들어오고, 사람이 늘어나며, 육친(六親)이 두루 서로 찾아오고, 비상(非常)하게 좋은 일이 있다. 만약 사위(四位)가 아래(下)부터 거듭거듭 위(上)를 생(生)하면, 상도(商途)로 나가서 좋은 일이 있다.

## 29. 사위상극(四位相尅)

경(經)에 말하기를, 가령 인원(人元)이 귀신(貴神)을 극(尅)하면, 주(主)로 다른 사람이 자기를 해(害)치려는 뜻이 있고, 귀신(貴神)이 인원(人元)을 극(尅)하면, 주(主)로 자기가 타인을 해(害)치려는 뜻이 있다. 이는 모두 주(主)로 관에 얽힌 일(官事)이다. 만약 장(將)과 지분(地分)이 함께 귀신(貴神)을 극(尅)하면, 주(主)로 비속(卑屬)이 존장(尊長)을 범(侵犯)한다. 만약 인원(人元)과 귀신(貴神)이 함께 월장(月將)을 극(尅)하면, 주(主)로 처(妻)를 상(傷)하고 재물을 잃는데, 만약 장(將)의 지지(地支)가 양(陽)이면 주(主)로 남자(男子)를 상(傷)하고, 장(將)의 지지(地支)가 음(陰)이면 주(主)로 처첩(妻妾)을 상(傷)한다.

월장(月將)이 지분(地分)을 극(尅)하면 주로 어린 사람을 상(傷)하는데, 그 음양(陰陽)을 보고 추단한다.

대게 인원(人元)은 손님(客)이고, 귀신(貴神)은 주인(主)인데, 객(客)이 성(姓)이면 주(主)는 가장(家長)이다. 만약 음(陰)인 귀신(貴神)이면 여인(女人)이 가장(家長)이고 일을 주관(主管)하며, 만약 양(陽)인 귀신(貴神)이면 남자(男子)가 가장(家長)이고 일을 주관한다. 이때는 엎드렸는지(伏)·왕(旺)한지·노(老)인지·소(少)로 추단한다. 만약 귀신(貴神)이 인원(人元)을 극(尅)하면 주(主)가 왕(旺)하고, 귀신(貴神)에게 이치(理)가 있으며, 인원(人元)이 귀신(貴神)을 극(尅)하면 객(客)이 왕(旺)하고, 객(客)에게 이치가 있다.

## 30. 사효생극송(四爻生尅頌)

해(觧)에 말하기를, 상극하(上尅下)는 관에 얽힌 일(官事)이 일어나 집안으로 들어오고, 하극상(下尅上)은 재물이 부서지는 일(破財)이 밖을 향(向)해 간다. 상생하(上生下)는 타인ᴡ이 자기를 불러 쓰고, 하생상(下生上)은 자기가 타인을 불러 쓴다.

양(陽)이 음(陰)으로 들어온 괘상(卦象)은, 원래(元來) 양인(陽人)·양장(陽將)인데 음위(陰位)에 가임(加臨)해서 바뀌었다. 음(陰)이 양(陽)으로 들어온 상(象)이 공(共)히 만물(萬物)에 통(通)하는 것도, 음인(陰人)·음장(陰將)이 양위(陽位)에 가임(加臨)한 것이다.

삼위(三位)가 상극하(上尅下)하면 집안일(家事)에 관한 과(課)이고, 삼위(三位)가 하극상(下尅上)하면 출행(出行)하는 괘상(卦象)이다. 주(主)로 왕(旺)·상(相)한 효(爻)를 쓰면 길흉력(吉凶力)도 왕(旺)하고, 주(主)로 휴(休)·수(囚)를 쓰면, 길흉력(吉凶力)도 약(弱)하다.

송(頌)에 말하기를,

길(吉)하면 흉사(凶事)가 장차(將次) 공허(空虛)하도록 극(尅)하고, 흉(凶)하면 길(吉)한 일(事)이 모이기 어렵게 극(尅)한다.

방(方)이 와서 장(將)을 극(尅)하면 돈(錢財)이 흩어지고, 장(將)이 만약 방(方)을 상(傷)하면 재판으로 다툴 일이 생긴다.

위(位)가 와서 객(客)을 생(生)하면 사람을 이미 찾았고, 간(干)이 만약 방(方)을 생(生)하면 이미 사람을 봤다.

두 효(爻)가 상생하(上生下)하면 재물이 상자(篋)에 가득하고, 두 과(課)가 하생상(下生上)하면 자손(子孫)이 흥기(興起)한다.

흉신(凶神)이 극(尅)을 받으면 우환(憂患)이 소멸되고, 길신(吉神)이 상해를 입지 않으면 복록과 경사가 늘어난다. 인원(人元)이 상(傷)하지 않으면 소송에서 유리하고(理長), 인원(人元)이 극제(尅制)를 받으면 재판에서 무기(無氣)하다. 주(主)가 휴(休)요 객(客)이 왕(旺)하면, 내(我)가 짧고 상대방이 길다. 지분(位)은 강(强)하고 월장(身)이 약(弱)하면, 나(我)는 걱정스럽고 타인(他人)은 즐겁다. 사위(四位)가 상생(相生)하면 모든 일이 길(吉)하고, 사위(四位)가 상극(相尅)하면 온갖 일이 흉(凶)하다. 음(陰)이 많고(多) 양(陽)이 적으면(少) 남자에게 일이 있고, 음(陰)이 적고(少) 양(陽)이 많으면(多) 여인으로 인(因)한 일이다.

사효생극송(四爻生尅頌)에 말하기를, 인원(人元)이 상(傷)하지 않으면 소송에서 유리하고, 인원(人元)이 제압(制壓)을 받으면 송사에서 무기(無氣)하다. 만약 재물을 구(求)하면, 주(主)·객(客)이 화합(和合)하는 것이 가장 중요하다. 의심(疑)을 막는 것이 없도록 마쳐야한다. 객(客)이 만약 주(主)를 극(克)하면, 간(干)이 신(神)을 극(克)하니, 구(求)하는 일을 이루기 어렵고, 다만 한바탕 전쟁(戰爭)을 치르면 얻는데, 혹(或) 부득이(不得已)하게 밖으로 나가야 한다. 만약 주(主)가 객(客)을 극(克)면 신(神)이 간(干)을 극(克)하니, 구(求)하는 일이 따르지 않고, 빈손으로 돌아오게 된다.

입식가(入式歌)에 말하기를, 객(客)이 주(主)를 극(克)하면 물건을 찾으러 오고, 주(主)가 객(客)을 극(克)하면 객(客)이 빈손으로 돌아간다. 이 두 가지 해설(解說)은 같은 뜻이고, 또 주(主)로 송사에 관련된 일(爭訟事)이다.

다만 인원(人元)과 귀신(貴神)이 상극(相克)하면 외전(外戰)이라 하고, 월장(月將)과 지분(地分)이 상극(相克)하면 내전(內戰)이라 한다. 무릇 밖(外)에 원인(原因)이 있으면 바깥일(外事)이고, 안 (內)에 원인(原因)이 있으면 안의 일(內事)인데, 모두 주(主)로 구 설, 시비(是非), 재환(災患), 재물을 잃음 등(等)이다. 만약 사위 (四位)가 아래부터 차례대로 외(外)까지 극(克)하면, 주(主)로 그 집 안(裡)쪽이 밖으로 연결돼 있거나, 재물을 들락날락 한다. 또 는 주(主)로 그 집 사람들이 불화하고, 관사(官事) · 구설 · 재물을 잃음 · 감옥살이(刑獄) 등(等)의 일이고, 혹(或)은 사람이나 물건을 해치는 사람(殘害人)으로 나간다. 만약 사위(四位)가 위(上)로부터 차례대로 아래를 극(克)하면, 주(主)로 그 집이 불의(不義)하고, 질병과 관사(官事)가 넉넉하게 많으며, 외인(外人)이 집 안에 있는 사람을 해(害)치러 온다. 혹(或)은 집안의 기강(家道)은 말할 것이 없고, 사람들이 매우 약하고(羸弱), 송사로 다투며 재물을 잃 는다.

## 31. 응기합덕(應期合德)

결(訣)에 말하기를, 과(課)에서 응기(應期)는 추측(推測)하기가 가장 어렵다. 오직 합처(合處)를 취(取)하니 신묘(妙)하다. 이 합 (合)에는 다섯 가지가 있다.

일(一)은 천지합덕(天地合德)이다. 만약 갑자일(甲子日) 과(課) 에 무진(戊辰) 장(將)을 얻으면, 순서대로 계유(癸酉)인 월(月) · 일 (日) · 시(時)를 응기로 본다. 또 만약 갑술(甲戌) 장(將)을 얻으면 기묘(己卯) 합(合)을 얻고, 경자(庚子) 장(將)이 을축(乙丑)을 얻어 합(合)으로 삼는 예(例)다.

　이(二)는 장간(將干)을 취(取)해 가까운 합(近合)을 응기로 한다. 만약 육을일(六乙日)에 무인(戊寅) 장(將)을 얻으면, 계(癸)인 일(日)·시(時)를 응기로 보는데, 이때는 천지인 간지(干支)가 모두 합(合)하길 기다리지 않는다. 또 갑자일(甲子日)에 점(占)을 쳐서 병인(丙寅) 장(將)을 얻으면, 가까운 신미(辛未) 일(日)·시(時)를 취(取)해 응기로 보면 된다. 간합(干合)은 갑기(甲己)·을경(乙庚)·병신(丙辛)·정임(丁壬)·무계(戊癸)다. 모두 장간(將干)이 합(合)하는 것을 취(取)한다.

　삼(三)은 기(奇)가 합(合)하는 것을 취(取)해 응기(應期)로 본다. 삼기(三奇)인 갑(甲)·무(戊)·경(庚)과 을(乙)·병(丙)·정(丁)이다. 만약 과(課)에 장간(將干)을 얻어서 갑(甲)·무(戊)는 있고 경(庚)이 없으면, 경일(庚日)에 반드시 응(應)한다. 병(丙)·정(丁)이 있는데 을(乙)이 없으면, 을일(乙日)에 필(必)히 응(應)한다. 이 삼기(三奇)의 합(合)은 명가(命家)의 허요(虛遙)·공록(拱祿)·암록(暗祿)의 설(說)과 같다.

　사(四)는 삼합(三合)을 취(取)하여 응기로 삼는다. 삼합(三合)이란 인오술(寅午戌)·사유축(巳酉丑)·신자진(申子辰)·해묘미(亥卯未)다. 만약 과(課) 중(中)에 인(寅)·오(午)가 있고 술(戌)이 없으면, 술(戌)이 있는 월(月)·일(日)·시(時)에 반드시 응(應)한다. 사(巳)·유(酉)가 있는데 축(丑)이 없으면, 축(丑)인 월(月)·일(日)·시(時)에 필(必)히 응(應)하고, 자(子)·진(辰)이 있는데 신(申)이 없으면, 신(申)인 월(月)·일(日)·시(時)에 반드시 응(應)한다. 해(亥)·미(未)가 있는데 묘(卯)가 없으면, 묘(卯) 월일시(月日時)에 반드시 응(應)한다. 그 빈 글자가 드러났을 때를 기다려 응기로 본다.

　오(五)는 지지(地支)의 육합(六合)을 취(取)해 응기로 본다. 육합(六合)이란 자(子)와 축(丑)의 합(合), 인(寅)과 해(亥)의 합(合), 묘(卯)와 술(戌)의 합(合), 진(辰)과 유(酉)의 합(合), 사(巳)와 신(申)의 합(合), 오(午)와 미(未)의 합(合)이다. 만약 월장(月將)이 인(寅)이면 해(亥)인 월(月)·일(日)·시(時)를 취(取)해 응기로 본다. 만약 묘장(卯將)이면 술(戌) 월일시(月日時)를 취(取)해 응(應)한다. 유장(酉將)이면 진(辰)인 월일시(月日時)를 취(取)해 응(應)한다. 예(例)를 들어서 일을 바라는 행인(行人)을 점(占)쳤는데, 왕(旺)·상(相)한 효(爻)가 겁살(劫煞)을 대(帶)하고 나아가 천마(天馬)·역마(驛馬)가 합(合)을 만나면, 목적(目的)한 곳에 도달(到達)한다. 만약 멀리 보면 연(年)·월(月)이고, 가깝게 보면 일(日)·시(時)인데, 합(合)을 취(取)하여 응기로 본다.

해(解)에 말하기를, 응기에서 삼합(三合)·삼기(三奇)·육합(六合)의 간지(干支)를 취(取)할 때는, 모두 점(占)친 과(課)의 월장(月將)과 신(神)에 쓴 것을 취(取)한다. 신(神)이 만약 일(日)을 얻었으면, 일(日)이 나타나지 않은 것이고, (귀신이) 시(時)를 얻었으면 시(時)가 나타나지 않은 것이다. 다만 가까운 합(近合)을 취(取)하는데, (이때는) 간지(干支)가 모두 합(合)이 될 필요가 없다.

또 다른 법(法)은, 과(課)가 앞으로 일진(一辰)을 가서 정갑(丁甲)을 만나게 되면, 삼순(三旬) 안에 있는 점을 친 날(本日)의 장(將)이 응기가 된다. 과(課)가 뒤로 일진(一辰)을 가서 정갑을 만나게 되면, 삼순(三旬) 밖에 점친 날의 장(將)이 응기가 된다. 여기에서 정갑(丁甲)이란, 갑자(甲子)가 돌아가는 수(數)를 취(取)했을 때, 그 밖에 있는 점친 날의 장(將)을 만나는 것이고, 이 날이 응기다. 만약 지분(本位) 위(上)에서 정갑을 보면, 가까운데서 만나는 점친 날의 장(將)인 날(日)을 응기로 취(取)한다.

가령(假令) 십일월(十一月) 하순(下旬) 축장(丑將)인데 을묘일(乙卯日) 사시(巳時)에 미위(未位)에서 기과(起課)하면, (위로부터) 癸(水) : (甲)申(金) : (己)卯(木) : 未(土) 과(課)가 된다(과예 3 참조).

| 課例 3 | |
|---|---|
| 癸 | 水 |
| 甲 申 | 金 |
| 己 卯 | 木 |
| 未 | 土 |

이 과(課)가 앞으로 일진(一辰)을 가면 신위(申位) 위(上)에 (甲이) 나타난다. 삼순(三旬) 안에서 점친 날의 장(將)을 만나면 응기인데, 이 과(課)는 을묘일(乙卯日)에 오자원(五子元)을 일으키면 기묘(己卯) 장(將)이고 그 위(上)에 백호(白虎)가 갑목(甲木)을 대(帶)한다. 이 때 장(將)과 신(神)의 간(干)이 갑기합(甲己合)이 되니, 다만 가운데서 만나는 점친 날의 장(將)을 취(取)해 응기로 하고, 삼순(三旬)을 기다리지 않는다.

## 32. 귀신휴왕(貴神休旺)

육합(六合) · 청룡(青龍)은 목(木) 위주(爲主)니, 절(絕)이 신(申) · 유(酉) 및 자(子) · 오(午)에 있다.

등사(螣蛇) · 주작(朱雀)은 화(火)의 정화(精華)니, 묘(卯) · 유(酉) · 해(亥) 위(上)가 무기처(無氣處)다.

태음(太陰) · 백호(白虎)는 금신(金神)이니, 자(子) · 오(午) · 인(寅)에서 화(禍)와 패(敗)를 막아야 한다.

현무(玄武) · 천후(天后)는 수(水)에 숨었으니, 묘(卯) · 유(酉) · 사(巳) 위(上)에서는 견딜 수 없다고 논(論)한다.

다시 천공(天空)과 구진(勾陳) · 태상(太常)이 있는데, 천을귀신

(天乙貴神)이 이웃이라고 논(論)한다.

사신(四神)이 토(土)이면 점단(占斷)이 같고, 천관(天官)의 휴(休)·왕(旺)으로 그 진위(眞僞)를 얻는다.


## 33. 오행휴왕(五行休旺)

봄(春)에는 목왕(木旺)하고, 화(火)는 상(相), 토(土)는 사(死), 금(金)은 수(囚), 수(水)는 휴(休)다. 목(木)의 묘지(墓地)는 미(未)에 있고, 각성(角姓)이 꺼린다.

여름(夏)에는 화왕(火旺)하고, 토(土)는 상(相), 금(金)은 사(死), 수(水)는 수(囚), 목(木)은 휴(休)다. 화(火)의 묘(墓)는 술(戌)에 있고, 치성(徵姓)이 꺼린다.

사계(四季)에는 토왕(土旺)하고, 금(金)이 상(相), 수(水)가 사(死), 목(木)이 수(囚), 화(火)가 휴(休)다. 수(水)·토(土)의 묘(墓)는 진(辰)에 있고, 궁성(宮姓)이 싫어한다.

가을(秋)엔 금왕(金旺)하고, 수(水)가 상(相), 목(木)이 사(死), 화(火)가 수(囚), 토(土)가 휴(休)다. 금(金)의 묘(墓)는 축(丑)에 있고, 상성(商姓)이 꺼린다.

겨울(冬)에는 수왕(水旺)하고, 목(木)이 상(相), 화(火)가 사(死), 토(土)는 수(囚), 금(金)은 휴(休)다. 수(水)의 묘(墓)는 진(辰)에 있고, 우성(羽姓)이 꺼린다.

## 34. 오행취관(五行聚管)

오행(五行)이 생극(生克)하는 까닭으로 성쇠(盛衰)가 붙어사니, 이는 자연(自然)의 이치(理致)다. 상세하게 보면 이는 세상의 집착에 빠진 것 같다. 단(但) 원래 남겨진 이 근거는 연해(淵海)를 취(取)하지 않았다. 하여 함께 모았으니, 고명(高明)한 사람이 검토(檢討)해주길 기다린다.

삼수(三水) 일금(一金)이면 주(主)로 문장(文章)이다. 두꺼비가 계수나무를 꺾고 관리(官吏)가 되니 뜻이 휘날린다. 우문(禹門)에서는 물결도 잔잔하고, 바람과 번개도 변(變)하니, 며칠(不日) 안에 벼슬을 당겨 옥당(玉堂)에 오른다.

※ 우문(禹門)이란 치수(治水)를 잘 했다는 하우씨(夏禹氏)의 가문(家門) 즉(卽) 하(夏)·은(殷) 시대(時代)를 말한다.

해(鮮)에 말하기를, 삼수(三水) 일금(一金) 이 과(課)는 주(主)로 문장이 있는 선비로, 오래지 않아 벼슬을 얻는다. 그렇지 않으면 주(主)로 큰 부자다. 병(丙)·정(丁)을 만나 위(上)에 있으면, 주(主)로 봉록(俸祿)을 드러내고 혹(或)은 벼슬을 옮길 일이 응(應)한다. 목(木)을 만나고 위(上)에 있으면, 주(主)로 송사로 다투거나 외인(外人)의 해코지(謀害)가 있다. 복록을 드러내는 것이 반드시 병(丙)·정(丁)은 아니다.

삼수(三水) 일목(一木)은 주(主)로 영화(榮華)롭다. 집과 토지(田庄)가 넓고 크며 명주실과 삼실(絲麻)도 풍족하다. 자손의 신체가 단정(端正)하고 아름다우며, 왕성하게 흥(興)하는 가문에 복

(福)이 더욱 늘어난다.

해(解)에 말하기를, 삼수(三水) 일목(一木)인 과(課)는 주(主)로 가도(家道)가 영화롭고 왕성하며, 자손이 효순(孝順)하고, 집과 토지(田莊)가 넓고 크다. 자손이 표(標)를 쥐고, 겸(兼)하여 문장도 있다.

삼수(三水) 일화(一火)이면 집에 가난이 여럿이다. 잔혹한 상해와 좋지 않은 죽음이 그 사람을 덜어낸다. 오래도록 풍(風)을 앓았으니 몸이 따르지 않는다. 고통을 천신(天神)에게 고(告)하고 아침을 끝낸다.

해(解)에 말하기를, 삼수(三水) 일화(一火)이면 주(主)로 집이 가난하다. 집과 토지(田庄)가 부서지고(破散), 자손이 도적질을 하며, 악행을 많이 한다. 나아가 얼굴에 칼자국이 있는 세 사람이 밖에서 죽는다. 또 말하기를, 두 가지 설(說)이 있는데, 누구는 '그렇다'하고 누구는 '아니다'하니, 더욱 마땅히 자세히 분별해야 한다.

※ 여기에서 두 가지 설(說)이란, 바로 위 문단의 삼수(三水) 일화(一火)에 대한 설(說)과 바로 아래 문단의 삼수(三水) 일화(一火)에 관한 설(說)을 말한다.

삼수(三水) 일화(一火)는 재앙(災殃)이 아니다. 국(局)이 수화기제(水火旣濟)하고 또 화해(和諧)한다. 집과 토지(田宅) 및 가축(六畜)이 넉넉한(豐厚) 경우가 많은데, 주(主)로 검은색 옷을 입은 사람이 재앙(災殃)을 묻는다.

해(解)에 말하기를, 삼수(三水) 일화(一火)이면 주(主)로 재앙이 아닌데, 이는 삼수(三水)가 일화(一火)를 극(尅)하기 위하여 합심

(合心)하기 때문이다. 주(主)로 흉(凶)이 가고 재앙이 없다. 또 말하기를, 수화기제하니, 주(主)로 부부가 화해하고, 자손이 흥왕(興旺)하며, 누에농사(田蠶) · 재물(財帛) · 가축(六畜) 등(等)이 흥성하다. 내정점(來情占)이면, 여인이 음란(淫亂)하다.

삼수(三水) 일토(一土)는 집에 문(門)을 깬다. 사람이 나쁘게 죽고 없어지니, 감(堪)히 논(論)할 수 없다. 토지와 전답(庄田)이 무너지고 관리하기 어려우며, 어린 자손이 있으면 그도 가난으로(貧) 고생한다.

해(觧)에 말하기를, 삼수(三水) 일토(一土)는 주로 집(家)이 부서진다. 사람이 없어지고 나쁘게 죽으며, 나아가 주(主)로 토지와 전답이 기울고 무너지며, 혹(或) 자손이 있어도 또한 빈곤으로 고생한다.

삼화(三火) 일목(一木)이면 집에 재물을 깨뜨린다. 사람에겐 험한 질병이 많고, 후손(後孫)이 끊어진다. 집안에 우는 소리(哭泣)가 더 늘어날 수 없고, 삼녀(三女)가 태어나면 많은 재난(禍害)이 몰려온다.

해(觧)에 말하기를, 삼화(三火) 일목(一木)이면, 주(主)로 집이 가난하고 재물이 깨진다. 나가면 험한 질병(殘疾)에 시달리는 사람이고, 항상 우는 소리가 있다. 집에는 다만 삼녀(三女)만 있고, 어린 손자(兒孫)가 없다. 한 방(房)에서 나왔지만, 대(代)가 끊긴다. 이 과(課)는 상생(相生)인데, 어찌 흉화(凶禍)라고 하는가? 경(經)에 이르기를, 이화(二火)는 재앙(災殃)이고 온갖 일(百事)에 좋지 않다. 이제 삼화(三火)를 보고, 일목(一木)이 또한 삼화(三火)를 생(生)하니, 그 화(禍)가 더욱 심(深)하게 되어, 흉(凶)으로 점단한다. 세 여자(三女者)를 낳았다면 일목(一木)이 삼화(三火)를 생(生)하니, 삼화(三火)는 순음(純陰)이다. 내정점(來情占)이면, 여인(陰人)에게 험한 병(殘患)이 있다.

삼화(三火) 일토(一土)이면 집에 재산을 깨트린다. 집안사람들이 재해(災害)를 겪는 일이 많다. 집안 토지가 한 뼘도 없이 사라지고, 결국엔 자손도 없고, 하던 일도 어그러진다.

해(解)에 말하기를, 이 과중(課中)에 천강(天罡)을 보고 토(土)가 왕(旺)하면, 주(主)로 가도(家道)가 불화하고, 가축(六畜)이 손상되며 실종되거나 죽고, 사람이 반드시 고질병(沉痾)을 앓는다. 내정점(來情占)이면 관에 얽힌 송사(官訟)다.

삼화(三火) 일금(一金)이면 재앙이 머문다(迍). 질병과 상처가 몸에서 떠나지 않는다. 밤낮으로 신음하고 베개 위에 있으며(狀枕), 마침내 편작(扁鵲)의 원인 없는 치료가 풍성해진다.

해(解)에 말하기를, 삼화(三火) 일금(一金)이면 주(主)로 큰 재앙이 있다. 사람에게 병환과 상처가 쉬지 않고, 자리에서 신음하는 고통이 있으며, 약(藥)으로도 치료가 안 된다. 또 주(主)로 사람을 죽거나 다치게 한다. 이 과(課)는 모든 일에 매우 흉(凶)하다. 내정점(來情占)이면 사람이 이미 다쳤다.

삼화(三火) 일수(一水)이면 주로 불량(不良)하다. 행동하지 않아도(毋行) 음란하고, 집과 토지를 잃는다. 도둑질로 무너지고(敗) 흉악(凶惡)한 일이 드러나며, 타향(他鄉)에서 칼자국난 얼굴(刺面)과 짝이 된다.

해(解)에 말하기를, 이 과(課)는 주(主)로 집이 가난하고 무너진다. 자손이 흉악한 일을 많이 하며, 다른 지방에서 칼자국난 얼굴(刺面)과 짝을 지어 도적이 된다.

삼목(三木) 일토(一土)이면 집 또한 가난하다. 집안에 불량한 사람이 많이 있다. 어찌 매부(媒婦)를 불러들여 서로 성취(成就)하겠는가? 여관(邸店)에서 머리를 빗고 단장하면 입신(立身)한다.

해(解)에 말하기를, 삼목(三木) 일토(一土)면 주(主)로 집안이 부서지고 궁핍하다. 겸(兼)하여 부인(婦人)이 음란(淫亂)하다. 그래서 어찌 매부(媒婦)를 초빙하고 서로 성취(成就)할 것이며, 여관에서 머리를 빗고 단장하면 입신(立身)한다고 했다.

삼목(三木) 일수(一水)면 사람이 어릴 때 사라진다. 어린 사내가 하는 일은 오래 가지 않는다. 또 멀리 갈 일도 없고 소식도 없으며, 헛된 속임수가 많고, 재앙(禍殃)을 취(取)한다.

해(解)에 말하기를, 삼목(三木) 일수(一水)이면 주(主)로 집안에 형제나 자손이 어릴 때 없어진다. 또 사업이 멀리 가는 것을 볼 수 없는 일이 많다. 믿을 만한 약조(約條)가 없고, 행동은 속임수(虛詐)니, 주(主)로 명(命)을 재촉한다. 또 가정이 불화하다. 내정점(來情占)이면 다만 재물을 잃고, 후(後)에 주(主)로 사람이 죽거나 관에 얽힌 일(官事)이 응(應)한다.

삼목(三木) 일화(一火)이면 재산과 식량이 부족하다. 집에 재물이 부서지고 집과 토지를 잃는다. 절도로 무너지고 흉악한 일이 드러나며, 타향(他鄕)에서 칼자국난 얼굴(刺面人)과 짝을 맺는다.

※ "절도(竊盜)로……드러나며"의 원문은 "竊盜敗來凶惡露"다. 앞의 삼화(三火) 일수(一水)에 설명한 것과 내용이 같다.

해(解)에 말하기를, 삼목(三木) 일화(一火)는 주(主)로 십이 가난하다. 집과 토지가 흩어지고 자손이 도적이 된다. 흉악한 일을 많이 한다.

삼금(三金)·일수(一水)는 가장 좋지 않다. 집안에 나쁘게 다치거나 잃어버리는 일이 많다. 종래엔 어린 사내가 요절(夭折)하고, 병정(丙丁) 년(年) 동안에는 무서운 일로 애쓴다.

해(解)에 말하기를, 삼금(三金) 일수(一水)이면 최고로 아름답지 않다. 그 집에 주(主)로 흉악하게 다쳤거나 죽은(死) 사람이 있다. 또 주(主)로 한 방(房)에서 병(丙)·정(丁) 년(年)을 만나면, 그 해(歲) 안에 재앙과 질병이 있다. 토지와 재산이 따르지 않고, 관에 얽힌 일(官事)과 소송으로 다툴 일이 매우 많다. 내정점(來情占)이라면 관에 얽힌 일과 소송으로 다툼이다.

삼금(三金) 일화(一火)이면 주로 가정이 번창한다. 복록과 자산이 다시 거듭 늘어난다. 더하여 귀인(貴人)이 와서 이끌어주는 일이 있고, 뿐만 아니라(不惟) 풍부(豊富)함이 어린 사내(兒郞)에게도 있다.

해(解)에 말하기를, 삼금(三金) 일화(一火)이면 주(主)로 가업(家業)이 부귀해지고, 귀인(貴人)이 찾아와 끌어주는 일이 많다. 또 주(主)로 자손이 흥성한다. 일화(一火)가 삼금(三金)을 극(尅)하니, 합주(合主)는 화(火)가 흉(凶)이고, 지나가면 크게 좋으니, 흉(凶)한 중에도 길(吉)을 취(取)한다. 법(法)에 말하기를, 흉중(凶中)에 길(吉)을 취(取)하고, 길(吉) 중에 흉(凶)을 취(取)하는데, 이 과(課) 중(中)에 깊은 뜻이 있다. 내정점(來情占)이라면 소송으로 다툼이고, 형제가 불의(不義)하다.

삼금(三金) 일목(一木)이면 연약(軟弱)함이 많다. 어린 자손이 나와 아래를 돌아보니 눈이 없다(無目). 권속(眷屬)인 여인(陰人)이 사상(死傷)되는 일이 많고, 병정(丙丁) 년(年)에는 재난이 빨리 온다.

해(解)에 말하기를, 삼금(三金) 일목(一木)이면 주(主)로 자손이 영약(嬴弱)하고, 머리와 눈에 질환(病)이 있는 사람인 경우가 많으며, 여인(陰人)이 상(傷)하는 일이 많다. 이 과(課)는 더욱 병정(丙丁) 년(年)을 꺼리는데, 주(主)로 대흉(大凶)하기 때문이다. 내정점(來情占)이면, 먼 곳에서 올 소식을 기다리고, 재물(財帛)을 구(求)한다. 혹(或)은 삼수(三水) 일화(一火)를 만들라.

삼토(三土) 일수(一水)이면 매우 강(剛)함이 드러난다. 담(膽)이 굳고 심장(心)이 웅대하며(雄) 매우 용감하다(勇). 혹(或) 병정(丙丁)을 만나면 더욱 왕성해지니, 부적(符籍)을 나눠 돌려 근심을 막고 지키는데 쓴다.

해(觧)에 말하기를, 삼토(三土) 일수(一水)인 과(課)에 합(合)하면 주(主)로 강하고 또 강한(剛强) 사람이다. 담이 굳건하며 심장이 웅장(雄壯)하다. 그 집이 무너져도, 병정(丙丁)을 만나면 위(上)에 있게 되고, 주(主)로 왕성해진다.

삼토(三土) 일목(一木)이면 크게 어그러지는 일이 펼쳐진다. 어린 후손(兒孫)이 타향에서 칼자국인 얼굴(刺面)과 짝을 한다. 집에 재산이 부서지고 토지와 자산(田産)이 없어지며, 또한 어린 후손(兒孫)이 형장(刑場)으로 달려간다.

해(觧)에 말하기를, 삼토(三土) 일목(一木)이면 주(主)로 일이 크게 어그러진다. 자손이 귀양 갈 일이 있다(徒配). 가난하고 재산이 부서지며, 또한 토지와 집도 없다. 형제가 불의하고, 또한 형장으로 달려갈 사람이 있다. 이 과(課)는 주(主)로 군불군(君不君), 신불신(臣不臣), 부불부(父不父), 자부자(子不子)이고, 법(法)이 기강(紀綱)이 없다.

삼토(三土) 일금(一金)이면 준걸한 영재를 보여준다. 자손이 총명하고 지혜로우며 명성도 있다. 시(詩)를 가르치고 예(禮)를 살피는데 매우 해박하다. 과거(科擧)에 장원을 하고(科甲) 우뚝 솟으니

(巍莪), 비단으로 수(錦繡)를 놓아 환영한다.

해(解)에 말하기를, 삼토(三土) 일금(一金)은 주(主)로 영준(英俊)한 자손을 보여준다. 지혜가 총명하니, 문장이 없어도 문무관(文武官)으로 출세한다. 그렇지 않으면 집이 매우 부유하다. 내정점(來情占)이면 다만 멀리 갈 일을 묻는 것이고, 주(主)로 길한 경사다. 혹(或) 삼수(三水) 일금(一金)을 참고하라.

이수(二水) 이금(二金)이면 자손이 많다. 항아(嫦娥)처럼 단정하고 아름다운 부인이 있다. 이 과(課)를 얻은 사람은 집이 부귀하다. 돈과 곡식과 명주 옷감(錢財粟帛)에 비단(綾羅)도 있다.

해(解)에 말하기를, 이금(二金) 이수(二水)이면 주(主)로 자손이 영화롭고 흥왕하다. 부인이 맵씨(姿質)가 있고, 그 집이 큰 부자(大富)다. 이 과(課)가 가장 길(吉)하다.

이토(二土) 이수(二水)이면 극(尅)과 형(刑)에 상(傷)한다. 더욱이 많은 노고(勞苦)와 질병으로 얼굴이 야위고 누렇다. 관(官)에 얽힌 자손의 일(官事)은 언제나 끊어질까? 뇌옥(牢獄)이 더하여 임하면(加臨) 재앙이 있다.

해(解)에 말하기를, 이토(二土) 이수(二水)는 주(主)로 사람을 상해하는 일이 있다. 노고(勞苦)와 질병도 있다. 자손에게 관사(官事)·뇌옥(牢獄)·소송다툼이 끊이질 않는다. 이 과(課)는 대흉(大凶)하다. 내정점(來情占)이면 단지 병(患病)과 사망이다. 주(主)로 풍질(風疾)인데, 병(病)이 아니면 자손이 악역죄(惡逆罪)를 짓는다.

이수(二水) 일목(一木) 일토(一土)이면 당연하다(當). 성품(性

品)이 매우 강하여(剛强), 도리어 어린 사내를 무서워한다. 외성
(外姓)을 구걸하여 딸을 삼는다. 옛날에 집안 깊은 곳에서 조(趙)
가 장(張)으로 바뀌었다.

해(解)에 말하기를, 이 과(課)는 사람이 매우 강하다. 또한 후손
(後嗣)이 흥(興)하지 못하며, 주(主)로 대(代)가 끊긴다(絶嗣). 필
(必)히 외성(外姓)을 아들로 삼고, 혹(或)은 사위를 불러들여 다리
(脚)를 잇는다. 또 주(主)로 관사(官事)가 있고, 밖에 나가서 여인
(陰人)을 잔혹하게 해친다.

이토(二土) 일수(一水) 일목(一木)이면 상한다(傷). 병환과 상해
를 입는 사람이 있으면, 스스로 막아야 한다. 항시 질병이 늘어나
는데 다함이 없고(無已), 죽고 상(喪)을 치르는 해마다(年年) 재앙
이 있다.

해(解)에 말하기를, 이토(二土) 일수(一水) 일목(一木)이면 주
(主)로 사람이 다친다. 병환이 많고 또 넉넉하며, 해마다 상(喪)을
치르고, 관사(官事)가 끊이지 않는다. 이 과(課)는 대흉(大凶)하
다. 내정점(來情占)이면 단지 타인이 자기를 해(害)치려 하거나(謀
害), 사람이 병환을 앓는다.


이금(二金) 일수(一水) 일목(一木)이면 강하다(强). 집안이 화평
(和平)해지고(和會) 좋은 일이 비상(非常)하다. 다시 주(主)로 어린
자손이 아름답고 뛰어나며, 누에농사(絲蚕)는 해마다 토지를(田
莊) 늘린다.

해(解)에 말하기를, 이금(二金) 일수(一水) 일목(一木)이면 주
(主)로 집이 경사로 좋고, 자손이 총명하고 지혜로우며, 밭농사·
누에농사(田蚕)가 흥왕하고, 집안이 화순한다. 내정점(來情占)이
면 다만 외인(外人)이 송사를 다투러 온다. 이는 이금(二金)이 또

한 소송으로 다투는 불순한 신(神)이기 때문이다.

이목(二木) 일수(一水) 일토(一土)이면 무너진다(崩). 집안에 늘 다툼이 있다. 또 후대(後代)가 음란한 일이 많고, 또한 어린 자손이 밖으로 돈다.

해(解)에 말하기를, 이목(二木) 일수(一水) 일토(一土)이면 주(主)로 부녀가 음란하고, 불량한 사람이 나온다. 혹(或) 자손이 밖으로 나가고, 재물을 구해도(求財) 불리하다. 고(故)로 말하자면, 이목(二木)이 효(爻)에 오면 구(求)하는 것을 얻기 어렵다. 일수(一水)로는 이목(二木)을 생(生)할 수 없고, 또 위(上)의 극(剋)을 받으니, 나를 생(生)하는 기운(氣運)이 없어서 생기(生氣)가 끊어진다. 내정점(來情占)이면 재물을 구하는데, (재물이) 따르지 않고 집안이 불화한다.

이수(二水) 일토(一土) 일목(一木)이면 강하다(強). 이 사람은 집과 토지가 있다. 자손이 날래고 준걸하며 행동이 빠르고 목소리도 걸걸하다. 실농사(絲蠶)가 세세(歲歲)토록 번창한다.

해(解)에 말하기를, 이수(二水) 일토(一土) 일목(一木)이면 주(主)로 가도(家道)가 번영하고, 자손이 흥성하며, 자산과 재물이 갈수록 늘어난다. 이 과(課)는 비록 형극(刑剋)이 있지만 좋은 괘(卦)로 보는데, 나를 극(剋)하는 자(者)를 목(木)이 극(剋)하므로 길(吉)하다. 내정점(來情占)이면 도둑이 재물(財物)을 훔쳐갔고, 주(主)로 우선은 우려(憂慮)가 돼도 나중에 좋은 일이 생긴다.

이목(二木) 일수(一水) 일금(一金)이면 행한다(行). 자손의 품성(稟性)이 각각(各各) 총명하다. 밭농사·누에농사가 잘 되고 어려움이 없으며, 자산과 재물이 있는데 좋은 일도 생긴다.

해(解)에 말하기를, 이목(二木) 일수(一水) 일금(一金)이면, 이 과(課)는 아래로부터 거듭 위를 생(生)하니, 따라서 주(主)로 자손이 총명하다. 집과 토지가 크고 넓으며, 자산과 재물도 많다(喜美). 내정점(來情占)이면 밖에 나가 재물을 구(求)한다.

이화(二火) 일금(一金) 일목(一木)이면 상한다(傷). 사람에게 갑작스러운 병(病)이나 부스럼(頭瘡)이 있다. 자손이 악역죄(惡逆罪)를 범(犯)해도 다스리기 어렵고, 사람이 시들고(凋殘) 사망하는 일이 여러 번 생긴다.

해(解)에 말하기를, 이 과(課)는 내정점(來情占)으로는 단지 두 여인(陰人)이 병(病)나고, 또 관청(官司)에서 잡아끈다.

이금(二金) 일수(一水) 일화(一火)는 재앙이다(殃). 어린 후손에게 병(病患)과 부스럼(頭瘡)이 많다. 그런 중에도 한 사람이 좋게 만들 수 있으니, 눈을 크게 뜨고 보면 광대가 밖에서 온다.

해(解)에 말하기를, 이금(二金)일수(一水)일화(一火)는 주(主)로 눈과 머리에 병(病)이 있는 사람이다. 그럼에도 좋은 것이 있다. 또 광란(狂亂)한 사람이 뒤집어지기도 한다. 이 과(課)는 대흉(大凶)이다. 내정점(來情占)으로도 위와 같다.

이화(二火) 일수(一水) 일토(一土)면 상(傷)한다. 집안에 음란한 일이  비상(非常)하다. 이 과(課)에는 극(尅)이 있으니 어머니(家母)의 상사(喪事)다. 자산과 재물은 흩어지고 쇠락(衰落)한 사람이 길을 간다.

해(解)에 말하기를, 이화(二火) 일수(一水) 일토(一土)는 주(主)

로 벌(罰)을 받을 사람(刑傷人)이다. 또 주(主)로 여인(陰人)이 불량하다. 또한 주(土)로 모친을 상(傷)하게 한다. 내정점(來情占)이면 다만 토지와 집·관에 얽힌 일(官事)·병환 등(等)으로 다툰다.

이목(二木) 일화(一火) 일토(一土)는 창성하다(昌). 자손이 골격(骨格)과 풍모(風貌)가 당당(堂堂)하다. 밭농사·누에농사가 갈수록 왕성해지고, 사람도 창성한다. 돌아보면 고향을 빛내는 관리(官吏)가 있다.

해(解)에 말하기를, 이목(二木) 일화(一火) 일토(一土)이면, 주(主)로 집이 번영하고, 사람이 좋은 점이 많다. 집과 토지가 갈수록 불어나고, 자손이 흥왕한다. 또 주(主)로 관(官)을 구(求)하는데 좋다. 내정점(來情占)이면 단지 여자 한 명을 낳은 것으로 본다.

사맹(四孟)이 과(課)에 들면 잃어버림이고, 사중(四仲)이면 교역을 묻는 사람이 온다. 사계(四季)가 격하게 공격하면 혼인이고, 신분을 올리며(進身) 혹(或)은 소식을 구(求)한다.

해(解)에 말하기를, 과(課)가 사맹(四孟)에 놓이면 반드시 잃어버림이 있다. 사중(四仲)은 반드시 교역이고, 사계(四季)인데 혼인이 아니면 출신(出身)을 묻는다. 내정점(來情占)도 이와 같다.

## 35. 오행예단(五行例斷)

수(水)에 목(木)을 더하면, 매매·왕래(交關)·혼사(婚事) 등(等)이 족(足)하고,

수(水)에 금(金)을 더하면, 문서·먼 곳의 소식(遠信)·술과 음식(酒食)으로 맞이한다.

수(水)에 화(火)를 더하면, 놀랄 일(驚恐)·관재(官災)·마음병(心痛) 등(等)의 탈(禍)이고,

수(水)에 토(土)를 더하면, 처(妻)가 재물을 잃고, 토지(田土)를 해(害)치는 걸 막아야 한다.

토(土)에 수(水)를 더하면, 토지를 잃고 관(官) 쪽으로 좋지 않으며,

토(土)에 목(木)을 더하면, 집과 토지(田園)를 매각(賣却)하고 재산과 집을 나눈다.

토(土)에 금(金)을 더하면, 땅의 경계를 다투고 봉분(墳墓)이 초라하며,

토(土)에 화(火)를 더하면, 소식·집과 토지 등(等)이 나에게로 모여든다.

금(金)에 화(火)를 더하면, 처(妻)와 아이(兒)를 상(喪)으로 보내고, 집이 고통스러워지며,

금(金)에 목(木)을 더하면, 집의 재산을 분산(分散)하고, 가축(六畜)을 덜어낸다(損).

금(金)에 토(土)를 더하면, 땅속에 숨겨둔 금은보화(金寶)를 취(聚)하기 어렵고,

금(金)에 수(水)를 더하면, 자손에게 좋고 하는 일마다 이룬다(成行起).

목(木)에 화(火)를 더하면, 자손이 많고, 적은 식구를 잃으며,

목(木)에 토(土)를 더하면, 뇌옥(牢獄)·재물로 다툼·토지로 다툼 등(等)이다.

목(木)에 금(金)을 더하면, 자기 집에 재물이 다른 사람의 침해(侵害)를 받고,

목(木)에 수(水)를 더하면, 자산과 재물을 갈수록 늘리고 일마다 좋다.

화(火)에 토(土)를 더하면, 부녀로 인(因)하여 재기(財氣)를 다투고,

화(火)에 목(木)을 더하면, 친구·술과 음식 등(等)이 멀리에서 따라온다.

화(火)에 금(金)을 더하면, 병사(病死)·상처와 죽음(傷亡)·관에 일(官事) 등(等)이 침범하고,

화(火)에 수(水)를 더하면, 처를 상함(傷妻)·재물을 잃음·관에 일(官事) 등(等)이 일어난다.

## 36. 사위내견오행(四位內見五行)

입식가(入式歌)에서 말하기를, 사위(四位) 안에서 이목(二木)을 보면 갖가지 일을 이루기 어렵다. 또 말하기를, 이목(二木)을 보았는데 혹(或) 수(水)를 보면 매우 좋다. 삼목(三木)을 보면 어떤가 묻자 답하기를, 주(主)로 관사(官事)가 몸에 얽힌다. 그리고 형제가 세 명이고, 부모가 없으며, 그 세 형제가 모두 다시 장가들고(再娶), 또한 자손이 없다. 사목(四木)을 보면 어떤지 묻자 말하기를, 주(主)로 관에 일이고(官事), 그 집(家)이 합(合)이면 주(主)로

집의 지붕을 새로 덮는데, 집안에 비용(費用)이 부족해서, 네 벽(壁)만 있고, 주(主)로 가난으로 고생한다.

　입식가(入式歌)에 말하길, 이토(二土)가 비화(比和)하면 지체되고 늦어짐이 방문한다. 말하자면 구(求)하는 온갖 일이 이뤄져도 매우 더디게 이뤄진다(成). 만약 이토(二土)가 극상(尅傷)을 받지 않고 단지 비화(比和)하면 과연 지체되는가? 만약 형극(刑尅)을 받으면 주(主)로 지체된다. 사위(四位) 안에서 삼토(三土)를 보면 어떻겠는가 묻자 답하기를(曰), 주(主)로 합(合)이면 배우자(配婦)가 흉악하고, 갖가지 구(求)하는 일이 이뤄지지 않는다. 또 그 집에 자매(姊妹)가 세 명이고, 또 부모가 없다. 동류는 형제고, 나를 생(生)하는 자는 부모요, 내가 생(生)하는 자는 자손(子孫)이고, 나를 극(尅)하는 자는 관귀(官鬼)라 하며, 내가 극(尅)하는 자는 처(妻)·재(財)라고 한다. 사위(四位) 안에 상생(相生)·상극(相尅)이 없고 다만 동류가 있으면, 구진(勾陳)·태상(太常) 토(土)이고, 여기에서 말하는 자매(姊妹) 세 명이다. 만일 사토(四土)를 보면 어떤가? 주(主)로 흉(凶)은 없다. 그래서 말하기를, 삼토(三土)나 사토(四土)는 못생긴 부인이 흉악하고, 그 재(災)·복(福)은 위에서처럼 추단한다.

　입식가(入式歌)에서 말하기를, 이금(二金)이 형극(刑尅)하면 순조롭지 않다(無順). 이금(二金)이 흉신(凶神)이다. 또 백호(白虎)의 위치(位置)에 있으니, 겸(兼)하여 주(主)로 불순(不順)하다. 그래서 그 집에 송사로 다툴 일이 많고, 형제가 불의하며, 동서지간(姒娌)에 불화한다. 다시 금(金) 위(上)에서 화(火)를 보면, 주(主)로 집에 죽은 사람이다. 삼금(三金)을 보면 어떠한지 말하기를,

주(主)로 여인(陰人)이 음란하고, 가옥이 편치 않으며, 합(合)이면 주(主)로 그 집 문 앞에서 군사가 진(鎭)치기를 양보한다. 또한 죽은 사람이며, 또 주(主)로 관사(官事)인데, 그 재(災)·복(福) 또한 이금(二金)과 같이 점단한다. 사금(四金)을 보면 어떠한가 묻자 말하기를, 이 사위(四位)는 순금(純金)이니, 그 상(象)이 주(主)로 군불군(君不君)·신불신(臣不臣)·부불부(父不父)·자부자(子不子)"이고, 강기(綱紀)를 문란(紊亂)케 하니, 그 부모형제와 골육(骨肉)이 모두 주(主)로 불순하다. 가장 흉(凶)하다.

입식가(入式歌)에 말하기를, 이화(二火)는 재앙이고(災) 갖가지 일이 좋지 않다. 주(主)로 그 집에 여인(陰人)이 험하게 앓고 있다. 다시 주(主)로 집안에서 화광(火光)이 솟는다. 만약 화(火) 위(上)로 이수(二水)를 보면, 주(主)로 부인이 사산(死産)한다. 만약 이화(二火)가 이수(二水) 위(上)에서 보면, 주(主)로 부부가 불화하고, 이별이 응(應)한다. 삼화(三火)가 있으면 어떤가 말하기를, 주(主)로 여인(陰人)에게 관사(官事)가 있다. 다시 주(主)로 여인이 잔해(殘害)하다. 이 과(課)는 주(主)로 부인이 주인인데(主家), 순음(純陰)한 과(課)라고 한다. 음(陰)이 왕(旺)하면 양(陽)이 쇠(衰)하니, 그 집에서 여자를 많이 출생한다. 또 주(主)로 외인(外人)이 주인이고, 가마솥이 여러 차례 운다(釜鳴). 화광(火光)을 보면 응(應)한다. 사화(四火)가 있으면 어떤지 말하기를, 이화(二火)는 재앙이고 온갖 일에 좋지 않으며, 그 삼화(三火)는 더욱 심(甚)한데, 사화(四火)는 어떻겠나? 되묻는다.

입식가(入式歌)에 말하기를, 이수(二水)는 모두 대길(大吉)하다. 이수(二水)를 보면 매우 좋고 또한 재앙이 아니다. 만약 위로 이토(二土)를 보면 주(主)로 남자(陽人) 두 사람을 상(傷)하고, 재물을 잃고 도둑이 상(傷)한다. 만약 위로 이화(二火)를 보면, 필(必)히 관사(官事)로 사람을 상(傷)하는 일이 있다. 만약 위로 이목(二木)을 보면, 그 집은 주(主)로 재물을 구(求)하러 출입하면 대길(大吉)하다. 만약 위로 육합(六合)을 보고 수(水)가 합(合)이 되면, 주(主)로 혼인이 성사되고 왕래가(交關) 이뤄지며 군역을 맡은 관리(役吏)에게 하소연한다. 청룡(靑龍)이면 재물(財)이다. 만약 삼수(三水)를 보면 어떤지 말하면, 그 집에는 필(必)히 치질을 앓는(痔痛) 남자아이가 있고, 나아가 밖의 도둑(外賊)이 여러 차례 재물을 훔쳐가며, 그 집에는 또한 주(主)로 수재(水災)를 당한다. 이 과(課)는 대흉(大㐫)하다. 사수(四水)를 보면 어떤지 물어보면, 삼수(三水)와 같이 점단한다. 모두 주(主)로 대흉(大㐫)하다.

※ 원문에 "上見二水"인데, 잘못 적었다(誤記). "上見二木"이 적합하여 고쳐서 번역했다.


## 37. 귀신임겁살(貴神臨劫煞)

천을(天乙)이 살(煞)을 입으면 주(主)로 재앙과 같다. 귀인(貴人)이 액난(厄難)이니 통(通)할 곳이 있을까. 신(神)이 장(將)의 극(尅)을 받으면 가장이 손해를 본다. 신(神)이 처(妻)와 아이(兒)를 극(尅)하면 귀곡성(鬼哭聲)이 흉(㐫)하다.

겁살(劫煞)과 등사(螣蛇) 화(火)가 나타나면 흉(㐫)하다. 귀신(鬼)이 괴이(怪異)하게 엎드러지고 나쁜 일이(邪) 집을 빌미로 삼는다. 다시 주(主)로 부인이 마음병(心痛)을 앓고, 문과 서까래와 지붕이 벌겋게 빛난다.

겁살과 주작(朱雀)은 싸움을 벌인다. 문자(文字)는 흉(凶)하고 관사(官事)로 상(傷)하게 된다. 만약 혈광(血光)을 보면, 얻을 일을 보상한다(還應). 처(妻)를 다투다가 갑자기 부녀가 사라진다.

겁살과 육합(六合)이면 일이 매우 급하다(急忙). 공적(公的)으로 끌어들여 싸움을 벌인다. 자기 집에 일이 없으면 타인이 모욕을 주는데(欺辱), 인원(人元)을 취(取)해 보고 화앙(禍殃)을 정(定)한다.

겁살·구진(勾陳)이 짝으로 입과(入課)하고, 위로 문(門)인 자(子)·오(午)가 오면 필연(必然)코 재앙이다. 다시 주(主)로 3회(回)나 5회(回) 과(課)에 하소연(諫)해도, 죽은 사람이 신(神)을 범(犯)하며 온다.

※ 이 구절의 원문은 "更主爭課三五度(갱주쟁과삼오도)"다. 문맥으로 볼 때 점괘(占卦)가 좋지 않은 경우에 다시 점(占)을 치는 것을 경계(警戒)하는 내용으로 보인다. 하여 본문과 같이 번역했다.

겁살·청룡(靑龍)은 문(門) 위에 없다. 화광(火光)과 유혈이 있거나 혹(或)은 망설임을 만든다. 놀랄 일과 도적이 사람을 상(傷)하고, 옥(獄)에 갇힐 재판이 떠들썩하며 번잡하고(紛紜), 사상(死喪)이 잦다.

겁살·천후(天后)는 여인이 관련된다. 신(申)·유(酉)가 임(臨)하면 일도 아울러 그러하다. 하물며 노비가 은밀하게 도망하고, 인원(人元)이 장(將)을 극(尅)하면 돈을 부순다.

겁살·태음(太陰)은 당연할 수가 없다. 부인의 꾀로는 일은 막기 어렵다. 불투명한 일(不明暗昧)이 어린 사람에게 임(臨)하고, 장(將)과 인원(人元)이 상(傷)하지 않아야 한다.

검살·현무(玄武)는 흉사(凶事)가 거듭된다. 도적이 집안에 들어와 헤치려고 한다. 목(木)에 임(臨)하면 도적을 막고, 유(酉)에 임(臨)하면 도망간다. 적신(賊神)이 백호(白虎)를 보면 죽거나 다치는 흉사(凶事)다.

검살·재살(灾殺)이 태상(太常)을 만나면, 재물(財帛)이 두세 차례 흩어진다. 다시 주(主)로 술잔치와 독약(毒藥)이 해(害)치고, 만약 괴강(魁罡)이 있어도 이런 재앙이 있다.

백호(白虎)가 행년(行年)에 재살(灾煞)·겁살(劫煞) 궁(宮)에 들면, 반드시 매우 소중하고 좋은 것을 잃는다. 두 백호(白虎)가 괴강(魁罡) 위에서 오(午)를 만났는데, 인원(人元)이 목(木)이면 매우 흉(凶)하다.

검살·재살(灾殺)이 무심(無心)과 합(合)하면, 놀랄 일이 서로 싸우고 밖에 흉(凶)을 나눈다. 만약 다시 인원(人元)이 장(將)을 극(尅)해 오면, 마음속에 생각이 끝나서 구(求)하는 일을 이룬다.

※ 여기에서 무심(無心)은 천공(天空)을 말한다. 또 단락 끝에서, 원문에는 聿과 皿을 위아래로 합한 글자를 썼는데, 盡으로 고쳐서 번역했다.

해(觧)에 말하기를, 구진(勾陳)에서 문(門) 위에 있는 것(上門者)이란, 자(子)·오(午)·묘(卯)·유(酉)다. 자(子)·오(午)는 천문(天門)이고 묘(卯)·유(酉)는 인문(人門)이다. 앞에서 말한, 육합(六合)이 겁살(劫煞)을 만나면 주(主)로 공적인 일(公事)로 그 몸을 상한다(損). 다시 인원(人元)과 육합(六合)이 서로 화(和)하는지

불화(不和)하는지 봐야 한다. 만약 인원(人元)을 극(尅)하면 반드시 흉(凶)하다. 또 태음(太陰)의 법(法)에 말하기를, 장(將)을 극(尅)하면 주(主)로 재물을 부수고, 인원(人元)이 극(尅)을 받으면 주(主)로 사내(夫)를 죽인다. 또 말하기를, 현무(玄武)가 백호(白虎)를 본다는 것은, 신(申)·유(酉)에 임(臨)한 것이다. 유(酉)에 임(臨)하면 주(主)로 처(妻)가 도망간다.

## 38. 귀신치인원(貴神值人元)

인원(人元)이 신(神)을 극(尅)하면 관(官)과 소송으로 다투고, 겸(兼)하여 부자가 서로 같지 않다.

신(神)이 괴강(魁罡)인 묘(墓) 위(上)에 임(臨)하면 병(病)이 있는데, 위(上)와 동향(同鄕)이면 죽음을 본다.

신(神)이 갑을(甲乙)에 이르면 할 일 없는 객(客)이고, 필연코 그 자리 위(上)에서 분쟁이 있다.

수(水) 위(上)에서 신(神)을 보면 비밀리에(陰) 적은 손해(小損)를 보고, 만약 화위(火位)에 살면 도리어 좋은 일이 생긴다.

신(神)이 역마(驛馬)에 임(臨)하면 관직을 더하고, 관의 일(官事)이 득실의 이치(理致)를 알아서 정(定)한다.

청룡(靑龍)을 합하면 보위(寶位)에 살고, 반드시 만나는 모든 일에서 좋은 일을 많이 본다.

귀신(貴神)이 장(將)을 극(尅)하면 어린 여인이 손해를 보고, 귀신이 극을 받으면 재앙으로 정(定)한다.

하극상(下尅上)이면 자손(子孫)이 머뭇거리고, 상극하(上尅下)이면 처(妻)와 재물(財)이 흉(凶)하다.

일(日) 위에서 신(神)을 보면 당일(當日)에 일이고, 월(月)이 만났으면 월(月) 안에, 연(歲)이면 연중(年中)에 일이다.

항시 상생(相生)을 취(取)하면 대게 주(主)로 좋은 일(喜)이고, 만약 상극(相尅)을 만나면 필연코 흉(凶)하다.

## 39. 귀신임신살(貴神臨神煞)

귀신(貴神)이 위(上)로 재살(災煞) · 겁살(劫煞)을 보면, 주(主)로 귀인(貴人)에게 액난(厄難)이 있고, 모든 일이 응(和)하지 않으며, 문자가 흉(凶)하다. 만약에 귀신(貴神)이 극(克)을 받으면 주(主)로 가장(家長)이 상(傷)한다. 만약 귀신(貴神)이 월장(月將)을 극(尅)하면 주(主)로 처(妻)가 곡읍(哭泣)하는 큰 흉(凶)이다. 만약 인원(人元)이 귀신(貴神)을 극(尅)하면 주(主)로 관에 일(官事)이 있고 송사로 다투며(爭訟), 겸(兼)하여 부자가 화목하지 않다.

만약 귀신(貴神)이 괴강(魁罡)에 임(臨)하면, 이 과(課)를 의거(據)하면, 손님을 모아들이지 못하고, 술잔치자리 위(上)에서 반드시 다툼이 벌어지며, 형제끼리 송사로 싸운다. 그래서 말하기를, 신(神)이 갑을(甲乙)에 이르는 게 여기서 말하는 괴강(魁罡)이다. 갑을(甲乙) 목(木)은 귀신(貴神)을 극(尅)해오니, 또한 불화와 다툼이 있다. 이 괴강(魁罡)은 송사로 싸우는 신(神)이다. 그래서 불화하고 싸우는 이치가 있다. 이 두 가지 설(說)은 모두 통(通)하는데, 괴강(魁罡)을 따르는 것이 마땅하다.

만약 수(水) 위(上)로 귀신(貴神)을 보면 주(主)로 여인(陰人)과 적은 식구나 어린 사람(小口)에게 재앙(灾)이 있다. 만약 화(火)가 있고 귀신(貴神)을 보면 주(主)로 좋은 일(喜慶之事)이 있다. 혹

(或) 관청(官司)에서 재난이 있어도 반드시 사라지고(消散), 통
(通)하며 화합하는(和) 이치를 얻는다. 만약 귀신(貴神)이 역마(驛
馬)에 임(臨)하면, 반드시 관직과 녹봉을 더하고, 또 주(主)로 보
물(珍寶)과 물건을 얻으며 대길(大吉)한 일이 있는데, 역마(驛馬)
는 뒷줄을 참고하라.

귀신(貴神)에는 주(主)로 두 가지 흉(凶)이 있는데, 만약 하극상
(下尅上)이면 주로 자손이 역당(逆黨)이고, 만약 상극하(上尅下)
면 주(主)로 처자(妻子)와 재물(財帛)에 흉(凶)이 있다. 만약에 (귀
신이) 연(年)의 태세(太歲)에 임(臨)하면 대흉(大凶)한데, 일(日)·
월(月) 또한 같다. 만약 사위(四位)가 상생(相生)하면 매우 좋고,
상극(相尅)하면 매우 흉(凶)하다.

## 40. 괴강소임(魁罡所臨)

괴강(魁罡)은 자웅(雌雄)을 다투는 것이고, 괴강(本)과 하괴(河
魁)는 일례(一例)로 같다. 두 장군(將軍)이 어느 위(位) 위(上)에
오든, 송사로 다툼이 필연이고 관(官)에 들어가면 흉(凶)하다.

해(解)에 말하기를, 장(將)의 상하(上下)를 가는데 진(辰)·술
(戌)을 보거나, 모든 방위에 임(臨)하는데 진(辰)·술(戌) 위에 임
(臨)하면, 주(主)로 다툼이 있고 눈 깜짝(頃刻)할 사이에 단절(折)
된다. 또 말하기를 두 신(神)이 어느 방위 위(上)에 임(臨)하든 싸
움이 없다고 못하니, 하늘과 땅의 뇌옥살(牢獄煞)이고 송사로 싸
우는 신(神)이라고 한다. 과(課) 안에서 이를 보면 송사로 싸우는
흉(凶)이 있다고 정(定)한다.

## 41. 전송소임(傳送所臨)

전송(傳送)이 진(辰)에 임(臨)하면 잃어버리는(喪失) 게 많고, 술(戌)에 이르면 관(官)·병마(病魔)를 경쟁한다. 주(主)로 도깨비(鬼神)가 멀리 있어도 괴이하게 잃어버리고(喪恠), 병점(病占)이면 흉(凶)함을 어떻게 말해야 할까.

전송(傳送)이 사화(巳火)에 임(臨)하면 슬픈 일(哀)이고, 목(木)에 이르면 구설(口舌)로 반드시 관재(官災)가 있다. 다시 주(主)로 도망하고 일도 달아나며, 솥이 깨지고 문(門)이 부서지며 크게 재물을 잃는다.

전송(傳送)이 등사(螣蛇)로 뛰어가 불속에 들어가면, 관재와 구설이 거듭(重重)있다. 이리저리 떠돌(遊行) 때는 멈출(迍塞) 일이 많고, 수레나 맷돌(車碾)·전염병(唊瘡)·도로(道路) 등(等)이 흉(凶)하다.

전송(傳送)이 금(金)에 임(臨)하면 변화가 많고, 형극(刑尅)이 없어도 일이 닳아서 없어진다. 비록 그러하나 상복을 입을 일(喪孝)이 거듭 지나가면, 그 뒤엔 형제가 서로 화합한다.


해(觧)에 말하기를, 신(申)은 어느 곳에 임(臨)하든 옮겨가는 신(神)이다. 만약 인묘(寅卯) 위(上)에 임(臨)하면 주(主)로 시부모(翁姑)를 상(傷)하고 나아가 재물도 부순다. 전송(傳送)은 옮겨가는 신(神)이다. 이 옮기는(車馬) 것을 백호(白虎)라고 한다. 주(主)로 멀리에서 존장(尊長)을 잃는다(喪). 인(寅)이면 옹(翁)이고 묘(卯)이면 고(姑)다. 이 과(課)는 밭농사·누에농사(田蠶)가 안 되고, 재물을 부수는 것도 알아서 정(㝎)한다. 만약 병(病)이 있으면 주(主)로 죽는다. 온갖 일에 하나도 길(吉)할 게 없다. 신(申)이 진

(辰)에 이르면 주(主)로 잃어버린다. 길을 가는 것도 흉(凶)하고 주(主)로 송사로 다툰다. 신(申)이 술(戌)에 이르면 주(主)로 도깨비귀신이 괴이하고 사악하다. 관에 일(官事)·병환·사망 등(等)의 조짐이다.

또 말하기를, 전송(傳送)이 금(金) 위(上)에 임(臨)하면 주(主)로 변화가 많은데 혹(或)은 좋고(喜) 혹(或)은 화(怒)가 난다. 만약 전송(傳送)이 형극(刑尅)이 없으면 주(主)로 일이 잘 되는데, 마침내는 흉화(凶禍)가 있고 주(主)로 사라진다. 이 과(課)는 주(主)로 선흉후길(先凶後吉)하다. 사망(死亡)할 일이 있어도, 지나면 죽지 않는 이치가 있다. 비록 주(主)로 화(禍)가 거듭 와도, 그 후(後)에는 형제가 화동(和同)한다. 그런데 만약 다시 천강(天罡)을 보면 주(主)로 송사로 다투는 흉(凶)이 있다.

## 42. 비부가년월일(飛符加年月日)

비부(飛符)를 말하자면, 날(日) 위(上)에서 추산(推算)한다. 갑(甲)이 사(巳)에 을(乙)이 진(辰)에 오면 안다. 정(丁)이 인(寅)에 병(丙)이 묘(卯)에 오면 당연히 일어난다. 무(戊)가 축(丑)에 기(己)가 오(午)에 경(庚)이 미(未)에 왔을 때고, 임(壬)이 유(酉)에 신(辛)이 신(申)에 계(癸)가 술(戌) 위(上)에 왔을 때다. 그 신(神)이 일간(一干) 위(上)에 살고(居), 이 지지(地支)를 만나 같은 위(位)이면, 갑자기 뜻하지 않은 재난(橫禍)으로 불안해지는 일(危疑)이 있다.

## 43. 상문가년월일(喪門加年月日)

정(正) · 오(五) · 구(九) 월(月)에는 마땅히 미(未)이고, 이(二) · 육(六) · 십(十) 월(月)엔 진(辰)이 추산한다. 삼(三) · 칠(七) · 십일(十一) 월(月)엔 축(丑)이고, 사(四) · 팔(八) · 납(臘) 월(月)에는 술(戌)이 안다.

※ 정(正) · 오(五) · 구(九)는 인(寅) · 오(午) · 술(戌)이고, 나머지도 해묘미(亥卯未), 신자진(申子辰), 사유축(巳酉丑)을 말한다. 상문(喪門)은 각(各) 삼합(三合)의 인수(印綬)가 묘고(墓庫)에 드는 지지(地支)다.

## 44. 천귀가년월일(天鬼加年月日)

봄에는 유(酉)에서 일어나고, 여름(三夏)에는 오방(午方)에 있을 때다. 묘(卯)가 위(上)에서 가을을 만나면 살고, 겨울을 말하면, 자위(子位)에서 추산한다.

※ 여기에서 봄 · 여름 · 가을 · 겨울은 점(占)치는 날(日)의 계절을 말한다. 천귀(天鬼)란 주로 사람에게 상해(傷害)를 입히는 귀신(鬼神)이다. 송사도 포함된다.

## 45. 천라지망가년월일(天羅地網加年月日)

일(日)에서 앞으로 일진(一辰)을 가면 천라(天羅)이고, (이를) 충(衝)하는 게 지망(地網)이니 다른 것은 없다. 만약 연(年)·월(月)·일(日)의 지지(地支) 위(上)에서 더해지면(加), 갇힐 일(囚)·재판(訟)·재앙·질병(病) 등(等)이 반드시 많다.

## 46. 관격쇄(關隔鎖)

유(酉) 위(上)가 목(木)을 보면 관(關)이고, 묘(卯) 위가 토(土)를 보면 격(隔)이며, 묘(卯) 위가 금(金)을 보면 쇄(鎖)다. 인(寅)이 유(酉)를 더하면 관(關)이고, 술(戌)이 묘(卯)를 더하면 격(隔)이며, 유(酉)가 묘(卯)를 더하면 쇄(鎖)라고 한다.

점(占)에서 이러하면, 행인(行人)은 불통(不通)하고, 멀리 있는 사람이 오지 않으며, 갇혀서 탈출하기 어렵고, 임신(姙娠)했는데 편치 못하며, 찾아온 사람을 볼 수가 없고, 도망간 사람이 돌아오지 않는다. 물건에 관한 점(占)이면, 물건이 멀리 떨어져 있고, 하는 일마다 막히며, 일마다 진척이 없다.

관(關) 위에서 금(金)을 보면 참관(斬關)이라 하는데, 신(申)·묘(卯)·유(酉)의 예(例)다. 목(木) 위에서 목(木)을 보면 훼격(毀隔)이라 하고, 인(寅)·진(辰)·묘(卯)가 그 예(例)다. 쇄(鎖) 위에서 쇄(鎖)를 보면 파쇄(破鎖)라 하고, 오(午)·신(申)·유(酉)가 그 예(例)다.

※ 원문에서 "鎖上見鎖爲破鎖"라고 했는데, 예(例)와 내용으로

볼 때 "鎖上見火爲破鎖"가 타당하다. 원문대로 번역했다. 고서(古書)에는 이 같은 오기(誤記)가 종종 있다.

　　앞에서 유(酉) 위에서 목(木)을 보면 관(關)이라고 하는데, 금(金)이 또 목(木)을 극(尅)하니 참관이라고 한다. 묘(卯) 위에서 토(土)를 보면 격(隔)이라고 하는데, 목(木)이 또 토(土)를 극(尅)하니 훼격이다. 묘(卯) 위에서 금(金)을 보면 쇄(鎖)라 하는데, 화극금(火尅金)하면 파쇄(破鎖)라고 한다. 단(斷)에 이르기를, (파쇄이면) 갇혔는데 탈출하고, 임신하고도 편안하며, 도망하여 죄(罪)를 피(避)하고, 떨어지고 끊어진 것이 개통되며, 일로 출행하는 등(等)이 모두 순리대로 된다.

　　어리석은 마음에 한마디 하면(愚謂), 관격쇄(關隔鎖)를 쓰는 것은 소길(小吉)하고 마땅하지 않다. 만약 참관(斬關)·훼격(毁隔)·파쇄(破鎖) 등(等)을 쓰면 불길(不吉)하고, 이는 도적에 도둑을 더하고, 싸우는데 또 싸우는 것이니(兵上加兵), 그 상해(傷害)가 얼마나 깊겠는가. 자세한 일에 따라 뜻을 취(取)할 것이다. 오행의 생극제화(生尅制化)를 사용하지 않는다면 그 두목(頭目)을 버리고 터럭을 취(取)하는 것이니, 마땅히 자세히 살펴야 한다.

## 47. 순중공망(旬中空亡)

　　갑자(甲子) 순(旬)에 술해(戌亥)가 공망(空亡)이고, 갑술(甲戌) 순(旬)에 신유(申酉)가 공망이다.

　　갑신(甲申) 순(旬)에 오미(午未)가 공망이고, 갑오(甲午) 순(旬)에 진사(辰巳)가 공망이다.

갑진(甲辰) 순(旬)에 인묘(寅卯)가 공망이고, 갑인(甲寅) 순(旬)에 자축(子丑)이 공망이다.

(공망이면) 주(主)로, 인정(人情)이 허위이고(虛假), 일에 정성(精誠)을 다하지 않으며, 걱정을 들어도 걱정이 아니고, 희소식을 들어도 좋은 소식이 아니며, 꾀하는 것을 구(求)하지만 취(就)하지 못하고, 희망이 있어도 이루지 못하며, 행인이 소식이 없고, 병(病)이나 송사(訟)도 위험은 없으며, 도망가면 잡지 못하고, 잃어버린 물건을 찾기 어렵다. 또 말하기를, 흉신(凶神)이 공망에 떨어지면 흉사(凶事)가 사라지고, 길신(吉神)이 공망에 빠지면 좋은 일을 만나기 어렵다. 합(合)이 공망에 떨어지면 좋은 일이 도움이 안 되며, 왕상(旺相)한 것이 공망에 들면 순(旬)이 지나야 통(通)하게 된다. 재(財)·관(官)이 공망에 떨어지면 나아가도 공(功)이 없으며, 귀적(鬼賊)이 공망이면 흉(凶)이 흉(凶)이 아니다.

## 48. 사대공망(四大空亡)

자(子)·오(午) 순(旬)에는 수(水)가 없고, 인(寅)·신(申) 순(旬)에는 금(金)이 없다. 가령 갑자(甲子) 순(旬) 무진일(戊辰日) 과(課)에, 임자(壬子)·계해(癸亥)가 오고, 갑자(甲子)·갑오(甲午) 순(旬)에 기과(課)했는데, 간(干)·신(神)·장(將)·방(方)에 수(水)가 있는 것이다. 이를 사대공망(四大空亡)이라 한다. 인(寅)·신(申)은 금(金)을 못 보는데, 이 또한 같은 뜻이다. (사대공망이)과(課)에 있으면, 길흉(吉凶)이 성립하지 않는다.

## 49. 사절(四絶)

인(寅) · 유(酉)면 금(金)이 절(絶)이 되고, 주(主)로 일의 중심 · 문서 · 도로를 뜻한다.

묘(卯) · 신(申)이면 목(木)이 절(絶)이고, 주(主)로 일의 중요부분 · 재물(財帛) · 거마(車馬)다.

오(午) · 해(亥)면 화(火)가 절(絶)이고, 주(主)로 일의 원인(事因) · 구설 · 무엇을 찾아 가짐(取索) 등(等)이다.

사(巳) · 자(子)면 수(水)가 절(絶)이고, 주(主)로 부녀 · 남자 · 도로다.


장(將)과 신(神)이 서로 만나면 정절(正絶)이라 한다. 주(主)로 일이 끝났고, 사람이 모였다가 흩어졌으며, 부부(夫妻)가 이별하고, 있는 일은 이루어지지 않는다. 병점(病占)이면 반드시 죽는다(必死).

장(將)과 일(日)이 서로 만나면 요절(遙絶)이라고 한다. 귀인(貴人)도 좋을 것이 없고, 관직도 물러난다.

장(將)과 시(時)가 서로 만나면 차절(次絶)이다. 주(主)로 좌중(座中)에서 관인(官人)이 설명할 때 그 일이 분산됐음을 추단하고, 기물(器物)은 부서진다.

장(將)과 명(命)이 서로 만나면 대절(大絶)이라 한다. 주(主)로 때도 없이 놀라고 재앙이 있으며, 재물(財帛)이 흩어진다. 오래된 일에 대한 점(占)이면, 그 일이 움직이는데 진퇴(進退)가 편치 않다. 병점(病占)이면 반드시 죽는다.

장(將) · 위(位)가 절(絶)이고, 위(位)와 신(神)이 절(絶)이면 정절(正絶)이라고 하는데, 차절(次絶)과 같이 점단한다.

이 다섯 가지 절(絕)은 주(主)로 일의 진행이 단절되고, 인정(人情)이 흩어지며(離散), 기물(器物)은 부서지고(損壞), 병점(病占)에는 대흉(大凶)하다. 만약 묘(卯)·신(申)·오(午)·해(亥)가 합(合)하면, 합(合) 중에 절(絕)이라고 한다. 이때 묘(卯)·신(申)이면 목절(木絕)이고, 오(午)·해(亥)면 화절(火絕)이다. 과(課) 중에 금(金)과 수(水)·토(土)가 있으면 절(絕)이 아니다. 만약 오(午)·묘(卯)가 있어서 용효(用爻)로 쓰면, 주(主)로 모였던 일이 다시 흩어지고, 이루어졌던 일도 다시 실패한다. 만약 신(申)·해(亥)를 용효(用爻)로 쓰면, 주(主)로 끊겼던 일이 다시 이어지고, 실패한 일도 다시 얻는다.

## 50. 사패(四敗)

수(水)·토(土)가 유(酉)를 만나고, 화(火)가 묘(卯)를 만나며, 목(木)이 자(子)를 만나고, 금(金)이 오(午)를 만나면 사패(四敗)다.

사패(四敗)는 수레에 탄 몸과 같다. 갇히고(囚繫) 결박(結縛)된 것과 같은 모습(象)이다. 주(主)로 구설과 걱정(憂)이 잡아당기고, 관청(官府)에서 벌(罰)을 받을 소송(刑訟)인데, 오직 무엇을 잡아들일(捕捉) 때는 마땅하다. 병점(病占)에는 마땅치 않다.

## 51. 월건왕상(月建旺相)

건(建)이란, 정월(正月)에 건(建)은 인(寅)이고 이월(二月)에 건

(建)은 묘(卯)인 예(例)다. 점(占)에 들어와 왕(旺)하면, 일이 왕상(旺相)하고 오래가고, 길흉(吉凶)의 힘이 씩씩하다. 혹(或)은 아울러 새로운 일(初新之事)을 세운다. 또한 주(主)로 그 달(月) 안의 새 일이다. 월건(月建)이 출현하면 용덕(龍德)이라 한다. 희망을 보고 움직이면 길흉(吉凶)이 응(應)하여 선다.

신(神)·장(將)이 건(建)에 왕(旺)하면, 사물이 성대(盛大)하고 많으며, 사람은 건장(健壯)하고 젊으며(少貌), 길(吉)할 때에는 복(福)이 갈수록 많아지고, 흉(凶)할 때에는 화(禍)가 더욱 심해지며, 계획한 일에 바라는 것은 아득하게 멀어도(淵遠) 이루어진다. 길과(吉課)가 생(生)을 만나고 합(合)을 만나면, 새로운 재물과 봉록이 좋게 도와주는(協) 원인이 있다. 흉조(凶兆)가 서로 상(傷)하고 서로 벌(伐)하면, 새로운 송사(訟)나 질병(病) 또는 잃어버림(喪)이나 재물이 부서짐 등(等)의 일이 있다. 또 말하기를, 길(吉)함이 월건(建)에 있으면 관련된 방향에서 길(吉)한 일이 나타나고, 재(災)가 생왕(生旺)을 만나면 도리어 재앙이 된다.

왕(旺)하다는 것은 생왕(生旺)하다는 뜻이다. 왕(旺)에는 세 가지가 있는데, 하나는 사시(四時)에 왕(旺)한 것으로, 봄에 목(木), 여름에 화(火), 가을에 금(金), 겨울에 수(水)다. 둘째는 상생(相生)을 받아 왕(旺)한 것이니, 인묘(寅卯)가 해자(亥子) 수(水)의 생(生)을 얻고, 해자(亥子)가 신유(申酉) 금(金)의 생(生)을 얻으며, 신유(申酉)가 사계토(四季土)의 생(生)을 얻고, 진술축미(辰戌丑未)가 사오(巳午) 화(火)의 생(生)을 얻으며, 사오(巳午) 화(火)가 인묘(寅卯) 목(木)의 생(生)을 얻는 것이다. 셋째는 일진(日辰)에 따라 왕(旺)한 것이니, 장(將)·신(將神)이 인묘(寅卯) 목(木)인데 해자(亥子) 일(日)을 얻고, 장(將)·신(將神)이 해자(亥子) 수(水)인데 신유(申酉) 일(日)을 얻으며, 장(將)·신(將神)이 사화(巳

火)·오화(午火)인데 인묘(寅卯) 일(日)을 얻는 것이다. 이를 장생합왕(長生合旺)이라고 한다. 이는 일진(日辰)이 투출(透出)하면 왕(旺)하다.

상(相)이라는 것은 인월(寅月)에 묘(卯)·진(辰) 장(將)을 얻고, 묘월(卯月)에 진(辰)·사(巳) 장(將)을 얻으며, 진월(辰月)에 사(巳)·오(午) 장(將)을 얻고, 사월(巳月) 장(將)에 오(午)·미(未) 장(將)이다. 이와 같으면, 앞으로 유기(有氣)하므로 상(相)이다. 이때에는 아직 하지 않은 새 일을, 장래(將來)에 실행했을 때 바라는 일이 이뤄진다. 또 말하기를, 길조(吉兆)라면 앞으로 복(福)이 모여들고, 흉하면 화(禍)가 발길을 돌렸다가도 여덟 절기(節氣) 동안 따라오므로, 건왕(建旺)하면 더욱 자세히 살펴야 한다.

※ 팔절(八節)이란 해마다 되풀이 되는 입춘(立春)·입하(立夏)·입추(立秋)·입동(立冬)·춘분(春分)·하지(夏至)·추분(秋分)·동지(冬至) 등(等)을 말한다.

○ 가령 진월(辰月) 과(課)에 묘장(卯將)을 얻고, 사월(巳月) 과(課)에 진장(辰將)을 얻으며, 오월(五月) 과(課)에 사장(巳將)을 얻으면, 원래 성(盛)한 일이 쇠(衰)해지고, 왕(旺)한 것이 점점 버려진다. 점(占)에서는 재앙이 위험한데(危) 점차 나아지고, 일이 흉(凶)해도 점점 물러난다. 혹(或) 병(病)으로 인(因)한 점(占)이면 거듭 병나고(重發), 혹(或) 험한 일(殘事)이면 다시 오고, 재물점(財物占)이면 길(吉)하던 것이 흉(凶)이 된다. 일(事)에 관한 점(占)이면 지나간 일이 다시 일어난다.

## 52. 월파휴수(月破休囚)

천해(天觧)라고 하는데, 걱정스러운 일이 해산(解散)된다.

월파(月破)란 정월(正月)에 신(申), 이월(二月)에 유(酉), 삼월(三月)에 술(戌), 사월(四月)에 해(亥), 오월(五月)에 자(子), 유월(六月)에 축(丑), 칠월(七月)에 인(寅), 팔월(八月)에 묘(卯), 구월(九月)에 진(辰), 시월(十月)에 사(巳), 십일월(十一月)에 오(午), 십이월(十二月)에 미(未)다.

신파사(申破巳)·술파미(戌破未)·해파인(亥破寅)·인파사(寅破巳)·축파진(丑破辰)·오파묘(午破卯)·유파자(酉破子) 등(等)이 입과(入課)하면, 주(主)로 기물(器物)이 파괴되고, 걱정거리는 흩어지며, 병(病)이면 죽고, 일은 이뤄지지 않으며(不成), 재기(財氣)는 없고, 임신(姙娠)했으면 임신한 채 기르며(孕育), 수금(囚禁)됐으면 이탈한다(脫離). 대게 신(神)을 쓰는데 월건(月建)의 충파(沖破)를 받으면 해신(解神)이라고 하며, 또 말하기를 사시공망(四時空亡)이라고도 한다.

휴수(休囚)란 봄에 토(土), 여름에 금(金), 가을에 목(木), 겨울에 화(火)다. 점(占)에 들어오면, 주(主)로 길신(吉神)이 있어도 길(吉)하다고 못하고, 흉신(凶神)이 있어도 흉(凶)하다고 못한다. 병(病)·송사(訟)·걱정과 불안(憂危) 등(等), 흉(凶)이 허물이 되지 않고, 계획하고 바라는 일이 좋게는 와도 이뤄지지 않으며, 재물도 천박(淺薄)하고 많지 않으며, 사물(物)의 수(數)도 적고 미세하다(微細). 대게 마음이 있어도 무력(無力)하고, 일이 신속(迅速)하길 바라지만 지체된다.

월염(月厭)이란 정월(正月)에 술(戌), 이월(二月)에 유(酉)다. 입과(入課)하면 주(主)로 저주(呪咀) · 원수 · 액막이 기도나 굿(禳厭) 등 불명확한 일이다. 병점(病占)이면 건강하지 않은 상태로 이어 간다.

## 53. 세군건파(歲君建破)

세군(歲君)은 그 해(年)에 천자(天子)의 상(象)으로, 모든 위치의 신살(神煞)을 통섭(統攝)한다. 점(占)에 들어오면, 존장(尊長)이 관(官)을 거느리는 일이다. 관점(官占)이면 승진이나 임금을 만나보는 기쁨이 있다. 극(尅)을 받으면 주(主)로 존장에게 재액(災厄)이 있다. 신(神) · 장(將)과 태세(太歲)가 함께 생(生)하면 그해(當年)에는 하는 일마다 이치를 본다.

일건(日建)이란, 장(將) · 신(神)과 일진(日辰)이 같은 것으로, 주(主)로 하루 이내의 일이다. 또 말하기를, 장(將)과 일진(日辰)이 같으면 재앙이 상서롭다(災祥). 백각(百刻中) 중(中)에 신(神) · 장(將)이 방위가 휴수(休囚)되어 놓이고, 만약 출현한 일진(日辰)에 놓이면, 길(吉)이 좋을 게 없는 일(無吉)을 돕고, 흉(凶)이 좋지 않을 게 없는 일(無凶)을 돕는다.

일충(日冲)이란 과중(課中)에서 일진(日辰)의 충파(沖破)를 받는 것이다. 입과(入課)하면, 주(主)로 기물이 파괴되고, 바라는 일은 이루기 어려우며, 인정(人情)은 불화하고, 동요(動搖)하며 출입(出入)한다. 근심스런 소식을 들어도 근심거리가 아니고 기쁜 일을 들어도 기쁜 일이 아니며, 관에 일(官事)은 해결되지 않는다. 또 말하기를, 격국(格局)이 충(沖)하면 이뤄지지 않고, 생합(生合)이 파(破)하면 쓸 수 없다. 왕상(旺相)한 것이 충(沖)을 만나면 즉시 발동(發)한다. 흉(凶)해도 또한 위태롭지(危) 않다. 휴수(休囚)된 것이 파(破)를 범(犯)하면 공망(空)이며, 길(吉)해도 화합하지 않는다. 묘(卯)·유(卯酉)는 문호(門戶)라고 하는데, 만약 극(尅)을 받거나 혹(或)은 (卯·酉가) 함께 오면(相加), 주(主)로 가택이 바뀌는데(更變) 편안하지 않고(不寧), 혹(或)은 고친 문호(門戶)를 다시 바꾼다. 만약 귀적(鬼賊)이 발동(發動)한 것을 보면, 집에 살기(居)가 평화롭지 않다. 또 말하기를, 흉벌(凶伐)이 문(門)에 오면 재앙과 화앙이(災禍) 침입하고, 길합(吉合)이 문(門)에 오면 좋은 일이 따라온다.

## 54. 논세신(論歲神)

세신(歲神)은 태세(太歲)다. 자년(子年)에 자(子)를 보는 종류(類)다. 만약 연간(年干)도 같은 것을 만나면 진태세(眞太歲)라고 한다. 주(主)로 임금·대신(大臣)·대사(大師)·두령(頭領)·가장(家長)이다. 만약 벼슬하는 사람이 태세(太歲)를 만나면 대인을 보는 게 좋다(利見大人). 일반인(常人)이 태세(太歲)를 만나면, 조정(朝廷)이나 관공서(官府)에 일의 중심이 있다. 만약 문호(門戶)·일진(日辰)·연명(年命)의 위(上)에 임(臨)하면, 주(主)로 존장(尊長)이 흉(凶)하다. 만약 공조(功曹)·전송(傳送)이 있을 때, 올해(此年)의 과(課)라도, 6월(月) 이전(以前)에 지난해의 태세(太歲)를 보면 지난 해(年)의 일을 주(主)로 말하고, 7월(月) 이후(以後)에 내년(來年)의 태세(太歲)를 보면 내년의 일을 주(主)로 말한다.

세충(歲沖)은 다른 말로 세파(歲破) 또는 대모(大耗)라고 한다. 태세(太歲)를 만나는 것이다. 입과(入課)하면 주(主)로 도로·편지(音信), 재물이 파산됨, 가택(家宅)이 닳아짐(損耗)이다. 상반년(上半年) 동안 일이 있으니, 일 년(歲)의 반(半)이다. 주(主)로 귀(貴)해도 기쁠 것이 없고, 바라는 일은 이루기 어려우며(難成), 또 주(主)로 잃어버린다(喪亡).

세택(歲宅)이란 세(歲)에서 앞으로 오진(五辰)이다. 입점(入占)하면 주(主)로 송사로 다고, 집과 토지에 관련된 일이다. 만약 택신(宅神)이 제압되면(受制), 주(主)로 사람에게 재앙과 놀랄 일(驚憂)이 있다.

## 55. 합용신살(合用神煞)

천덕(天德)이란 정월(正月)에 정(丁)이고, 이월(二月)에 신(申)·경(庚)이며, 삼월(三月)에 임(壬)이다. 사월(四月)에 신(辛)이고, 오월(五月)에 해(亥)·임(壬)이다. 유월(六月)에 갑(甲)이고, 칠월(七月)에 계(癸)이며, 팔월(八月)에 인(寅)·갑(甲)이다. 구월(九月)에 병(丙)이고, 시월(十月)에 을(乙)이며, 십일월(十一月)에 사(巳)·병(丙)이고, 십이월(十二月)에 경(庚)이다.

입과(入課)하면 주(主)로 온갖 좋지 않은 일(百禍)이 풀리고(解), 흉(凶)이 변(變)하여 바라는 일(星)이 된다. 주(主)로 존장(尊長)·귀인(貴人)에게 좋다.

월덕(月德)이란 정월(正月)에 병(丙), 이월(二月)에 갑(甲), 삼월

(三月)에 임(壬), 사월(四月)에 경(庚), 오월(五月)에 병(丙), 유월(六月)에 갑(甲), 칠월(七月)에 임(壬), 팔월(八月)에 경(庚), 구월(九月)에 병(丙), 시월(十月)에 갑(甲), 십일월(十一月)에 임(壬), 십이월(十二月)에 경(庚)이다.

입과(入課)하면 주(主)로 존장(尊長)과 귀인(貴人)이 화합하고(和合), 또 모든 나쁜 일(百禍)이 풀린다(解).

월합(月合)이란 정월(正月)에 신(辛), 이월(二月)에 기(己), 삼월(三月)에 정(丁), 사월(四月)에 을(乙), 오월(五月)에 신(辛), 유월(六月)에 기(己), 칠월(七月)에 정(丁), 팔월(八月)에 을(乙), 구월(九月)에 신(辛), 시월(十月)에 기(己), 십일월(十一月)에 정(丁), 십이월(十二月)에 을(乙)이다.

입과(入課)하면 주(主)로 존장(尊長)에게 좋은 일(喜慶)이 화합하고, 아울러 근심과 불안이 해결된다(解).

천사(天赦)란 봄(春)에 무인(戊寅), 여름(夏)에 갑오(甲午), 가을(秋)에 무신(戊申), 겨울(冬)에 갑자(甲子)다.

입과(入課)하면 주(主)로 구금(刑禁)·걱정과 불안(憂危) 등(等)의 고난이 풀리고, 고치는 일(修造)·혼인·출입 등(等)에 좋다(利).

천희(天喜)란 봄에 술(戌)·해(亥)·자(子)이고, 여름에 축인묘(丑寅卯), 가을에 진사오(辰巳午), 겨울에 미신유(未申酉)다.

입과(入課)하면 주(主)로 관(官)을 점(占)칠 때 이치를 얻고(得理), 하는 일마다 모두 이룬다. 위험 속(危)에서 안녕을 얻고, 걱정 속(憂)에서도 기쁨을 얻는다.

천마(天馬)란 정월(正月)에 오(午)에 있고 여섯 양(陽)의 지지(辰)를 순행(順行)하니, 정월(正月)·칠월(七月)엔 오(午), 이월(二月)·팔월(八月)에 신(申), 삼월(三月)·구월(九月)에 술(戌), 사월(四月)·시월(十月)에 자(子), 오월(五月)·십일월(十一月)에 인(寅), 유월(六月)·십이월(十二月)에 진(辰)이다.

입과(入課)하면 주(主)로 구하는 일(求事)은 머뭇거리고(逗遛), 바라는 행로는 빨리 이르니(速至), 어딘가로 다니는 것(遊行)은 모두 좋다(皆利). 도피(逃避)하면 멀리 가고, 잃어버린 것은 찾기 어려운데, 그 외에는 모두 길하다(皆吉).

역마(驛馬)란 신(申)·자(子)·진(辰)인 월(月)과 일(日)에는 인(寅), 해묘미(亥卯未) 월일(月日)에는 사(巳), 인오술(寅午戌) 월일(月日)에는 신(申), 사유축(巳酉丑) 월일(月日)에는 해(亥)다.

위(上)에 이마(二馬)가 점(占)에 들어오면, 구관(求官)·바라는 일(望事)·출입·이동·행인·소식(書信) 등(等)은 신속하게 얻을 수 있다. 단(但) 도망이나 잃어버린 물건은 멀리 가서 붙잡기 어렵다. 또 주(主)로 이동과 출입에 관한 일이다. 구관점(求官占)에는 더욱 좋은데, 붙잡는 일은 잡기 어렵다.

※ 이마(二馬)란 천마(天馬)와 역마(驛馬)를 가리킨다.

상문(喪門)은 세(歲)에서 앞으로 이진(二辰)이다.
입과(入課)하여 상극하(上尅下)하면, 주(主)로 효자가 걱정하고, 병점(病占)에는 매우 흉(凶)하다.

조객(吊客)은 세(歲)에서 뒤로 이진(二辰)인 자리다.

입과(入課)하면 주(主)로 놀라는 일(驚憂)·비밀(陰私)·재환(災患) 등(等)의 일이고, 병점(病占)이면 흉(凶)하다.

상거(喪車)란 봄에 유(酉), 여름에 자(子), 가을에 묘(卯), 겨울에 오(午)다.

입과(入課)하면 병점(病占)에 좋지 않고, 만약 상거(喪車)가 인원(人元)을 극(尅)하면 반드시 죽는다.

절명재살(截命災殺)이란, 입과(入課)하면 주(主)로 구하는 일이 험하게 끊어지고(阻截), 부인의 출산(出産)이 공연히 요란하고 지연되며(遲延), 병점(病占)이나 가축(六畜)점(占)에 좋지 않다.

※ 원문(原文)에 절명재살(截命災殺)에 대한 설명은 없고, 그 점단법만 본문과 같이 있다. 조선(朝鮮) 초기(初期)에 학자 이순지(李純之, 1406~1465)가 편찬한『선택요략(選擇要略)』에 절로공망시(截路空亡時)에 대한 설명이 있는데, 이를 참조하여 절명재살을 정(定)하면, 갑기일(甲己日)에 신시(申時)·유시(酉時), 을경일(乙庚日)에 오시(午時)·미시(未時), 병신일(丙辛日)에 진시(辰時)·사시(巳時), 정임일(丁壬日)에 인시(寅時)·묘시(卯時), 무계일(戊癸日)에 자시(子時)·축시(丑時)가 된다. 이때 절(截)의 뜻은, 천간(天干)이 임계(壬癸) 수(水)라는 것이다. 물이 흐를 때 산(山)이나 언덕(岡)에 물길이 막히고 끊어지는 것을 뜻한다.

삼구(三丘)란 봄에 축(丑), 여름에 진(辰), 가을에 미(未), 겨울에 술(戌)이다.

입과(入課)하면 병점(病占)에 좋지 않고, 주(主)로 소송·무덤(墳塋)에 관련된 일이다.

사묘(四墓)란 봄에 미(未), 여름에 술(戌), 가을에 축(丑), 겨울에 진(辰)이다.
입과(入課)하면 또한 주(主)로 소송으로 다툼(争訟)·묫자리(墳塋)이고, 병점(病占)이면 흉(凶)하다.

병부(病符)란 세(歲)에서 뒤로 일진(一辰)이다.
입과(入課)하면 주(主)로 재병(災病)이다.

관부(官府)란 천을(天乙)이 상충(相冲)하는 장(將)이다. 공평무사(公平無私)한 사자(使者)라고 한다.
입과(入課)하면 반드시 나쁘고, 병점(病占)엔 주(主)로 흉(凶)하다.

육정(六丁)이란 인원(人元)이 정(丁)을 보는 것이다.
입과(入課)하면 주(主)로 문호(門戶)가 강녕(康寧)하지 않고, 놀람과 걱정 및 불안 등(等)의 일이다.

육갑(六甲)은 인원(人元)이 갑(甲)을 보는 것이다.
입과(入課)하면 주(主)로 화합과 경사다.

비렴(飛廉)은 정월(正月)에 술(戌), 이월(二月) 사(巳), 삼월(三月) 오(午), 사월(四月) 미(未), 오월(五月) 신(申), 유월(六月) 유(酉), 칠월(七月) 진(辰), 팔월(八月) 해(亥), 구월(九月) 자(子), 시

월(十月) 축(丑), 십일월(十一月) 인(寅), 십이월(十二月) 묘(卯)다.
　입과(入課)하면 주(主)로 구(求)하는 일이 빨리 구해지고, 행인
(行人)점(占)이면 이미 이르렀다(立至). 나아가 주(主)로 합당하지
않다(非當). 뜻밖에 놀라고, 예측할 수 없는 일이 있다.


　※ 비렴(飛廉)은 바람의 신(神), 즉 풍사(風師)를 뜻한다. 상(商)
나라 말기의 장군(將軍) 이름이기도 하다.


　겁살(劫煞)은 신자진(申子辰) 일(日)에 사(巳)에 있고, 사유축
(巳酉丑) 일(日)에 인(寅)에 있으며, 인오술(寅午戌) 일(日)에 해
(亥)에 있고, 해묘미(亥卯未) 일(日)에 신(申)에 있다.
　입과(入課)하면 군자(君子)는 길(吉)하고, 소인(小人)은 흉(凶)
하다.


　지살(地煞)은 겁살(劫煞)의 앞 쪽으로 오진(五辰)이다.
　입과(入課)하면 잃은 것(走失)이나 행인(行人占)에 좋지 않다.
주(主)로 가로막히고(阻隔) 불통한다.


　※ 겁살(劫煞) 방향으로 오진(五辰)이라고 한 것은, 신자진(申子
辰)의 겁살(劫煞)이 사(巳)인데 진(辰)을 기준으로 사(巳)가 이진
(二辰)이고, 지살(地煞)인 신(申)은 오진(五辰)이 되기 때문이다.


　망문(望門)은 겁살(劫煞)이 상충(相衝)하는 지리다.
　입과(入課)하면 주(主)로 걱정과 불안 · 망상 · 간음 · 처첩의 일
이다.

멸문(滅門)은 음월(陰月)에는 전방(前方)으로 삼위(三位), 양월
(陽月)에는 후방(後方)으로 삼위(三位)인 자리다.
　이사(移居) · 결혼(嫁娶) · 임신(妊孕) · 관사(官事)를 점(占)칠 때
입과(入課)하면 마땅치 않다. 주(主)로 대흉(大凶)하다.

　천도(天盜)는 장(將)을 극(尅)하는 것이다. 앞의 법(法)에서 자
장(子將)이 천도(天盜)다. 이 법(法)에서는 현무(玄武)가 계해(癸
亥)다.
　입과(入課)하면 주(主)로 가로막힘(阻隔)이 많다. 달아났거나
잃어버린 것에는 불리(不利)하다.

　왕망(徃亡)은 입춘(立春) 후(後) 칠일(七日), 경칩(驚蟄) 후(後)
십사일(十四日), 청명(淸明) 후(後) 이십일일(二十一日), 입하(立
夏) 후(後) 팔일(八日), 망종(亡種) 후(後) 십육일(十六日), 소서(小
暑) 후(後) 이십사일(二十四日), 입추(立秋) 후(後) 구일(九日), 백
로(白露) 후(後) 십팔일(十八日), 한로(寒露) 후(後) 이십칠일
(二十七日), 입동(立冬) 후(後) 십일(十日), 대설(大雪) 후(後) 이십
일(二十日), 소한(小寒) 후(後) 삼십일(三十日) 간(徃) 자리다. 왕
(徃)은 가면(去) 망한다(亡).
　입과(入課)하면 벼슬살이(拜官上任)를 꺼린다. 멀리서 돌아갈
일(遠歸) · 출병(出軍) · 결혼(嫁娶) 등(等)의 점(占)과 병점(病占)에
도 꺼린다.

　삼형(三刑)이란 사일(巳日)에 인(寅)을 보면 인(寅)이 사(巳)를
형(刑)하고, 사(巳)는 신(申)을 형(刑)하고, 신(申)은 인(寅)을 형
(刑)한다. 은덕이 없다(無恩). 자(子)가 묘(卯)를 형(刑)하고, 묘

(卯)가 자(子)를 형(刑)하니, 예의가 없다(無禮). 축(丑)이 술(戌)을 형(刑)하고, 술(戌)이 미(未)를 형(刑)하고, 미(未)가 축(丑)을 형(刑)하니, 세력에 의지한다(恃勢). 오유진해(午酉辰亥)는 스스로 형(刑)이 된다(自刑).

입과(入課)했을 때 길(吉)한 것을 보조(輔)하면 길(吉)하고, 흉(凶)을 보조(輔)하면 흉(凶)하다. 왕(旺)하면 수레를 타고 말을 얻은 것과 같고, 휴(休)이면 주(主)로 형벌로 갇힘(囚禁)·구속(拘束)·구설·소란·형송(刑訟)·불안 등(等)이다. 오직 남을 붙잡는 일은 마땅하나, 병점(病占)에는 좋지 않다. 만약 관(官)이 동(動)하면 벼슬아치는 이름을 옮기고, 일반인(常人)이 가택점(家宅占)을 쳤다면 흉(凶)하다.

육해(六害)란 자(子)가 미(未)를 해(害)하고, 축(丑)이 오(午)를 해(害)하며, 인(寅)이 신(申)을 해(害)하고, 묘(卯)가 유(酉)를 해(害)하며, 진(辰)이 해(亥)를 해(害)하고, 사(巳)가 술(戌)을 해(害)하는 것이다.

입과(入課)하면 주(主)로 타인이 해(害)치려는 음모가 있거나(謀害), 관공서(官府)에 일이 있으며, 병점(病占)에는 또한 흉(凶)하다.

생기(生氣)란 매월(每月)이 시작되는 날이다. 생기(生氣)를 충(冲)하는 것이 사기(死氣)다. 정월(正月)·칠월(七月)엔 자(子)·오(午), 이월(二月)·팔월(八月)에 축(丑)·미(未), 삼월(三月)·구월(九月)에 인(寅)·신(申), 사월(四月)·시월(十月)에 묘(卯)·유(酉), 오월(五月)·십일월(十一月)에 진(辰)·술(戌), 유월(六月)·십이월(十二月)에 사(巳)·해(亥) 등이다.

입과(入課)하면 끼우뚱거리다가 순조롭게 풀리고, 사지(絕處)에서 살길을 만나니(逢生), 소위 다 좋다.

녹도(祿倒)란 갑년(甲年)은 묘(卯)까지, 을년(乙年)은 진(辰)까지, 병년(丙年)은 오(午)까지, 정년(丁年)은 미(未)까지, 무년(戊年)도 오(午)까지, 기년(己年)도 미(未)까지, 경년(庚年)은 유(酉)까지, 신년(辛年)은 술(戌)까지, 임년(壬年)은 자(子)까지, 계년(癸年)은 축(丑)까지를 한도(限度)로 한다.

※ 여기에서 갑년(甲年)·을년(乙年)은 생년(生年)을 뜻한다.

입과(入課)하면 주(主)로 봉급을 받는 자리(祿位)에 손상이 있고, 병자(病者)는 크게 좋지 않다(大凶).

마도(馬倒)란 인오술(寅午戌)은 유(酉)가 한도요, 신자진(申子辰)은 묘(卯)가 한다. 사유축(巳酉丑)은 자(子)가 한도요, 해묘미(亥卯未)는 오(午)가 한계(限界)다. 가령 자생(子生)인(人)은 묘궁(卯宮)에 이르면 마도(馬倒)인데, 입과(入課)하면 병자(病者)는 매우 좋지 않고, 주(主)로 관(官)과의 일에 좋지 않다.

천의(天醫)란 정월(正月)에 술(戌), 이월(二月)에 해(亥), 삼월(三月)에 자(子), 사월(四月)에 축(丑), 오월(五月)에 인(寅), 유월(六月)에 묘(卯), 칠월(七月)에 진(辰), 팔월(八月)에 사(巳), 구월(九月)에 오(午), 시월(十月)에 미(未), 십일월(十一月)에 신(申), 십이월(十二月)에 유(酉) 등(等)이다.
입과(入課)하면 주(主)로 병자가 치료된다.

## 56. 오귀가왈(五鬼歌曰)

갑(甲)·기(己)는 사(巳)·오(午), 계(癸)는 미(未)에 있고, 을
(乙)·경(庚)은 인(寅)·묘(卯)에서 황혼(黃昏)을 지킨다. 병(丙)·
신(辛)은 자(子)·축(丑)을 만나면 충위(沖位)에서 오고, 정(丁)·
임(壬)은 술(戌)·해(亥)를 만나고 문(門)에 임(臨)하면 무덤(墓)이
다. 무(戊)·계(癸)는 신(申)·유(酉) 위(位)에서 점(占)치는 것을
꺼린다. 월건(月建)이 진토(辰土)를 만나면 공경(公卿)을 만든다.
이 진(辰, 즉 五鬼)이 간지(支干) 위(上)에서 만나면, 오로지 행인
(行人)은 도로를 원망(怨望)한다.

※ 오귀(五鬼)는 과(課)를 일으켰을 때, 갑(甲) 기(己)와 사(巳)
오(午) 및 계(癸) 미(未)가 함께 과(課)에 들었을 때를 말한다. 즉
(卽) 귀신(貴神)과 월장(月將)의 천간(天干)을 얻은 후(後)에 추단
(推斷)한다는 뜻이다.

## 57. 사상오행도(四象五行圖)

간(干) : 천간(天干). 신(神) : 귀신(貴神). 장(將) : 월장(月將).
위(位) : 지지(地支).

### 천시점(天時占)
금(金) : 우레(鳴). 목(木) : 바람(風). 수(水) : 비(雨). 화(火) : 맑
음(晴). 토(土) : 구름(雲).

### 지리점(地理占)

금(金) : 도로(道路). 목(木) : 숲과 들판(林野). 수(水) : 물길(河道). 화(火) : 높은 산(嵩). 토(土) : 높은 언덕(坡崗).

### 사람에 관한 점(人事占)

금(金) : 흉악(凶惡). 목(木) : 사치하고 화려함(奢華). 수(水) : 표류(漂流). 화(火) : 성급(性急). 토(土) : 순후(淳厚).

### 병(病)의 원인(原因)에 관한 점(病源占)

금(金) : 허파(肺). 목(木) : 창자(府). 수(水) : 콩팥(腎). 화(火) : 심장(心). 토(土) : 지라(脾).


## 58. 십간생극소주(十干生尅所主)

갑(甲)이 신(神)이나 방(方)을 생(生)하면, 좋은 일·혼인·관직과 녹봉(官祿)이 생긴다.

을(乙)이 생(生)하면, 재물(財帛)·친해짐(就親)·편지가 나타난다.

병(丙)이 신(神)이나 방(方)을 극(尅)하면, 가택이 편치 않고, 문자로 손해 본다.

정(丁)이 극(克)하면 놀람·두려움·근심·통곡소리(哭泣聲)다.

무(戊)가 신(神)이나 방(方)을 극(尅)하면, 산소(墳墓)나, 민사소송(詞訟) 또는 다툼이 커진다(爭競篤).

기(己)가 생(生)하면, 술과 음식·토지와 정원(田園)·혼인 등(等)이 좋다.

경(庚)이 신(神)이나 방(方)을 극(尅)하면, 가축(六畜) · 도로 · 사망 등(等)으로 흉(凶)하다.

신(辛)이 극(尅)하면, 외부(外部)에 좋지 않은 일(喪凶事)로 까닭 없이 놀란다.

임(壬)이 신(神)이나 장(將)을 극(尅)하면, 제사(祭祀)가 없어서 재환(災患)이 생긴다.

계(癸)가 극(尅)하면, 네 발 달린 집안(四足家中)에 괴이(怪異)하게 놀랄 일이 일어난다.

## 59. 십이지생극소주(十二支生尅所主)

자(子)가 극(尅)하지 않고, 재물(財帛)이 동(動)할 때 사용되면 이미 얻은 것이다.

축(丑)이 극(尅)하지 않으면, 남들이 모르는 재산(陰財)과 토지 · 산업(田産) 등(等)이 부유하다.

인(寅)이 극(尅)하지 않으면 관리 · 문서 등(等)이고 일이 얽혀서 늘어선다(事勾陳).

묘(卯)가 극(尅)하지 않으면, 출중한 사람(出人) · 음식 · 문서 등(等)이 소모(消耗)된다.

진(辰)이 극(尅)하면, 때때로 소인(小人)에게 소송으로 다툴 일이 잦다.

사(巳)가 합(合)이 되면, 부녀가 옛일로 인(因)하여 맞이할 일이 있다(迎迓).

오(午)가 극(尅)하면, 혈광(血光)이나 놀랄 일이 때 없이(時時) 보인다.

미(未)가 합(合)이 되면, 부인이 술과 음식을 놓고 정의(情意)를 논(論)한다.

신(申)이 극(尅)하면, 친구가 멀리서 오다가 도로에 갇힌다.

유(酉)가 생(生)하면, 출입·상봉(相逢)·좋은 술을 마시는 일(好酒)이다.

술(戌)이 극(尅)하면, 소인이 놀라고 겁낼 일이 수시로 나타난다(出).

해(亥)가 극(尅)하면, 집안에 병(病)이 들어오고, 몸이 나오지 않는다(未産).

## 60. 귀신휴왕소주(貴神休旺所主)

사위(四位)안에서는 귀신(貴神)이 주인(主)이다. 단(但) 사위(四位)의 상생(相生)·상극(相尅) 혹(或)은 비화(比和) 혹(或)은 격위(隔位)의 생극(生尅)을 보고, 어떤 신(神)이 가장 왕(旺)한지 자세히 살핀다. 가장 왕(旺)한 효(爻)가 어떤 신(神)을 보면, 즉(卽) 귀신(貴神)이 왕(旺)·상(相)·휴(休)·사(死)·수(囚) 중(中)에 어디에 있는지 안다. 사위(四位)에서의 왕신(旺神)도 있고, 사계절(四季)의 왕신도 있으며, 그 날의 왕신도 있다. 상(相)·사(死)·휴(休)·수(囚)도 또한 모두 이를 참고(參考)하여 취(取)한다.

○ 천을귀신(天乙貴神). 토(土) : 귀신(貴神) : 화(火) : 수(水). - 과예(課例) 4 참조(이하에서는 본문 옆의 課例를 참조) -

※ 원문에는 이 단락의 과체(課體)를 土 : 貴神 : 火 : 木으로 표

시하고, 점단(占斷)의 설명 첫 구절에서도 "諸火爲木尅"이라고 했
다. 그런데 그 아래에서는 水爲土尅이라고 했으며, 역리(易理)나
내용으로 볼 때 諸火爲水尅이 합당하여 고쳐서 번역하고, 단락의
과체도 "토(土) : 귀신(貴神) : 화(火) : 수(水)"로 바꿨다.

이 과(課)는 토왕(土旺)이다. 모든 화(火)는 수(水)가 극(尅)하
고, 수(水)는 토(土)가 극(極)하는데, 다시 화(火)가 토(土)를 생
(生)해온다. 즉(則) 천을(天乙)토(土)가 왕(旺)하다. 대게 천을(天
乙)은 주(主)로 귀인(貴人)에 관한 일이다. 상생하(上生下)하면 주
(主)로 귀인에게 좋은 일이 있고, 하생상(下生上)하면 주(主)로 귀
인이 자리를 옮긴다. 그렇지 않으면 크게 좋은
일이 있다. 상극하(上尅下)하면 주(主)로 귀
인이 이별하고 멀리 가며(遠遊) 주(主)로 흉
(凶)하다. 하극상(下尅上)하면 주(主)로 귀인
이 먼 곳의 소식을 걱정하거나 관에 일(官事)
이 있다.

(귀신이) 왕(旺)하면 주(主)로 귀인이 복(福)
과 경사가 늘어나고 직위(職品)를 옮긴다. 상
(相)이면 주(主)로 귀인이 큰 재물과 기쁜 일을
얻는다. 사(死)가 되면, 주(主)로 귀인이 사상

| 課例 4 | |
|---|---|
| 土 | 人元 |
| 貴神 | 貴神 |
| 火 | 月將 |
| 水 | 地分 |

(死喪)되고 존장(尊長)이 없다. 수(囚)일 때는, 주(主)로 귀인이 이
치도 없이 관(官)과 송사로 싸운다. 휴(休)가 되면, 주(主)로 귀인
의 집안에, 사람이 질병이 나서 편치 않다.

내정점(來情占)이면 단지 귀인(貴人)이나 존장(尊長)이 바뀌거
나 옮긴다.

○ 전방으로 일진(前一)에 등사(前一螣蛇). 수(水) : 등사(螣蛇) : 금(金) : 토(土)

이 과(課)는 토왕(土旺)으로 본다. 수(水)가 화(火)를 극(尅)하고, 화(火)가 금(金)을 극(尅)하며, 토(土)가 수(水)를 극(尅)하는데, 화(火)가 다시 생(生)하니 토(土)가 왕(旺)하다. 즉(則) 등사(螣蛇) 화(火)는 휴(休)다. 대게 등사(螣蛇)는 주(主)로 괴이(怪異)한 재앙(災殃)이거나 혹(或)은 화광(火光)이 타오르는 것을 보고 또 주(主)로 헛되이 놀란다. 상생하(上生下)하면 주(主)로 놀랄 일이 나중에 있고, 하생상(下生上)하면 놀랄 일이 있거나 부인에게 해(害)가 생긴다.

| 課例 5 | |
|---|---|
| 水 | 人元 |
| 螣蛇 | 貴神 |
| 金 | 月將 |
| 土 | 地分 |

상(相)이 되면, 주(主)로 소송싸움, 술과 음식 다툼, 놀랄 일이고, 왕(旺)하면 주(主)로 여인(陰人)이 사상(死喪)되고 놀란다. 수(囚)가 되면, 주(主)로 뇌옥(牢獄) · 목에 쓰는 칼(枷杻) · 놀랄 일이다. 휴(休)일 때는, 주(主)로 질병이나 놀랄 일이다.

내정점(來情占)이면 다만 부인이 다투는 것이다. 등사(螣蛇)는 본시(本是) 부인이다. 부인이 아니라면 그 다툼이 반드시 부인의 몸 때문에 일어난 것이다. 등사(螣蛇) 또한 흉신(凶神)이다.

○ 전방 이진(二辰)에 주작(朱雀). 수(水) : 주작(朱雀) : 토(土) : 목(木)

이는 목왕(木旺)으로 본다. 수(水)가 화(火)를 극(尅)하고, 토(土)가 수(水)를 목(木)이 토(土)를 극(尅)하는데, 수(水)가 다시 목(木)을 생(生)한다. 목(木)이 왕(旺)하면 주작(朱雀)화(火)는 상(相)

이다. 대게 주작(朱雀)은 주(主)로 문자(文字)
나 구설이다. 비화(比和)하면 주로 도장(圖
章)·인장(印章)의 일이고, 나아가 주(主)로 소
식과 편지(信息)가 도달한다. 상생하(上生下)
이면 주(主)로 문자가 흐릿하고 불명확한데,
반드시 우선은 우환이 있다가 나중에 좋은 일
이 있다. 하생상(下生上)이면 구설(口舌)과 송
사로 싸우고, 관의 일(官事)은 불성(不成)이다.
외전(外戰)이면 밖에서 구설이 들어오고, 내전
(內戰)이면 간사(奸邪)한 일이 안에서 생긴다.

| 課例 6 | |
|---|---|
| 水 | 人元 |
| 朱雀 | 貴神 |
| 土 | 月將 |
| 木 | 地分 |

또한 주(主)로 집안이 불화하고, 재물을 잃는 일이 응(應)한다.

왕(旺)하면 주(主)로 관사(官事)와 구설이고, 상(相)이 되면, 주
(主)로 돈 문제로 다투고 구설이며, 사(死)가 되면, 주(主)로 흉화
(凶禍)와 구설이고, 수(囚)일 때는, 주(主)로 갇히고 구설·뇌옥
(牢獄)에 관련된 일이다. 휴(休)가 되면, 주(主)로 간부(奸婦)와 구
설이고 싸울 일이 온다.

내정점(來情占)이면 관의 일(官事) 혹(或)은 혈광(血光)을 볼 일
인데, 문자로 인(因)해 생긴 관사(官事)다. 이 과(課)는 주(主)로
흉(凶)하고, 병점(病占)이면 마땅치 않은데 매우 좋지 않다(大凶).


○ 전방으로 삼진(三辰)의 육합(六合). 화(火) : 육합(六合) : 금
(金) : 화(火)

이는 화왕(火旺)으로 본다. 금극목(金尅木)하고, 화극금(火尅
金)하는데, 목(木)이 다시 와서 화(火)를 생(生)한다. 화왕(火旺)이
면 육합(六合) 목(木)은 휴(休)다. 대게 육합(六合)은 주(主)로 의
논(議論)·재물·교역·번영할 일이다. 또 주(主)로 여인(陰人)이

260 제3편

좋은 일 혹(或)은 부인이 사사로운 정(情)으로
화합하는 일이다. 비화(比和)하면 주(主)로 재
물에 관한 송사다. 상생하(上生下)하면 주(主)
로 집안사람이 출입하고, 심간(心肝)이 시들어
떨어지며, 먼저 흉(先凶)하고 후에 길(後吉)하
다. 하생상(下生上)이면 주(主)로 연회(筵會)이
고, 나아가 원행(遠行)할 사람이 있다. 외전(外
戰)이면 경영할 계획을 변경하면 길(吉)하고,
내전(內戰)이면 여인(陰人)에게 재물이 있는데
부서지고, 관리(管理)할 수 없게 된다.

| 課例 7 | |
|---|---|
| 火 | 人元 |
| 六合 | 貴神 |
| 金 | 月將 |
| 火 | 地分 |

왕(旺)하면 주(主)로 혼인이 성사되고, 상(相)이면 주(主)로 관
의 일(官事)이 흐릿해지고(昏昧) 다툼이 생긴다. 사(死)이면 주
(主)로 죽음으로 갚을 일이 문(門) 앞에 왔고, 수(囚)이면 주(主)로
뇌옥(牢獄)·관의 일(官事)이 즉시 온다. 휴(休)이면 주(主)로 병환
이고 또한 주(主)로 돈 문제로 다툴 일이며, 알 수 없는 일(昏昧之
事)이다.

내정점(來情占)이면 관의 일(官事)로 쫓기거나 주(主)로 여인(陰
人)을 한 명 찾는다.


○ 앞으로(前) 사진(四辰)인 구진(勾陳). 금(金) : 구진(勾陳) :
수(水) : 화(火)

이 과(課)는 토왕(土旺)이다. 수극화(水尅火)하고 화극금(火尅
金)하며 토극수(土尅水)하는데, 화(火)가 다시 토(土)를 생(生)한
다. 구진(勾陳)토(土)는 왕(旺)하다. 대게 구진(勾陳)은 주(主)로
구류(勾留)되는 일이다. 흉(凶)하면 주(主)로 소송으로 다투고, 비
화(比和)하면 주(主)로 자기가 타인을 해(害)치려는 것이며, 집과

토지에 관련된 일로 다툰다. 상생하(上生下)하
면 주(主)로 송사에 좋고(有理), 하생상(下生
上)하면 주(主)로 집과 토지에 관련한 송사로
다툰다. 외전(外戰)이면 외인(外人)이 싸움을
일으키고, 내전(內戰)이면 주(主)로 다툴 일이
집에 있으며 또 주(主)로 집 아래에 불화가 있
고 나아가 사람이 병(病)든다.

　왕(旺)하면 주(主)로 귀인(貴人)이 다투고 축
산(畜産)을 죽이며, 상(相)일 때는, 주(主)로 돈
문제로 다투고, 사(死)가 되면, 주(主)로 묘지

| 課例 8 | |
|---|---|
| 金 | 人元 |
| 勾陳 | 貴神 |
| 水 | 月將 |
| 火 | 地分 |

(墳墓)로 다툰다. 수(囚)가 되면, 주(主)로 감옥에 갈 송사(獄訟)에
연루되어 다투고, 휴(休)일 때는, 주(主)로 가축(六畜) 문제로 다
툰다.

　내정점(來情占)이면 주(主)로 외인(外人)과 송사로 다투고, 주
(主)로 이치를 얻을 수 없으며 또 좋을 일이 없다. 그리고 주(主)로
여인(陰人)이 병(病)난 것이다.


　○ 전방(前) 오진(五辰)에 청룡(靑龍). 수
(水) : 청룡(靑龍) : 토(土) : 금(金)

　이 과(課)는 금왕(金旺)이다. 목극토(木尅
土)하고, 토극수(土剋水)하며, 금극목(金尅木)
하는데, 토(土)가 다시 금(金)을 생(生)하니 금
왕(金旺)하고, 즉(則) 청룡(靑龍) 목(木)은 사
(死)다. 대게 청룡(靑龍)은 주(主)로 재물(財
帛)과 경사다. 비화(比和)하면 주(主)로 문
자 · 소식 · 재물(財帛)로 기쁜 일이다. 상생하

| 課例 9 | |
|---|---|
| 水 | 人元 |
| 靑龍 | 貴神 |
| 土 | 月將 |
| 金 | 地分 |

(上生下)하면 주(主)로 관의 인정(印信)으로 재물과 진귀한 보물을 받는다. 하생상(下生上)하면 주(主)로 귀인(貴人)이 복(福)을 받고 술과 음식으로 기쁠 일이 있다. 외전(外戰)이면 주(主)로 밖에서 재물을 잃고, 내전(內戰)이면 주(主)로 안에서 재물을 잃는다.

왕(旺)하면 주(主)로 귀인(貴人)이 기쁜 일이고, 상(相)이 되면, 주(主)로 구(求)하는 재물을 얻으며, 사(死)일 때는, 주(主)로 죽거나 이전에 얻은 횡재(橫財)를 잃는다. 수(囚)가 되면, 주(主)로 재물을 부수고, 휴(休)일 때는 사람이 없어지고 재물을 잃는다.

내정점(來情占)이면 재물을 구(求)하고, 먼 곳의 소식이 길(吉)하다. 이 과(課)는 우선 주(主)로 재물을 잃은 후(後)에 재물을 구(求)하면 반드시 기쁨이 있다.

○ 후방(後方)으로 일진(一辰)인 천후(天后).
토(土) : 천후(天后) : 화(火) : 금(金)

이 과(課)는 토왕(土旺)이다. 수극화(水尅火)하고, 화극금(火尅金)하며, 토극수(土尅水)하는데, 화(火)가 다시 토(土)를 생(生)한다. 토왕(土旺)하면 즉(則) 천후(天后) 수(水)는 사(死)다. 대게 천후(天后)는 주(主)로 개인적인 비밀(陰私)로 좋은 일이다. 비화(比和)하면 주(主)로 여인(陰人)과 함께 하는 연회(筵會)이고 반드시 좋은 일이 있다. 상생하(上生下)하면

| 課例 10 | |
|---|---|
| 土 | 人元 |
| 天后 | 貴神 |
| 火 | 月將 |
| 金 | 地分 |

주(主)로 부인이 간절하게 바라는(顚望) 좋은 일이 있다. 하생상(下生上)하면 친구를 사귀는 일에서 서로 좋은 일을 본다. 상극하(上尅下)하면 주(主)로 부인이 간사하고, 하극상(下尅上)하면 주(主)로 관사(官事)로 다툼이 있다. 외전(外戰)이면 밖에서 관사(官

事)로 다투고, 내전(內戰)이면 부인이 도망간다.

왕(旺)하면 주(主)로 부인 · 연회(宴會) · 기쁜 일이고, 상(相)이 되면 주(主)로 부인에게 좋은 일이 온다. 사(死)일 때는 주(主)로 부인에게 잃을(喪亡) 일이 있고, 수(囚)가 되면, 주(主)로 부인 · 관사(官事) · 갇힐 일이다. 휴(休)일 때는, 주(主)로 부인이 병(病)든다.

내정점(來情占)이면 집안에 여인(陰人)에게 병(病)이 있고, 혹(或)은 부녀가 귀신이 들리거나, 혹(或)은 부녀에게 비밀스러운 일(私情事)이 있다.

○ 후방 이진(二辰)에 태음(太陰). 화(火) : 태음(太陰) : 수(水) : 토(土)

이 과(課)는 토왕(土旺)이다. 화극금(火尅金)하고, 수극화(水尅火)하며, 토극수(土尅水)하는데, 화(火)가 다시 와서 토(土)를 생(生)한다. 토왕(土旺)이면 태음(太陰) 금(金)은 상(相)이다. 태음(太陰)은 주(主)로 개인의 비밀(陰私) · 감춰진 일(蔽匿) · 불투명한 일이다. 비화(比和)하면 주(主)로 숨겨진 일 · 여인(陰人)의 일이다. 상생하(上生下)하면 주(主)로 비밀스

| 課例 11 | |
|---|---|
| 火 | 人元 |
| 太陰 | 貴神 |
| 水 | 月將 |
| 土 | 地分 |

럽게 기쁜 일이고, 하생상(下生上)하면 주(主)로 간음(奸淫)한 일이 집안에 온다. 외전(外戰)이면 주(主)로 부인이 간사(奸邪)한 일로 도망가고, 내전(內戰)이면 안에서 송사로 다투고, 여인(陰人)이 해(害)치려고 한다.

왕(旺)하면 주(主)로 부인이 비밀리에 밖에서 정(情)을 나누고, 상(相)이 되면 주(主)로 부인이 술과 음식을 놓고 서로 맞이할 일

이다. 사(死)일 때는 가축(六畜)을 잃고(死喪), 수(囚)가 되면 주
(主)로 사망(死亡)·재물을 잃음·도적·모해(謀害) 등(等)의 일이
다. 휴(休)일 때는 여인(陰人)이 병을 앓고, 또 기침이나 스스로
목을 매고 죽는 일이며, 또한 주(主)로 집과 토지 문제로 싸운다.

내정점(來情占)이면 여인(陰人), 불분명한 일, 부부 불화와 이
혼이다.

ㅇ 후방 삼진(三辰)에 현무(玄武). 화(火) :
현무(玄武) : 토(土) : 화(火)

이 과(課)는 토왕(土旺)하다. 수극화(水尅
火)하고, 토극수(土尅水)하는데, 화(火)가 다
시 토(土)를 생(生)해 온다. 토왕(土旺)하면 현
무(玄武) 수(水)는 사(死)다. 현무(玄武)는 주
(主)로 도적(盜賊)이 멀리서 엎드려 있는 것이
다. 상극하(上尅下)하면 주(主)로 도적이 집안
에서 나오고, 하극상(下尅上)하면 도적이 밖
에서 들어와 자기와 재물을 상(傷)한다. 외전

| 課例 12 | |
|---|---|
| 火 | 人元 |
| 玄武 | 貴神 |
| 土 | 月將 |
| 火 | 地分 |

(外戰)이면 주(主)로 도적이 멀리 가고, 내전(內戰)이면 도적이 일
어날 걱정이 안에 있다.

왕(旺)하면 주(主)로 도적이 움직이고(動), 합(合)하면 재물을
얻는다. 상(相)이 되면, 주(主)로 괴이(恠異)한 귀신(鬼神)을 보는
꿈을 꾸고, 동(動)하면 도적이 재물을 상(傷)한다. 사(死)가 되면
주(主)로 도적이 죽거나 다치고(死傷), 수(囚)일 때는 주(主)로 도
적이 관청(官廳)의 옥(獄)에 있다. 휴(休)가 되면, 주(主)로 재물을
잃고, 혹(或)은 사지(四足)를 손해 보며, 주(主)로 적신(賊神)이 움
직인다.

내정점(來情占)이면 관사(官事)요 재물을 잃는다.

○ 후방 사진(四辰)인 태상(太常). 목(木) : 태상(太常) : 금(金) : 화(火)

이 과(課)는 화왕(火旺)이다. 목극토(木尅土)하고, 금극목(金尅木)하며, 화극금(火尅金)하는데, 목(木)이 다시 화(火)를 생(生)한다. 화왕(火旺)하면 태상(太常)토(土)는 상(相)이다. 태상(太常)은 주(主)로 의복(衣服)·관대(冠帶)·술과 음식이다. 비화(比和)하면 주(主)로 꽃을 두르거나(帶花), 기쁘거나, 이익이 좋은 일이다. 상생하(上生下)하면 주(主)로 귀인(貴人)이 옷이나 술과 음식을 준다. 하생상(下生上)이면 주(主)로 멀리 있는 사람의 소식이고, 재물이 들어온다. 외전(外戰)이면 밖에 구설이 있는데, 여인이 재앙이다. 내전(內戰)이면 안에 구설이 있고, 아울러 사별하고 (死亡人離), 재물이 흩어지며, 또 주(主)로 처를 잃는다.

| 課例 13 | |
|---|---|
| 木 | 人元 |
| 太常 | 貴神 |
| 金 | 月將 |
| 火 | 地分 |

왕(旺)하면 주(主)로 여인(陰人)이 재물(財帛)로 기쁘고, 상(相)이 되면 여인(陰人)이 술과 음식을 놓고 모이며, 사(死)가 되면 음지의 한두 식구나 어린 사람이(陰小口) 음인(陰人)의 재물을 얻는다.

○ 후방 오진(五辰)에 백호(白虎). 화(火) : 백호(白虎) : 토(土) : 수(水)

이 과(課)는 토왕(土旺)이다. 화극금(火尅金)하고, 수극화(水尅火)하는데, 토극수(土尅水)하고, 화(火)가 다시 토(土)를 생(生)한다. 토왕(土旺)하면 백호(白虎) 금(金)은 상 (相)이다. 백호(白虎)는 주(主)로 도로와 일이 움직이는 것이다. 그리고 출입하는 사람이 있 는데, 밖에 있다. 상생하(上生下)하면 주(主) 로 도적이고, 하생상(下生上)하면 자기가 출 행(出行)한다. 상극하(上剋下)하면 주(主)로 사람에게 좋지 않은 질환이 있고, 하극상(下 剋上)이면 주(主)로 군인이 있다.

| 課例 14 | |
|---|---|
| 火 | 人元 |
| 白虎 | 貴神 |
| 土 | 月將 |
| 水 | 地分 |

무릇 백호(白虎)를 보면, 왕상(旺相)하여 극 (剋)하거나, 휴(休) · 수(囚) · 사(死)하거나 모두 대흉(大凶)하다.

내정점(來情占)이면 적은 식구나 어린 사람(小口)을 사상(死傷) 하거나, 재물을 상한다.

○ 후방 육진(六辰)에 천공(天空). 수(水) : 천공(天空) : 금(金) : 목(木)

이 과(課)는 금왕(金旺)이다. 목극토(木剋土) 하고, 금극목(金剋木)하는데, 토극수(土剋水) 하고, 토(土)가 다시 와서 금(金)을 생(生)한다. 금왕(金旺)하면 천공(天空)토(土)는 휴(休)다. 대게 천공(天空)은 주(主)로 공허한 속임수(虛 詐)나 실속 없는 일(不實之事)이고, 또 주(主) 로 송사로 싸우거나, 승도(僧道)로 나간다. 상 생하(上生下)하면 주(主)로 스님이 집에 있고,

| 課例 15 | |
|---|---|
| 水 | 人元 |
| 天空 | 貴神 |
| 金 | 月將 |
| 木 | 地分 |

하생상(下生上)하면 중(僧)이 밖에 있다. 상극하(上剋下)하면 주 (主)로 대문이 울고 지붕이 무너지며(門鳴屋爆), 하극상(下剋上) 하면 밖에 있는 중(僧)이 병(病)난 것이다.

※ 원문에 "下尅下主在外僧病"이라고 썼는데, "下尅上主在外僧病"의 오기(誤記)가 명백하여 고쳐서 번역했다.

왕(旺)하면 주(主)로 고위관리(紫衣人)가 되고, 상(相)이 되면 주(主)로 복(福) 위(上)에 복(福)을 늘린다. 사(死)일 때는 밖에 있는 중(僧)이 죽고, 휴(休)가 되면 주(主)로 악인(惡人)에게 사기와 능멸을 당(當)한다. 만약 극(尅)하는 효(爻)가 있으면, 주(主)로 승도(僧道)가 무너진 일로 인(因)하여 집이 울고 지붕이 무너진다. 수(囚)가 되면, 주(主)로 관(官)에 얽힌 일이다.

내정점(來情占)이면 송사(訟事)로 다투거나, 문(門)이 울고 지붕이 무너지거나, 다음 며느리(後婦)다.

# 61. 장신원회소주(將神源會所主)

공조(功曹)는 옛날 태사(太史)다. 송(宋)나라 사람으로 성(姓)은 맹(孟), 자(字)는 중현(仲賢)이고, 사기꾼(欺客印)으로 시월(十月) 인일(寅日)에 죽었다. 사후(死後)에 공조(功曹)로 봉(封)해졌다(除). 사람의 관사(官事) · 구설 · 문자 · 소식을 잘 알았다.

천을(天乙)이 위(上)에 오면(加臨), 주(主)로 도장(印信)으로 기쁜 일이 있다. 등사(螣蛇)가 오면 놀랄 일(驚憂)인데, 후(後)에 여식을 얻는(生女) 기쁨이 있다. 주작(朱雀)이 오면 먼 곳의 소식(遠信)과 화광(火光)이다. 육합(六合)이 오면 혼인이 이뤄지지 않는다. 구진(勾陳)이 오면 부녀가 송사로 다툰다. 청룡(青龍)이 오면 본위(本位)라 대길(大吉)하다. 천후(天后)가 오면 부녀와 혼인이다. 태음(太陰)이 오면 천후(天后)와 같다. 현무(玄武)가 오면 재물이 나가지 않아 좋다. 태상(太常)이 오면 숨겨둔 재물(陰財)이 부서진다. 백호(白虎)가 오면 집안에 흉신(凶神)이 들어오고, 천공(天空)이 오면 송사로 다투고, 속임수(虛詐)다.

태충(太沖)은 옛날 도적(盜人)이다. 진(秦)나라 사람이고 성(姓)은 강(姜), 자(字)는 한양(漢陽)이며, 고을(村邑)을 어지럽히고(撓擾), 문호(門戶)를 훔쳤다. 구월(九月) 묘일(卯日)에 죽었고, 나중에 태충(太沖)으로 봉해졌다(除). 사람의 수명(年命)·도둑질·문호(門戶)·일 나누기(分張事)를 잘 알았다.

천을(天乙)이 문(門)에 임(臨)하면, 귀인(貴人)이 재물을 얻어 좋다(吉). 등사(螣蛇)가 오면 화광(火光)·문자·관사(官事)다. 주작(朱雀)이 오면 등사(螣蛇)와 같다. 육합(六合)이 오면 주(主)로 혼인을 한다. 구진(勾陳)이 오면 집과 토지 문제로 비밀스럽게 송사(陰訟)하고, 청룡(靑龍)이 문(門)에 임(臨)하면 좋은 일이 온다. 천후(天后)가 오면 주(主)로 혼인이고 모든 일이 이뤄진다. 태음(太陰)이 오면 천후(天后)와 같다. 현무(玄武)가 오면 재물을 도둑질 당하는데, 발동(發動)하면 재물을 얻는 기쁨이 있다. 태상(太常)이 오면 밖에서 은밀하게 재물을 얻고, 주(主)로 효순(孝順)하다. 백호(白虎)가 오면 사람을 상(傷)하는 흉(凶)이고, 밖(外)으로 나가면 재물을 잃거나 송사다. 천공(天空)이 오면 구(求)하는 일이 이뤄지지 않고, 밖에 송사에 연루된다(勾連).

종괴(從魁)는 예전에 도망자(亡徒)로 연(燕)나라 사람이다. 성(姓)은 맹(孟), 자(字)는 중임(仲任)이다. 도망 다니다가 삼월(三月) 유일(酉日)에 객사(客死)한 뒤에 종괴(從魁)로 제수(除授)됐다. 사람의 수명(年命)·은밀한 일(陰私)·갇히거나 죽는 일(囚死)

을 잘 알았다.

천을(天乙)이 임(臨)하면, 갇힌 사람(囚人)이 귀(貴)하게 되는 기쁨이 온다. 등사(螣蛇)가 오면, 슬피 우는 일(悲泣)이고, 문(門)에 임(臨)하면 흉(凶)하다. 주작(朱雀)이 오면 먼 곳의 소식이고, 문(門)에 임(臨)하면 흉(凶)하다. 육합(六合)이 오면 혼인한다. 구진(勾陳)이 오면 창부(娼婦)인데, 문(門)에 임(臨)하면 송사(訟)다. 청룡(靑龍)이 오면 재물이고, 문(門)에 임(臨)하면 좋은 일이다. 천후(天后)가 임(臨)하면 부인이 생산(生産)하고, 여인(陰人)이 집의 주장(主)이다. 태음(太陰)은 천후(天后)와 같다. 현무(玄武)는 도적이고, 재물을 잃는데, 남자는 도둑질하고 여자는 간음(姦淫)하며, 징역(徒刑)으로 병역(兵役)을 산다. 태상(太常)은 여인(陰人)이고, 있는 곳마다 재물로 좋다. 백호(白虎)는 흉(凶)한 상사(喪事)인데, 문(門)에 임(臨)하면 이미 와 있다. 천공(天空)이 문(門)에 임(臨)하면 해골신(骸骨神)이고, 주(主)로 큰 장례(葬禮)다.

하괴(河魁)는 옛날에 도망한 노비(奴婢)다. 진(晉)나라 사람이고, 성(姓)은 곽(郭) 자(字)는 태택(太宅)이다. 이월(二月)술일(戌日)에 병(病)으로 죽었고 후일 하괴(河魁)로 제수됐다. 집과 토지·해골(骸骨)의 일을 잘 알았다.

천을(天乙)이 가임(加臨)하면 살을 범해(犯殺) 흉(凶)하다. 등사(螣蛇)·주작(朱雀)은 비밀한 송사요 도적이니 흉(凶)하다. 육합(六合)은 해골을 다투고, 혹(或)은 묘(墳)를 다툰다. 구진(勾陳)이 오면, 노복(奴僕)이 살해하거나 또는 주(主)로 송사다. 청룡(靑龍)은 귀인(貴人)이 개를 끌고 집으로 들어오니 흉(凶)하다. 천후(天后)는 주(主)로 슬프게 울 일(悲泣)이다. 태음(太陰)은 은밀한 장례(陰葬)이고 좋다. 현무(玄武)는 도적·군병(軍兵)·송사이고 흉

(凶)하다. 태상(太常)은 숨겨둔 재물(陰財)이고 흉(凶)하다. 백호(白虎)는 도병(刀兵)·참살(斬殺)·거듭되는 상사(重喪)요 흉(凶)하다. 천공(天空)은 송사로 다툼이고 흉(凶)하다.

등명(登明)은 옛날의 간수(獄吏)다. 노(魯)나라 사람이고, 성(姓)은 한(韓), 자(字)는 연(燕)이다. 일곱 번 옥(獄)에 갇혔다가(七坐), 정월(正月) 해일(亥日)에 죽었고, 후일에 등명(登明)으로 제수됐다. 지방관(縣官)·집과 토지·징집(徵集)하는 일을 잘 알았다.

천을(天乙)이 임(臨)하면 귀인(貴人)·집과 토지·송사다. 등사(騰蛇)는 소식·병환인데, 주작(朱雀)도 등사(騰蛇)와 같이 점단(占斷)한다. 육합(六合)은 교역에 좋고, 혼인이 이뤄지니 길(吉)하다. 구진(勾陳)은 여인이 병(病)나고, 집과 토지를 송사로 다툰다. 청룡(靑龍)은 재물을 얻고, 귀인(貴人)을 바란다. 천후(天后)는 은밀한 권세(陰權)고, 혼인이 이뤄지며, 온갖 일이 크게 길(吉)하다. 태음(太陰)은 천후(天后)와 같다. 현무(玄武)는 도깨비(鬼怪)와 도적인데 해(害)하지 않는다. 태상(太常)은 슬프게 운다(悲泣). 백호(白虎)는 도로와 병부(病符)가 모두 해(害)가 없다. 천공(天空)은 뇌옥(牢獄)이니 흉(凶)하다.

신후(神后)는 옛날 중매인(媒氏)이다. 제(齊)나라 사람이고, 성(姓)은 매(買) 자(字)는 중옥(仲獄)이다. 사기수법으로(欺誑取) 재물을 취(取)하다가 십이월(十二月) 자일(子日)에 죽었다. 죽은 뒤에 신후(神后)로 제수됐다. 혼인이나 개인의 비밀한 일(陰私)을 잘 알았다.

천을(天乙)이 임(臨)하면 귀인(貴人)이 잡아당기는 일로 좋다.

등사(螣蛇)는 부녀(婦女)가 슬피 운다. 주작(朱雀)은 흉(凶)한 상사(喪)와 소식이고, 육합(六合)은 주(主)로 교역(交易)이 이뤄진다. 구진(勾陳)은 대(代)가 끊기고(絶嗣), 송사로 다툰다. 청룡(青龍)은 귀(貴)하길 바라고 재물을 구하는데, 좋다. 천후(天后)는 혼인이 성사되고, 모든 일이 길(吉)한데, 태음(太陰)도 같다. 현무(玄武)는 문장(文狀)이 괴이하게 나타난다. 태상(太常)은 재물을 잃는데, 선흉(先凶)하고 후길(後吉)하다. 백호(白虎)는 기다리던 먼 곳의 소식이 집에 오니 좋다. 천공(天空)은 주(主)로 집과 토지가 흉(凶)하고, 헛일이 많고 실익은 적다.

대길(大吉)은 옛날 외양간 지기다. 정(鄭)나라 사람이고 성(姓)은 진(陳), 자(字)는 계현(季賢)이다. 십일월(十一月) 축일(丑日)에 병(病)으로 죽었고, 나중에 대길(大吉)로 제수(除授)됐다. 사람의 수명 · 걱정과 기쁨(憂喜) · 가축 · 집과 토지 · 구설(口舌) 등(等)의 일을 잘 알았다.

천을(天乙)이 임(臨)하면 귀(富)함을 구(求)하는데, 녹봉이 바로 오고, 모든 일이 길(吉)하다. 등사(螣蛇)가 임(臨)해도 온갖 일에 좋고, 주작(朱雀)도 그러하다. 육합(六合)은 송사로 다투니 흉(凶)하다. 구진(勾陳)은 남자는 도적이고 여자는 간사하니(姦) 흉(凶)하다. 청룡(青龍)은 나아감(進)이고 재물이니 좋다. 천후(天后)는 비밀스러운 병(陰病)과 어둠침침함(暗昧)이니 흉(凶)하다. 태음(太陰)은 비밀스러운 권세(陰權)와 재물이고 인구가 늘어난다. 현무(玄武)는 도적의 음모(謀)와 송사로 다툼이니 흉(凶)하다. 태상(太常)은 은밀한 재물이고 좋다. 백호(白虎)는 도적과 재물손실, 네 발이 달린 짐승이다. 천공(天空)이 임(臨)하면 사계절이 모이는데(四季相會), 주(主)로 살해(殺害)의 흉(凶)이고, 또 주(主)로 송사로 다툰다.

## 62. 십이귀신임본위소주(十二貴神臨本位所主)

귀신(貴神)이 축(丑)에 임(臨)하면, 주로 관직(官職)이 더해지고 녹봉(祿俸)이 늘어난다. 아니면 주(主)로 그 집이 큰 부자(富豪)고, 그 집이 반드시 소원(口願)을 이룬다.

등사(螣蛇)가 사(巳)에 임(臨)하면, 그 집에 남을 해칠 사람이 많고, 또 주(主)로 화광(火光)이 비추며 솥이 운다(釜鳴). 주(主)로 사위(女婿)를 집안에 들이고, 그 집에 간절하게 바라는 소식이 있으며, 사람을 찾는다. 또 주(主)로 선흉(先凶)하고 후길(後吉)하다.

주작(朱雀)이 오(午)에 임(臨)하면, 주로 부인이 간사하고 음란하며(邪淫) 송사로 다툰다. 만약 화(火)가 왕(旺)하면 주(主)로 관사(官事)다. 만약 주작(朱雀)이 수(水) 위(上)에 임(臨)하면 주(主)로 사망과 병이다.

육합(六合)이 묘(卯)에 임(臨)하면, 주(主)로 처가에서 안장(鞍裝) 있는 말을 타고 집에 올 일이 있고, 그 집에 주(主)로 좋은 일이 있다. 왕래가 많고, 항시 관리(官吏)가 되며, 교역이 흥성하다.

구진(勾陳)이 진(辰)에 임(臨)하면, 주(主)로 잘 모르는 일로 다투고, 그 집에 주(主)로 도둑이 들어 재물을 훔쳐간다. 또 주(主)로 택효(宅爻)가 합(合)이 되면 공연히 놀랄 일(虛驚)이 있고, 문(門)에 있으면 주(主)로 송사로 다툰다.

청룡(靑龍)이 인(寅)에 임(臨)하면, 주(主)로 재물에 크게 좋은 일이 있고, 왕(旺)·상(相)하면 주(主)로 재물을 놓고 다투는데 이치를 얻는다. 그 집에 반드시 논밭(田)과 장사(商途)를 하며 또한 주(主)로 부귀하니, 이 과(課)를 얻으면 흉이 없고(無凶) 길(吉)하다.

천후(天后)가 해(亥)에 임(臨)하면, 주(主)로 술과 음식이고, 혹(或)은 혼인으로 본다. 왕상(旺相)하면 주(主)로 사는 집이 대길(大吉)하고, 부귀하다.

태음(太陰)이 유(酉)에 임(臨)하면, 주(主)로 여인(陰人)이 송사로 다툰다. 이 과(課)는 불순(不順)한데, 이금(二金)을 보기 때문이다.

현무(玄武)가 자(子)에 임(臨)하면, 주(主)로 도적이 방에 들어와 의복과 물건을 훔쳐갔다. 만약 임(臨)한 아래가 양(陽)이면 반드시 남자이고, 음(陰)이면 반드시 여인 도둑이다.

태상(太常)이 미(未)에 임(臨)하면, 주(主)로 효부(孝婦)가 있다. 혹(或) 싸움을 만나면, 사람이 좋은 일(歡樂)을 한 가지는 만난다. 주(主)로 부인이 재물로 기쁠 일이다.

백호(白虎)가 신(申)에 임(臨)하면, 주(主)로 자손(子孫)이 밖에 있고, 찾는 것은 끝까지 찾기 어렵다. 그 집에 주(主)로 관사(官事)·재물손상 및 가축 손상(傷六畜)이 있고, 또 주(主)로 사산(死産)할 일이 있으니, 부인이 대흉(大凶)하고, 좋을 일 한 가지도 없다.

천공(天空)이 술(戌)에 임(臨)하면, 고아 또는 정신병자 같은 사람(風魔人)이 집에 있다. 주(主)로 그 집이 파산하고, 자손이 험한 병(病)을 앓고, 여인(陰人)이 구설·관사(官事)로 송사를 벌인다. 주(主)로 공허한 속임수(虛詐)나 부실(不實)한 일이 있다.

## 63. 십이귀신견오행소주(十二貴神見五行所主)

천을귀신(天乙貴神)이 길(吉)하면, 주(主)로 임금(人君)·대신 (大臣)·현사(賢士)·대부(大夫)인데, 사람이 중후(重厚)하다. 상 생(相生)이 있으면 바르고 좋은 일(美慶)·도장에 관한 일·문서 등(等)이다. 금(金)·화(火)를 만나면, 주(主)로 관직을 옮긴다. 수 (水)를 만나면 주(主)로 싸우고, 목(木)을 만나면 주(主)로 관직을 떠난다. 진(辰)·술(戌)에 들어가면 주로 귀인(貴人)이 병(病)으로 고생하고 편치 않다(不和).

등사(騰蛇)가 길(吉)하면, 문서(文書)·기쁘고 좋은 일·소식· 꿈꾸는 잠(夢寐)이다. 여자(女子)이면 주(主)로 경박하다. 미(未) 를 만나면 음주를 좋아하고, 신금(申金)을 만나면 도망가는 사람 을 따라간다. 극(尅)을 만나면 주(主)로 창음(娼淫)하고, 해궁(亥 宮)에 떨어지면 화(火)가 곤란한데 주(主)로 놀랄 일(驚恐)이다. 토 (土)·목(木)을 함께 보면 길(吉)하고, 수(水)·금(金)을 함께 보면 주(主)로 부녀가 병(病)이 나고 불리(不利)하다.

주작(朱雀)이 길(吉)하면, 주(主)로 칙서(勅書)·하늘의 은혜(天 恩)·문서·안장이 있는 말(鞍馬)·옷매무새(服色) 등(等)이다. 극 (尅)이 있으면 주(主)로 구설·놀라는 일·관과의 송사요 혈광(血 光)을 본다. 토(土)와 목(木)을 만나면 좋다. 금(金)을 만나면 주 (主)로 병(病)이 나고, 수(水)를 만나면 주(主)로 여인은 난산(難 產)하고, 남자는 치루(痔漏)를 앓는다. 수(水) 아래에서는 주(主) 로 토혈(吐血)하고 몸을 던지거나 스스로 목을 매 죽는다.

육합(六合)이 길(吉)하면, 주(主)로 매매·교역·혼인 등(等) 이 아름답다. 남자라면 공공의 사무관(公吏)이고 경륜이 있으며 (經紀), 또 주(主)로 중매인(媒人)이다. 극(尅)을 보면 주(主)로 관(官)의 추적이 있고, 수(水)·화(火)를 만나면 유기(有氣)하다. 토(土)를 만나면 관청과 문서요, 금(金)을 만나면 구설과 경제적 실패다.

구진(勾陳)이 길(吉)하면, 주로 관직·토지요, 양(陽)이면 주로 가난하고 천박하다(貧薄). 음(陰)이면 못생긴 부녀(醜婦)나 가난한 노파(貧婆)다. 문서(文狀)가 동(動)하여 극(尅)하면, 주(主)로 노비가 도망가고, 금(金)·화(火)를 보면 길(吉)하다. 수(水)를 만나면 주(主)로 토지로 다투고, 목(木)을 만나면 관사(官事)와 뇌옥(牢獄)이 갈고리로 걸어서 사람을 끌어당긴다.

※ 여기에서 "문서(文狀) 동(動)하여 극(尅)하면"이란, 갑(甲)·인(寅) 목(木)이 동(動)하여 구진(勾陳)을 극(尅)한다는 뜻이다.

청룡(靑龍)이 길(吉)하면, 주(主)로 문서·재물이고, 인정(人情)이 귀(貴)하며 관직이 있는 사람이다. 생(生)하면 주로 관직을 옮기는 경사(吉慶)요, 극(尅)하면 관사(官事)가 빨리 진행된다. 수(水)·화(火)를 보면 길(吉)하고, 금(金)을 만나면 주(主)로 구설(口舌)이고 문서를 잃으며 재물을 잃는다. 토(土)를 만나면 관청(官司)에 있고, 진(辰)·술(戌)을 만나면 뇌옥(牢獄)이며, 축(丑)·미(未)는 태형과 장형(笞杖)이다.

천공(天空)이 길(吉)하면, 승(僧)·도(道)·해골(骸骨)이고, 흉(凶)하면 주(主)로 속임수(騙詐)·부실한 일이며 하인(奴僕)이다. 금(金)·화(火)를 보면 길(吉)하고, 수(水)를 만나면 주(主)로 경쟁하며, 목(木)을 만나면 주(主)로 관청과 뇌옥이다.

백호(白虎)가 흉(凶)하면, 주(主)로 사람이 흉악하고 눈이 누런 색이며 목(項)이 짧고, 좋지 않은 상(凶喪)·상복(孝服)·도로·

놀랄 일 · 도검(刀劍) · 옮기는 일(遷移) 등(等)이면 흉(凶)하다. 수(水)를 보면 무사(無事)하고, 목(木)을 만나면 구설이 매우 나쁘다(凶惡). 화(火)를 만나면 주(主)로 죽음과 초상(死喪) · 재앙(災) · 병(病)이다. 하극상(下尅上)하면 흉(凶)이 밖에 있고, 상극하(上尅下)하면 흉(凶)이 안에 있다.

태상(太常)이 길(吉)하면, 주(主)로 여인(女人)이 중매인(媒婆)을 할 만큼 말을 잘 하고, 혼인 · 술과 음식 · 매매 등(等)이다. 화(火) · 금(金) 둘이 합(合)한 것을 위에서 보면 길(吉)하다. 수(水)를 보면 경쟁하고, 목(木)을 만나면 관사(官事)가 불리하다.

현무(玄武)가 길(吉)하면, 군인인데, 혹(或)은 귀인(貴人)을 만난다. 흉(凶)하면 도적인데 주(主)로 음모(陰謀)가 있다. 화(火)를 보면 훔치고(偸), 장(將)을 극(尅)하면 주(主)로 재물을 잃으며, 금(金)과 목(木)을 보면 길(吉)하다. 화(火)를 만나면 부인이 재앙이고, 토(土)를 만나면 남자가 경쟁한다.

태음(太陰)이 길(吉)하면, 주(主)로 여인이 차분하고 고요하며(沈靜), 금은(金銀)이나 머리 장식(首飾)이다. 합(合)을 만나면 주(主)로 여인(陰人)이 음란하고, 수(水) · 토(土)를 보면 길(吉)하다. 목(木)이면 구설(口舌) · 시비(是非)요, 화(火)를 만나면 주(主)로 재앙과 병(病)에 불리하다.

천후(天后)가 길(吉)하면, 주(主)로 상(賞)을 준다. 여인이면 주(主)로 착하고 어질다(良善). 합(合)을 만나면 주로 혼인이고, 열심히 찾는 것(求索)이 있다. 토(土)를 만나면 주(主)로 일(事)이고, 화(火)에 들어가는 것을 보면 주(主)로 부인의 병(病)이 좋지 않은데(不利), 목(木) 위(上)에서 보면 길(吉)하다.

## 64. 십이장신견오행소주(十二將神見五行所主)

천강(天罡)이 길(吉)하면 의사(醫人)·약물(葯物)이고, 주(主)로 사람이 좋고, 싸움과 문서다. 흉(凶)하면 무리가 없고(無徒) 백정의 수령(屠宰)이다. 금(金)·화(火)를 보면 길(吉)하고, 수(水)를 보면 집과 논밭(田宅)을 다투며, 목(木)을 보면 주(主)로 관청(官司)과 뇌옥(牢獄)이 좋지 않다(不利).

태을(太乙)은 주(主)로 문서와 꿈(夢寐)이다. 여인(陰人)이면 주(主)로 경박하고 음란함을 좋아한다. 놀랄 일(驚恐)이면 주(主)로 애써 찾는다(乞索). 화(火)·토(土)가 함께 있으면 아궁이나 부뚜막이고(窰竈), 토(土)·목(木)을 보면 길(吉)하다. 수(水)를 보면 주(主)로 부인병이고, 금(金)을 보면 주(主)로 질병이 떠나지 않는다.

승광(勝光)이 길(吉)하면, 문서·재물·소식·안장이 있는 말(鞍馬)이다. 사람이면 이익을 밝히고, 녹(祿)이면 주(主)로 부귀하다. 토(土)·목(木)을 보면 길(吉)하다. 수(水)를 보면 주(主)로 재물을 잃거나, 부인병이고, 말이 죽거나, 가난하고 궁핍하다. 금(金)을 보면 재앙과 병(災病)이 부족(不足)하고, 놀랄 일로 좋지 않다.

소길(小吉)은 주(主)로 부인이다. 술과 음식이면, 연회나 혼인 같은 좋은 일이다. 금(金)·화(火)를 보면 크게 길하고(大吉), 수(水)를 보면 주(主)로 경쟁한다. 목(木)을 보면 관사(官事)와 재물의 손실이고 처(妻)의 병(病)에 좋지 않다.

전송(傳送)이 길(吉)하면 이동(行移)인데 전송(傳送)은 분주(奔走)한 신(神)이다. 주(主)로 밖에 나가 이동한다. 사람이 관귀(官貴)하고 굳세고 과감하다(剛果). 수(水)·토(土)를 보면 길(吉)하고, 묘목(卯木)을 보면 주(主)로 구설이다. 화(火)를 보면 수레(車礙)·도로·손실(損失)이다. 화(火)를 보면 주(主)로 사람이 부족하고, 재앙과 병 및 죽음(災病死)이고, 잃은 것에 불리하다.

종괴(從魁)가 길(吉)하면 주(主)로 여인이 청초하고(淸標) 단정하다(恬靜). 비녀와 팔찌(釵釧)·술잔(酒器)이다. 합(合)을 보면 주(主)로 개인적인 비밀(陰私)이고, 목(木)을 만나면 주(主)로 구설이다. 화(火)를 보면 주(主)로 재물을 잃고 병(病)이 난다. 묘(卯)·유(酉)가 상충(相沖)하면 주(主)로 휴(休)가 되니, 처(妻)가 떠난다. 수(水)·토(土)를 보면 크게 길하다(大吉).

하괴(河魁)가 길(吉)하면 승(僧)·도(道)·외로움이다. 흉(凶)하면 주(主)로 속임수(騙詐)라 실속이 없고, 또 해골(骸骨)이다. 방(方)을 극(尅)하면 주(主)로 가축을 잃고, 금(金)·화(火)를 보면 점차 길(吉)해진다. 수(水)를 보면 집과 논밭을 두고 다툰다. 목(木)을 보면 관사(官事)와 뇌옥이다.

등명(登明)은 주(主)로 여인(陰人)·혼인이다. 무엇을 간절하게 찾는다. 금(金)·목(木)을 보면 길(吉)하고, 토(土)를 보면 싸운다. 수(水)·화(火)는 부인이 병(病)을 앓는다. 수(水) 위(上)에 있으면 난산하고, 수(水) 아래에 있으면 토혈(吐血)하거나 스스로 목을 맨다.

신후(神后)는 몸(身子)이 음행(淫幸)을 좋아한다. 주(主)로 망상(妄想)이고 또한 주(主)로 세파(世波)에 따라 떠돈다. 목(木)·금(金)은 길(吉)하고, 토(土)를 보면 다투며, 화(火)를 보면 여인이 아프다.

대길(大吉)은 주(主)로 사람이 매우 고지식하다(直蠢). 저주(咀呪)·원수로도 본다. 금(金)·화(火)를 보면 길(吉)하고, 수(水)를 보면 주(主)로 토지를 다툰다. 목(木)을 보면 관사(官事)와 은밀한 병(陰病)이다.

공조(功曹)는 문서 · 재물 · 관귀(官貴)함 · 관리(吏人) · 노인(老叟) · 의사(醫士) 등(等)이다. 수(水) · 화(火)를 보면 맑고 고귀(淸高)하다. 위에서 보는데, 금(金)을 보면 구설과 재물손실, 사람이 병(病)나고, 토(土)를 보면 관사(官事)와 시비(是非)다.

태충(太沖)은 위험한 도적 · 흉악 · 문호(門戶) · 수레와 배(船車) 및 무뢰한(無徒之人)이다. 수(水) · 화(火)를 보면 무사(無事)하고, 금(金)을 보면 구설(口舌)과 재물손실이다. 토(土)를 보면 관사(官事)와 뇌옥이고, 극(尅)이 있으면 문(門)을 깨고 쫓으며(追呼), 인(寅)을 보면 주(主)로 형제가 따로 산다.


## 65. 신장동용소주(神將同用所主)

귀신(貴神)이 길(吉)하면, 주로 임금(人君) · 대신(大臣) · 현사(賢士) · 대부(大夫) 등(等)이다. 상하(上下)가 상생(相生)하면 좋으니(喜美), 관직의 이동이 있고(遷職) 재물을 얻는다. 상극(相尅)이 있으면 걱정과 이별, 멀리 갈 일이다. 수(囚)이면 주(主)로 옥(獄)에 갈 일이나 송사(訟)요, 휴(休)이면 주(主)로 귀인(貴人)이 병(病)난다.

대길(大吉)이 함께 사용(使用)되는데, 주(主)로 교량 · 도로 · 남자 중과 여자 중(僧尼) · 집과 토지(田宅) 등(等)이다. 흉(凶)하면 주(土)로 저주(咀咒) · 빌레와 도깨비(蠱魅) · 원수 · 여자의 혼인 · 존장(尊長) 등(等)이다.

등사(螣蛇)가 길(吉)하면 주(土)로 문장으로 좋고, 공문서(公

信) · 재물 · 술과 음식 등(等)이다. 흉(凶)하면 주(主)로 창부(娼
婦) · 안장이 있는 말 · 헛소리(虛聲) · 병환(病患) · 걱정(憂疑) 등
(等)이다. 비화(比和)되면 주(主)로 놀람과 걱정이다(驚憂). 상생
하(上生下)하면 놀랍고 두려운 일(驚恐)이 뒤에 온다. 내전(內戰)
이면 집안의 걱정(內憂)이고, 외전(外戰)이면 집 밖의 걱정(外憂)
이다. 주(主)로 관사(官事) · 옥사와 송사(獄訟) · 문서(文狀)다. 하
생상(下生上)하면 놀랍고 두려운 일(驚恐)이 앞에 있다. 수족(手
足)이 불완전하다.

태을(太乙)이 함께 사용되는데, 결혼(嫁娶) · 어린 아이(小兒) ·
재물 · 안목(眼目)이고, 여인(陰人)이 해(害)를 끼친다. 흉하고(凶)
괴이해도(怪) 재앙은 아니다(非災).

주작(朱雀)이 길(吉)하면 주(主)로 칙서 · 경사스러운 모임 · 공
경과 제후(公候) · 문서 · 안장 달린 말 · 옷차림새(服色) 등(等)이
다. 흉(凶)하면 주(主)로 구설 · 놀람(驚疑) · 관과의 송사 · 헛일
(虛詐) · 재물손실 · 가축을 잃음(失畜) · 질병 · 핏빛(血光) 등(等)
에 관련된 일이다. 수(水)를 만나면 스스로 목을 매거나 우물에 떨
어진다.

승광(勝光)이 함께 사용되는데, 주(主)로 먼 곳의 소식 · 문서 ·
임금의 신표(朝信) · 화광(火光) · 문자 · 걱정과 두려움(憂恐) 및
놀람과 괴이함(驚怪) 등(等)이다.

육합(六合)이 길(吉)하면 주(主)로 문호(門戶) · 혼인 · 재물을 구
함 · 교역 · 신용을 얻음(取信) 등(等)이다. 합을 이루면(成合), 사
적인 비밀(陰私)에 좋은 일과 경사로 모인다. 흉(凶)하면 주(主)로
관사(官事) · 중매인(媒人) · 하급관리(吏役) · 어린이 · 교역 · 불명

확한 일 · 여자 · 재물손실 · 과실(過失) · 출산(出産) 등(等)이다.

태충(太沖)이 함께 쓰이는데, 주(主)로 배와 수레(船車) · 항아리(缸甕) · 문호에 관한 일(門戶事) · 도적이 문(門)에 옴 · 어머님을 잃음 · 도둑이 물건을 훔쳐감 · 싸움 · 재물손상 등(等)이고 또 얼레빗(梳) · 문(門) · 창(窓) · 다리(橋) · 난간(杆) 등(等)이다.

구진(勾陳)이 길(吉)하면 주(主)로 관직 · 도장과 직인(印信) · 공권력(公權) · 집과 토지(田宅)에 관한 일이다. 흉(凶)하면 주(主)로 관재(官災) · 병환 · 토지를 다툼 · 문서(文狀) · 지속적인 걸림 · 잃어버림 등(等)이다. 토(土)가 양쪽 머리(兩頭)에 있으면 관사(官事)다. 극(尅)을 받으면 구설과 망신(亡身)이다.

천강(天罡)이 함께 쓰이는데, 주(主)로 도살장(屠獄) · 중매인과 방물장수(媒牙) · 어룡(魚龍) · 절과 누각(寺觀) · 무덤(塚墓) · 토지에 관련 일 · 싸움꾼 · 문서(文狀) · 분묘(墳墓) 등(等)이다. 주(主)로 자기(磁器)로 된 항아리 · 굳고 단단함(堅硬) · 지역특산물(方物) · 도자기 그릇(磁盆) · 삼베옷(麻衣) · 높은 계곡물과 샘(高澗泉) · 능과 묘(陵墓) · 보리(麥) 등(等)이다.

청룡(靑龍)이 길(吉)하면 주(主)로 문서 · 재물 · 배와 수레 · 정원과 숲 · 관직 · 좋은 경사 · 공공의 신용(公信) · 술과 음식 · 혼인 · 재물과 보배 등(等)이다. 흉(凶)하면 곡하며 울고(哭泣), 질병 · 손실 · 괴이(怪異)함을 봄 · 가축(六畜) · 개인적인 정(私情) 등(等)이고 사기(死氣)가 있는 청룡(靑龍)은 여러 세대(累世)의 가난이다.

공조(功曹)가 함께 사용되는데, 주(主)로 공무관리(公吏) · 문서 · 마을관청(衙院) · 오래된 나무(老樹) · 노인(老叟) · 수염이 많음(多髥)·바깥의 재물에 관련된 다툼으로 관사(官事)가 추적함·나무그릇(木器)·문서·쓸 것(筆物)·화로·의사와 약(醫藥)·큰나무(大樹)·용맹·눈(眼)병·무덤의 흙(墳土)·숲과 나무(林木) 등(等)이다.

천공(天空)은 주(主)로 속임수(騙詐)·부실한 일·노복·공무관리(公吏)·승(僧)·도(道)·소인·시가지(市井)·재물·사끽해골(私喫骸骨) 등(等)이다.

※ 사끽해골(私喫骸骨)이란 아주 오랜 옛날에 사용하던 예측술(預測術)로 해골을 이용해서 점(占)치던 방법이다.

하괴(河魁)가 함께 사용되는데, 주(主)로 분묘·토지(田土)·불명확한 일·옥사와 송사·가축·묘에 시신 등(等)이다.

백호(白虎)는 주(主)로 도로·움직이는 것을 사용함·소식·공공서류(公牒) 등(等)이다. 흉(凶)하면 상복을 입음(孝服)·질병·통곡·괴이함·재해·혈광·군병·도망(逃移)·잃어버림(喪亡)·나쁜 일(災事)이 문(門)에 옴·외출한 사람이 있음·흉한 초상(凶喪) 등(等)이다.
전송(傳送)이 함께 사용되면, 주(主)로 안(內)에서는 먼 곳에서 온 손님·수레와 맷돌(車碾)·흉한 일(凶事)·떠돌아다님(流移)·여자를 잃어버림·급히 남편(夫婿)을 따라감(奔隨)·잃어버림·가는 길(行程)·소식 등(等)이다.

태상(太常)이 길(吉)하면, 주(主)로 관복(冠裳)·방문하고 다님

(間行)·재물(財帛)·관직·벼슬과 녹봉(爵祿)·술과 음식·혼인·매매·화합·연회·상을 내림(賞賜)·의복에 관련된 일이다. 겁살(劫煞)을 만나면, 주(主)로 독약이고 또한 겸(兼)하여 구토·핏빛(血光)을 보는 일이다.

소길(小吉)이 함께 쓰이는데, 주(主)로 상복·칠일(七日)이나 백일(百日) 동안의 기도(祈禱)·제사굿(賽祭祝)·약물 등(等)의 일이다.

※ 새(賽)는 새신(賽神)을 말하는데, 고대(古代)에 지나(支那 중국의 옛 명칭)에서 제사(祭祀)를 지내던 방법(方法)의 하나다. 신상(神像)을 묘(廟) 밖으로 들고 나와서 길을 한 바퀴 돌아서 다시 묘(廟)에 안치(安置)하는 제사(祭祀) 방법(方法)이다.

현무(玄武)가 길(吉)하면, 주(主)로 귀인(貴人)을 보는 것과 재물을 바란다. 등명(登明)은 아니다. 흉(凶)하면 도적의 음모·간교(奸巧)한 도적·잃어버림·죽어 없어짐(死喪)·재물을 잃는 일 등(等)이다. 극(尅)을 받으면 눈을 흘겨봄·길이 사라짐·좋지 않은 죽음 등(等)이다.

등명(登明)이 함께 쓰이는데, 주(主)로 여인(陰人)·질병·허리와 다리(腰脚)·잃어버림·좋지 않은 일이 생김(凶事成)·돼지(豕)로 인(因)해 송사함·강물을 건너다 빠짐 등(等)이다. 길(吉)하면 문서를 모으는 일이다.

태음(太陰)이 길(吉)하면, 주(主)로 음(陰)이 적음(小)·재물·금은(金銀)·비단 묶음(疋緞)·돈이 되는 물건(錢物)·음(陰)이 움직임(移)·좋은 일 등(等)이다. 흉(凶)하면 주(主)로 상자가 열림

(開箴) · 간사하고 음란함(奸淫) · 도망 · 재물을 잃음 · 지체함 등
(等)이다.

종괴(從魁)가 함께 사용되는데, 여인(陰人) · 비녀와 팔찌(釵
釧) · 술그릇 · 개인적인 비밀 등(等)이다. 나아가 부부가 분리하고
이별할 구실을 찾는다(索休). 만약 병정(丙丁) 화(火)의 극(尅)을
받으면 주(主)로 노비를 도망시키고, 근심과 번민(憂悶) · 금은(金
銀) · 다치고 손해를 보는 일 등(等)이다.

천후(天后)는 주(主)로 상을 내림(賞賜) · 개인의 비밀 · 좋은
일 · 연회 · 혼인 · 부녀를 간음함 등(等)이다. 흉(凶)하면 주(主)로
둘러친 장막(幃幕)을 쓰지 않고, 노비를 잃어버리며, 오장육부(臟
腑)에 탈(災)이 나며, 스승과 같은 노파(師婆) · 나쁜 꾀로 속임(奸
詐) · 음란함(私淫) · 실망 · 어둡고 불명확한 일 등(等)이다.

신후(神后)가 함께 쓰이는데, 주(主)로 도랑 위의 다리(溝梁) ·
어린이(小兒) · 남자 중과 여자 중(僧尼) 등(等)이고, 부녀가 간사
하고 음란하며 나아가 물에 빠지는 등(等)의 일이다.


## 66. 신장소속도(神將所屬圖)

### 무(戊)
구진(勾陳) · 천강(天罡) · 진토(辰土) · 상음(商音) · 상음(商音)
인 성(姓) · 보리밭 또는 매장지(麥地) · 큰 고개(崗嶺) · 절과 사원
(寺觀) · 못생긴 여인(醜婦) · 맷돌과 방아(碾碓) · 자기(磁器) · 승
과 도사(僧道) · 제후나 어른(侯人) · 흙무덤(土堆) · 토지신의 보호
(祗護) · 경쟁과 싸움(鬪競) · 송사로 다툼(爭訟) · 유혈(流血) · 도

살인(屠宰) · 흉악함(函惡) · 대를 끊음(殺代) · 훈제한 고기(董腥) · 굳고 단단함(堅硬) · 다섯 자(五尺) · 논밭과 장원(田園) · 가죽과 털(皮毛) · 항아리(缸甕) · 껍질을 깸(破皮) · 재나 석회로 만든 동이(灰盆) · 단맛(甘味) · 무덤과 묘(墳墓) · 정나라 땅(鄭地) · 연주(兗州) · 각성(角星) · 항성(亢星)

※ 정지(鄭地)나 연주(兗州)는 예전의 지명(地名)이고 각성(角星)과 항성(亢星)은 별자리이름이다.

## 무(戊)

천공(天空) · 하괴(河魁) · 술토(戊土) · 상음(商音) · 상음(商音)인 성(姓) · 다섯 가지 곡식(五穀) · 자기로 만든 동이(磁盆) · 벽돌과 기와(磚瓦) · 빈집(虛堂) · 스님과 도사(僧道) · 착한 사람(善人) · 품격이 낮은 사람(下賤) · 사기와 위선(詐僞) · 사기를 당함(欺侵) · 부실함(不實) · 감옥(牢獄) · 자물쇠와 열쇠(鎖鑰) · 염주(數珠) · 가죽신(鞋履) · 목에 채우는 칼(枷紐) · 실농사(田絲) · 질그릇(瓦器) · 디딜방아(碓) · 나귀와 개(驢犬) · 외로움과 추위(孤寒) · 조정의 관복(朝服) · 호리병(胡蘆) · 옥지기(獄吏) · 무덤(墳墓) · 엄중한 포위망(天羅) · 절과 사원(寺觀) · 큰 고개(崗嶺) · 백정(屠兒) · 노나라 땅(魯地) · 서주(徐州) · 규성(奎星) · 루성(婁星)

※ 쇄약(鎖鑰)의 약(鑰)을 원문에서는 "金 + 合 + 冂 + 一 + 刂"로 기재했는데, 합당한 글자가 없고 의미로 볼 때 약(鑰)이 타당하기에 자물쇠와 열쇠로 번역하였다.

## 기(己)

귀신(貴神) · 대길(大吉) · 축토(丑土) · 치음(徵音) · 치음(徵音)
인 성(姓) · 임금(人君) · 귀인(貴人) · 존장(尊長) · 보물(珍寶) · 그
릇류(器物) · 열쇠와 자물쇠(鑰鎖) · 자라와 거북이(鼇龜) · 진주
(珍珠) · 좋은 일(喜慶) · 곡식을 세는 말(斛斗) · 가죽신(鞋履) · 머
리용 장신구(首飾) · 수레(車較) · 담장과 광주리(墙筐) · 자줏빛 곡
식의 낱알(紫皀) · 소와 나귀(牛驢) · 풍백(風伯) · 우사(雨師) · 신
불(神佛) · 궁전(宮殿) · 원수(寃讎) · 분묘(墳墓) · 대머리(頭禿) ·
눈병(眼病) · 뽕나무밭(桑園) · 교량(橋梁) · 오지(吳地) · 양주(楊
洲) · 두성(斗星) · 우성(牛星)

## 기(己)

태상(太常) · 소길(小吉) · 미토(未土) · 치음(徵音) · 치음(徵音)
성씨(姓氏) · 생황(笙) · 연회(筵會) · 정원(庭院) · 담으로 둘러싼
구역(牆垣) · 제사 그릇(醮器) · 여인의 옷 · 술과 음식(酒食) · 도장
류(印信) · 약 대용식(藥餌) · 부모(父母) · 양과 매(羊鷹) · 물맛 좋
은 샘(甘泉) · 술그릇(酒器) · 단맛(甘味) · 술집(酒舍) · 흰머리 노
인 · 과부(寡婦) · 무당(師巫) · 우물(井) · 식물(食物) · 황색(黃
色) · 분묘(墳墓) · 방양인(放羊人) · 다방(茶房) · 노래와 음악(歌
樂) · 상여 나갈 때 상주가 드는 깃발(幡子) · 피리(笛) · 발 즉 주렴
(簾) · 도인(道人) · 진나라 땅(秦地) · 옹주(雍州) · 정성(井星) · 귀
성(鬼星)

## 경(庚)

백호(白虎) · 전송(傳送) · 신금(申金) · 우음(羽音) · 우음(羽音)
성(姓) · 신선의 집(仙堂) · 신당(神堂) · 도로(道路) · 공인(公人) ·

디딜방아(碓子) · 도검(刀劍) · 귀한 손님(貴客) · 출산과 모유(産乳) · 성채(城宇) · 죽은 시신(死尸) · 사냥(田獵) · 경문(經文) · 새의 깃과 짐승의 털(羽毛) · 쇠(鉄) · 원숭이(猿猴) · 생강(薑) · 마늘(蒜) · 사당과 종묘(祠廟) · 말소리나 목소리(音聲) · 행인(行人) · 멀고 가까움(遠近) · 사자(獅子) · 호수나 연못(湖池) · 비단(絹帛) · 도망(逃亡) · 보리(大麥) · 상자 같은 모양(匣像) · 질병(疾病) · 죽음과 초상(死喪) · 군사(軍徒) · 흉인(凶人) · 병장기(兵器) · 아둔한 머리(石頭) · 금은(金銀) · 종이와 베(紙布) · 진나라 땅(晉地) · 익주(益州) · 자성(觜星) · 삼성(參星) 등을 나타낸다.

※ 자성(觜星)을 원문에는 취성(嘴星)이라고 했으나, 현행(現行)대로 고쳐서 번역했다.

### 신(辛)

태음(太陰) · 종괴(從魁) · 유금(酉金) · 우음(羽音) · 우음(羽音) 성(姓) · 쇠와 돌(金石) · 진주(珍珠) · 구리그릇(銅器) · 과일과 밥(果食) · 비석(碑碣) · 외척(外親) · 시녀인 첩(婢妾) · 부녀 · 문의 자물쇠(門鎖) · 입과 구멍(口竅) · 생김새(相貌) · 여자귀인(陰貴人) · 길거리(街巷) · 밀(小麥) · 도검(刀劍) · 귀의 문(耳門) · 칼과 칼집(刀鞘) · 가죽과 털(皮毛) · 달팽이의 뼈(瓜骨) · 비둘기와 꿩(鳩雉) · 방아를 찧음(碓磨) · 종이돈(紙錢) · 하얀탑(白塔) · 결핵(勞瘵) · 비녀와 팔찌(釵釧) · 돌신선(石仙) · 돌기둥(石柱) · 술파는 사람(賣酒人) · 돌머리(石頭) · 조나라 땅(趙地) · 익주(埜州) · 자성(觜星) · 묘성(昴星) · 필성(畢星)

※ 비갈(碑碣)을 원문(原文)에는 "石 + 甲"과 "石 + 日 + 匂"으

로 돼 있는데, 내용면에서 비석(碑石)을 뜻하는 것이기에 비갈(碑碣)로 고치고 번역했다. 구규(口竅)는 한의학(韓醫學)에서 말하는 구규(九竅)와 같은 뜻인데, 원문대로 번역했다.

## 임(壬)

현무(玄武) · 신후(神后) · 자수(子水) · 궁음(宮音) · 궁음(宮音)의 성(姓) · 강과 샘(河泉) · 강물(水湘) · 우물(地井) · 개골창(溝渠) · 도적(盜賊) · 시문과 서화를 지음(文墨) · 석회암이나 조개껍데기(石灰) · 숟가락이나 열쇠(木匙) · 도서(圖書) · 임금의 거처나 후궁(后宮) · 부인(婦人) · 음탕함이 넘침(淫洪) · 사다리(梯棋) · 베와 비단 류(布帛) · 쥐(鼠) · 제비나 박쥐(燕蝠) · 물속 물건(水中物) · 콩류(大豆) · 젖먹이는 여인(乳婦) · 의복(衣服) · 구슬과 옥(珠玉) · 총명함(聰明) · 태아와 출산(胎産) · 설사함(瀉痢) · 마작의 패나 밧줄(索子) · 제나라 땅(齊地) · 청주(靑州) · 여성(女星) · 허성(虛星) · 위성(危星)

※ 원문에는 "임(壬) 천후(天后)"라고 표기했는데, 앞의 십이귀신소속(十二貴神所屬)에서 "후삼(後三) 현무(玄武) 임자(壬子) 양수(陽水)"라고 정(定)한 이치(理致)에 따라서 현무(玄武)로 고쳐서 번역했다. 아래의 "계(癸) 천후(天后)"도 같다.

## 계(癸)

천후(天后) · 등명(登明) · 해수(亥水) · 각음(角音) · 각음(角音)의 성(姓) · 매화(梅花) · 장막(帳幕) · 도적(盜賊) · 잃어버려 없어짐(亡失) · 찾아 가짐(取索) · 어린이(小兒) · 거지(乞丐) · 통곡(哭) · 감옥(牢獄) · 돼지 백정(趕豬人) · 취한 사람(醉人) · 관가와

관청(庭廨) · 화장실 웅덩이(廁坑) · 초장(酢醬) · 우산과 삿갓(傘笠) · 관리의 모자(幞頭) · 귀신(鬼神) · 온갖 그림(畫圖) · 모발(毛髮) · 공문의 자물쇠(管鑰) · 붓과 먹(筆墨) · 도교 사원(觀院) · 강과 하천(江河) · 누각과 대(樓臺) · 곡식창고(倉房) · 삼베(麻布) · 명주(紬絹) · 위나라 땅(衛地) · 병주(幷州) · 실성(室星) · 벽성(壁星)

※ 복두(幞頭)의 복(幞) 자가 원문에는 "由 + 業"으로 표기되어 있는데, 의미로 볼 때 복(幞)이 타당하여 고쳐서 번역했다.

### 갑(甲)

청룡(靑龍) · 공조(功曹) · 인목(寅木) · 치음(徵音) · 치음(徵音)의 성(姓) · 보도(寶刀) · 칼춤용 칼과 검(劍器) · 향로(香爐) · 신상(神像) · 네 모퉁이(四角) · 산과 숲(山林) · 꽃나무(花木) · 승상(丞相) · 남편(夫婿) · 도사(道士) · 귀인(貴人) · 길고 큼(長大) · 가늘고 아름다움(細美) · 사람과 말(人馬) · 공공사무관(公吏) · 문서(文書) · 횃불이 타오름(火炬) · 화로(火爐) · 재물(財物) · 좋은 일(喜慶) · 손님(賓客) · 술과 음식(酒食) · 소식(信息) · 호랑이 모습(虎貌) · 고양이의 어린 새끼(猫兒) · 교량(橋梁) · 신성한 나무(神樹) · 피륙을 짜는 기계(織機) · 관과 뚜껑(棺槨) · 대궐문이나 관공서의 문(公門) · 가장(家長) · 바라는 일(口願) · 연나라 땅(燕地) · 유주(幽州) · 미성(尾星) · 기성(箕星)

### 을(乙)

육합(六合) · 태충(太沖) · 묘목(卯木) · 우음(羽音) · 우음(羽音)의 성(姓) · 문과 창문(門窓) · 술 뜨는 도구(木勺) · 나무빗(木梳) ·

손으로 만듦(手作) · 며느리나 아내로 삼음(爲婦) · 남녀(男女) · 거리의 흙(街土) · 초목(草木) · 형제(兄弟) · 배와 수레(舟車) · 우레와 천둥(雷) · 깃발과 깃대(旛竿) · 향합(香盒) · 받침 그릇(盤盒) · 어떤 여자 또는 여자를 꾸짖음(何姑) · 어머니(家母) · 대나무(竹) · 평상마루(床) · 송나라 땅(宋地) · 예주(豫州) · 저성(氏星) · 방성(房星) · 심성(心星)

## 병(丙)

주작(朱雀) · 승광(勝光) · 오화(午火) · 궁음(宮音) · 궁음(宮音)인 성(姓) · 민사소송(詞訟) · 갈 까마귀와 참새(鴉雀) · 과일과 음식(果食) · 기와 굽는 가마와 부엌(窯竈) · 도로(道路) · 성문(城門) · 구설(口舌) · 세 개의 하천(三河) · 말을 탄 사람(騎馬人) · 부녀(婦女) · 문서(文書) · 나는 새(飛鳥) · 궁실(宮室) · 화촉(火燭) · 소식(信息) · 혈광(血光) · 갈 까마귀 집(鴉巢) · 왕이 준 신표 깃털(旌旗) · 노을과 우레(霞雷) · 옷걸이(衣架) · 글과 그림(書畵) · 쓴 맛(苦味) · 귀신담당관리(官用神) · 승(僧) · 주나라 땅(周地) · 옹주(雍州) · 장성(張星) · 류성(柳星)

## 정(丁)

등사(螣蛇) · 태을(太乙) · 사화(巳火) · 각음(角音) · 각음(角音)의 성(姓) · 놀람과 괴이함(驚怪) · 찾아 가짐(取索) · 그림(畫) · 얼룩점(斑點) · 대장간의 풀무(爐冶) · 등불 또는 반딧불이(燊) · 지게나 출입문(戶) · 꾸짖음(毀罵) · 가마솥이 울림(釜鳴) · 가볍게 미침(輕狂) · 부인(婦人) · 등불 또는 반딧불이(螢) · 뱀과 지렁이(蛇蚓) · 매미(蟬) · 날벌레(飛虫) · 거지(乞丐) · 꽃과 열매(花果) · 벽돌과 기와(磚瓦) · 문자(文字) · 그릇(盒) · 자기(磁器) · 초나라 땅

(楚地)·형주(荊州)·익성(翼星)·진성(軫星)

## 67. 차객법(次客法)

해에 말하기를(解曰), 차객법(次客法)은 같은 시간에 같은 방위(方位)에서 여러 사람이 함께 점(占)을 물어올 때를 대비(對備)한 법(法)이다. 귀신(貴神)을 옮기고(移神) 월장(月將)을 바꾸는(換將) 방법이 있는데, 혹(或) 월장(月將)을 바꾸거나 혹(或)은 일진(日辰)을 바꾸고 혹(或)은 육임(六壬)의 방식(方式)에 의거(依據)해서 조합(造合)하는 등(等) 세 가지 방법(方法)이 있다. 모두 뜻은 한 가지다.

어리석게 그 방법을 생각해보면, 마땅치 않은 부분이 있다. 월장(月將)을 예(例)로 보면 정월(正月)에 등명(登明)인데, 책력전문가(曆家)들이 여러 대(代)에 걸쳐 전(傳)한 후(後)에 각 월장(月將)을 두루 쓰게 됐다. 이런 관점에 보면, 이 환장(換將)하는 방법은 모두 취(取)할 수 없다. 이를 쓰지 않으면, (같은 시간에 같은 방위에서) 사람이 찾아왔을 때 혹(或)은 본명(本命) 혹(或)은 행년(行年) 위(上)에서 점(占)을 기과(作課)하는데, 즉(則) 1년(年) 안의 길흉(吉凶)은 볼 수 있다. 이 뜻은 매우 심원(深遠)하니, 고명(高明)한 술사(術士)가 자세히 살펴서 교정(校正)해야 한다.

법에 말하기를(法曰), 양(陽)인 월장(月將)은 후삼(後三) 전오(前五)하고, 음월장(陰月將)이면 전삼(前三) 후오(後五)한다. 과(課)에서 다음 손님을 맞았을 때는 월장(月將)을 바꾸고 귀신(貴神)은 바꾸지 않는다. 이어서 인원(人元) 위(上)에서 월건(月建)을 일으켜 본위(本位)까지 센다.

가령(假令) 십이월(十二月) 임인일(壬寅日) 오시(午時) 신위(申位)라면, 월장(月將)은 공조(功曹) 귀신(貴神)은 현무(玄武), 인원(人元)은 무(戊)다. 다음 손님이 있는데 다시 신(申)에 앉아서 (과(課)를) 세운다면, 십이월(十二月)은 자(子)가 장(將)이니, 양장(陽將)은 후삼(後三)하는 법(法)을 쓴다. (子에서 뒤로 세 번째인) 유(酉)를 오(午)에 놓고 신(申)까지 도달하면 월장(月將)이 등명(登明)이다. 다시 무건(戊建)에서는 갑인(甲寅)이 일어나니 신(申) 위(上)에 도달(到達)하면 인원(人元)은 경(庚)이 된다.

또 다른 손님이 신(申) 위(上)에 앉았다면, 유(酉)가 장(將)이니 전오(前五)를 쓴다. 곧 인장(寅將)을 오(午)에 놓고 신(申)까지 세면 월장(月將)이 천강(天罡)이다. 다시 경(庚) 월건(月建)은 무인(戊寅)을 세우니, 신(申)까지 세면 인원(人元)은 갑(甲)이 된다.

귀신(貴神)은 그대로 현무(玄武)요, 바꾸지 않는다. 이렇게 돌리고 다시 돌려 한 시진(一時)에 십이(十二)과(課)를 짓고, 열세 번째 과(課)에 이르면 첫 번째 과(課)를 쓴다.

※ 차객법(次客法)은 자연(自然)의 이치(理致)로부터 너무 멀리 벗어나 있다.


## 68. 추행년법(推行年法)

갑자순(甲子旬)에 태어난 사람일 때, 남자(男子)는 한 살에 병인(丙寅)이고, 여자(女子)는 한 살에 임신(壬申)이다. 열 살에 해(亥)에 이르는데, 남자(男子)는 순행(順行)하고 여자(女子)는 역행(逆行)한다.

갑술순(甲戌旬)에 태어난 사람일 때, 남자(男子)는 한 살에 병자(丙子)고, 여자(女子)는 한 살에 임오(壬午)다. 열 살에 유(酉)에 이른다.

갑신순(甲申旬)에 태어난 사람일 때, 남자(男子)는 한 살에 병술(丙戌)이고, 여자(女子)는 한 살에 임진(壬辰)이다. 열 살에 미(未)에 다다른다.

갑오순(甲午旬)에 태어난 사람일 때, 남자(男子)는 한 살에 병신(丙申)이고, 여자(女子)는 한 살에 임인(壬寅)이다. 열 살에 사(巳)에 이른다.

갑진순(甲辰旬)에 태어난 사람일 때, 남자(男子)는 한 살에 병오(丙午)요, 여자(女子)는 한 살에 임자(壬子)다. 열 살에 묘(卯)에 다다른다.

갑인순(甲寅旬)에 태어난 사람일 때, 남자(男子)는 한 살에 병진(丙辰)이고, 여자(女子)는 한 살에 임술(壬戌)이다. 열 살에 축(丑)에 이른다.

가령(假令) 갑오년(甲午年)에 태어난 남자(男子)는, 한 살에 병신(丙申)을 일으키고 순행(順行)하면 두 살에 정유(丁酉)이고, 열 살에는 을사(乙巳)에 있다. 스무 살에는 을묘(乙卯)고, 서른 살에는 을축(乙丑), 마흔 살에는 을해(乙亥), 쉰 살에는 을유(乙酉), 예순 살에는 을미(乙未)고, 예순한 살에는 병신(丙申)에 이른다. 예순두 살에는 정유(丁酉), 예순셋에 무술(戊戌), 예순넷에 기해(己亥), 예순나섯에 경자(庚子), 예순여섯에 신축(辛丑)이다.

이 갑오년(甲午年)에 태어난 사람은 금(金)에 속(屬)하는데, 축(丑)에 이르면 묘(墓)에 들어가는(入墓) 것이다. 대운(大運) 또한 오(午)에 있는데, 본명(本命)이 복음(伏吟)이 되고 축(丑)·오(午)

는 서로 해(害)가 된다(相害). 인원(人元)인 경(庚)을 보더라도 서로 같은 형세(形勢)다. 그래서 이 사람은 기해년(己亥年) 삼월(三月) 이십팔일(二十八日) 신시(申時)에 사망(死亡)했다.

이것은 육갑순(六甲旬)의 머리(頭)로 소운(小運)을 일으키는 법(法)이다. 남은 사례(事例)에서 사람의 운(運)을 일으키는 법(法)도 모두 이와 같이 추산(推算)한다.

## 69. 논인행년길흉(論人行年吉凶)

법(法)에 이르기를(法曰), 사람들의 일상(常)은 행년(行年)의 위(上)에서 예(例)에 따라 사과(四課)를 세우고, 이로써 재(災)와 복(福)을 점단(占斷)한다. 만약 행년(行年)과 과(課)의 인원(干) 사이에 상합(相合)이 있으면 가장 길(吉)하다. 합(合)이 되지 않으면 그렇지 않다. 만약 사위(四位)가 상생(相生)하면 길(吉)하고 상극(相剋)하면 흉(凶)하다. 또 말하기를, 흉신(凶神)·흉장(凶將)이 있으면 흉(凶)으로 점단하고, 길신(吉神)·길장(吉將)이면 길(吉)로 점단한다. ○ 가령(假令) 행년(行年)이 기해(己亥)의 과(課)인데, 인원(人元)이 갑(甲)을 보면, 갑기(甲己)가 합(合)이 된다. 만약 간합(干合)이 없고, 지지(地支)가 삼합(三合)이면 또한 좋은 것으로 쓴다. 행년(行年)의 지지(地支)와 과(課)의 장(將)이 함께 삼합(三合)이 되어야 한다. ○ 가령(假令) 행년(行年)이 해(亥)이면, 과(課) 위(上)에서 태충(太沖) 혹(或)은 육합(六合)을 보고, 소길(小吉)이나 태상(太常)이 있는 것이다. 만약 삼합(三合)이 없으면, 육합(六合)을 취(取)해도 좋다. 행년(行年)의 지지(地支)와 과(課) 위(上)의 장(將)이나 신(神)이 육합(六合)이 돼야 한다. ○ 가령 행년(行

년)이 해(亥)에 있으면, 과(課)는 공조(功曹) 혹(或)은 청룡(靑龍)을 보아야 한다.

## 70. 행년재복가(行年災福歌)

인(寅)은 우두머리(元首)로 공조(功曹)라고 부른다. 운(運) 안에서는 형통(亨通)해서 직위(位)가 높아진다.

고결한 선비와 귀인이 서로 끌어당기고, 친척과 친구들이 서로 만난다.

남자가 이 운(運)을 만나면 조문(弔問)할 일이 오는 것을 막아야 하고, 형화(刑禍)를 만나거나 하늘의 감옥(天牢)을 볼까 두렵다.

이것이 운(運) 중(中)에 재(災)·복(福)의 비결(祕訣)이니, 후인(後人)은 유의(留意)하여 자세히 모아야 한다.

묘(卯)가 소운(小運)이면 태충(太沖) 궁(宮)인데, 이 운(運)에 거(居)할 때는 혼(魂)이 불안하다.

남자는 여러 질병으로 머뭇거리고, 관사(官事)가 느닷없이 허물을 가져옴을 방비해야 한다.

※ 원문에는 허물 건(愆) 자를 "亻 + 夫夫 + 心"으로 표시했는데, 『강희자전(康熙字典)』에 예시된 "亻 + 天天 + 心"자(字)의 오기(誤記)로 보인다. "亻 + 天天 + 心" 글자는 현재 "허물 건(愆)"으로 사용되고 문맥에도 합당하기에 고쳐서 번역했다.

일이 넉넉하니 심신(心神)은 황홀(恍惚)하고, 운(運)이 진(辰)에 이르면 재물을 구하는데, 온갖 일이(百事) 어렵다.

병(病)을 얻으면 재앙을 면(免)하니 감사하게 기도(祈禱)하고, 몸이 길 가장자리로 되돌아나갈까 두렵다.

진(辰)은 용맹한 장수(猛將)라 천강(天罡)이라 부르고, 이 운(運)의 추이(推移)는 일이 펼쳐지지 않는데 있다.

손궁(巽)에 처(處)하면 지망(地網)이 되니, 뭇 사귀(邪鬼)가 괴이(怪異)하게 재앙을 만든다.

용신(龍神)과 토지(神)이 번갈아 보내지니, 이 집에 반드시 거듭 상(喪)이 난다고 정(定)한다.

고치거나 옮기는 것은 모두 불리하고, 급(急)히 물속에서 제사를 올리는 법(法)을 만들어야 한다.

사(巳)는 태을(太乙)이 거(居)하는 땅이니, 질병을 자주 부르고 관재(官災)가 온다.

요사한 귀신이(邪魅) 때때(時時)로 화(禍)를 만들어오니, 가마솥이 울고 지붕이 무너지는 일이 편안히 놀며 산다.

※ 원문에 "金鳴屋爆"라고 써 있는데, "釜鳴屋爆"를 잘못 쓴 것이 분명하여, 고쳐서 번역했다.

조왕신(竈)께 제사 드리고 혈성귀(血腥鬼)에게 제사를 지내며, 보고 또 보면 은밀하게 재앙이 일어날까 두렵다.

이 운(運)을 벗어나면 급(急)히 자리를 옮기고, 합(合)이 있다면 재물(財)과 녹봉(祿)에 좋은 일이 마땅하다.

오(午)는 이지(離地)요 승광(勝光)의 고향이니, 이 운(運)에는 재물을 구하거나 온갖 일이 잘 된다.

관(官)에 들어가 송사를 해도 이치를 얻고, 현자(賢者)와 귀인(貴人)을 보고 제후(侯王)를 만난다.

통달함(通達)을 마치고 이미 앞에 지나갔으니, 다가올 해는 더더욱 대길(大吉)하다.

고치는 일은 모두 크게 꺼리니, 덜어내면 물속에서 제사하는 법(法)을 만들지 않는다.


미(未)는 소길(小吉)인데 두런거리는 소리가 많고, 이 운(運)에는 밭농사와 누에농사(田蠶)가 더욱 차고 넘친다.

온갖 일을 마쳤으니 더 쫓아가는 것은 피하고, 재물을 구한다면 도둑맞아 잃어버리는 것을 막도록 신중해야 한다.

조문(弔問)할 일이 임(臨)했으니 더 늘거나 주는 것을 살핌이 당연하고, 흉재(凶災)가 편안하니 서로 핍박(逼迫)할 일이 오겠다.

후일에 현자(賢者)가 세밀하고 깊게 찾아 살펴보면, 이 운(運) 중에 재(災)·복(災福)은 버릴게 하나도 없다.


신(申)은 전송(傳送)인데 집에 흉(凶)이 있고, 이 운(運)에는 집과 사람(私)이 아울러 불통한다.

밖에 나가 재물을 구하면 한편으론 기쁨이 있는데, 집에서 지내면 병(病)·부스럼(瘡)·여윔(癭) 등(等)이 두렵다.

깃발을 만들어 동쪽으로 보내면 널리 길(吉)하고, 재물 만들 일을 만나면 손님을 기쁘게 한다.

고치고(修造) 옮기는 일은 모두 하지 말고, 갑을(甲乙)에 살기는 견디지만(堪居) 청룡(靑龍)을 싫어한다(厭).

유(酉)는 백호(白虎)요 종괴(從魁)라고 하는데, 도깨비(鬼魅)인 천강(天罡)이 지름길로 재앙을 보낸다.

※ 유(酉)는 백호(白虎)가 아니라 태음(太陰)이다. 원문에 잘못 기록된 예(例)인데, 원문대로 번역했다.

다섯 귀신이(五鬼) 문(門)에 왔으니 재물이 흩어지고, 이 운(運)을 다시 만나면 큰 재앙(災殃)이 머문다.
운중(運中)에 우마(牛馬)가 죽는 것을 만나고, 백호(白虎)가 (함께 있으면) 때때로 재앙인 화(火)가 온다.
이월(二月) · 팔월(八月)에는 마땅히 근신하며 지키는데, 반드시 상사(喪事)가 있으니 곡성(哭聲)이 애(哀)처롭다.

술(戌)은 천공(天空)이고 하괴(河魁)라 하는데, 이 운(運)을 만나도 재앙(災)이 있다.
문을 닫고(閉塞) 불통하니 막히는 어려움이 많고, 보고 또 보면 감옥(刑獄)의 첫째자리(壓頭)가 다가온다.

※ 압두(壓頭)는 "남을 누르고 첫째자리를 차지한다."는 뜻이다.

천라(天羅)가 몸을 만나면 풀려나기가 어렵고, 지망(地網)이 혼미해지면(沈迷) 돌아올 길을 찾을 수 없다.
남자는 관재(官災)를 꺼리고 질병을 걱정하는데, 여자는 태아(胎兒)를 상(損)하는 출산을 막아야 한다.

해(亥)는 음귀(陰鬼)인데 등명(登明)이라고 한다. 이 운(運)에는 일을 구(求)했어도 이루지 못한다.

네 발 달린 짐승이(四足) 문(門) 앞에 있으면 괴이(怪異)한 일이 많고, 또 적은 식구나 어린 사람(小口)에게 재액(災厄)이 머문다.

은연중에 음모(陰謀)를 당하고 구설(口舌)을 부르며, 막히는 어려움을 만나면 자금(資金)도 손해 본다.

사(巳)·해(亥) 월일(月日)엔 꺼릴 일이 응(應)하는데, 조문(弔問)할 때는 불행이 오는 것을(禍臨) 당기지 않도록 막아야 마땅하다.

자(子)는 신후(神后)로 태음(太陰)의 정수(精髓)인데, 이 운(運)에서는 사정(情)을 말할 수 없다.

문(門)에 이르는 일마다 괴이(怪異)한 것이 많고, 해가 중천에서 벗어나면 반드시 간사(姦私)한 일이 생긴다.

옮기거나 개조하면 많은 이익이 마땅한데, 좋은 일에 계획이 없으면 주(主)로 손해의 원인(因)이 된다.

자(子)·오(午)·묘(卯)·유(酉)에서는 조문(弔問)을 쉬고, 장(將)을 대(帶)하면 귀신병(鬼祟)이 안마당(門庭)에 들어온다.

축(丑)은 대길(大吉)이니 편안한데, 십이(十二) 년중(年中)에는 축(丑)의 하늘(天)에 이른다.

이 운(運)에는 밭농사·누에농사(田蠶)가 잘 따르는 일이 많고, 지금의 복록이 높아진다고 정(定)한다.

천후(天后)인 남녀는 모두 근심(咎)을 만나는데, 사계회살(四煞)인 여인(陰人)에게 허물(愆)이 있다.

축(丑)·미(未) 월(月)에는 꺼리는 일을 피(避)함이 마땅하고, 다른 사람의 본명(本命)을 만나면 화(禍)가 이어진다.

※ 귀수(鬼祟)는 "귀신(鬼神)을 빌미로 나는 병증(病症)"이다.

※ 사살(四殺)은 사계회살(四季會煞)인데, 축(丑)이 술(戌)을 보는 것이고 주로 정신병(精神病) 같은 재액(災厄)을 뜻한다.

## 71. 사과가령(四課假令)

과(課)는 인원(人元)·귀신(貴神)·월장(月將)·지분(地分)을 본체(體)로 한다. 사위(四位) 안에서 오행(五行)의

| 課例 16 | |
|---|---|
| 水 | 癸 |
| 土 | 太常 |
| 木 | 太衝 |
| 金 | 酉 |

휴(休)·왕(旺)을 잘 살피고, 전쟁(戰爭)을 취(取)하면 과(課)는 증험하지 않는 것이 없다(無不驗). 이 사과가령(四課假令)은 이미 준비된 술사(占者)가 살펴보고 사용해야 한다.

가령(假令) 임신년(壬申年) 이월(二月) 초일일(初一日) 갑인(甲寅) 사시(巳時)에 유위(酉位), 등명장(登明將)인, 癸(水) : 太常(土) : 太衝(木) : 酉(金). ― 과예(課例) 16 참조(이하 과예를 참조하기 바란다) ―

이 과(課)는 주(主)로 사람이 밖에 있다. 길에서 도적을 만나고, 도적이 여인(陰人)의 재물을 가져간다. 어떻게 아는가?

사위(四位) 안에서 태충(太衝)을 보는데, 태충(太衝)은 도적의 신(神)이다. 고(故)로 태충(太衝)·겁살(劫煞)이 손상(傷)하니 도적을 들인다. 태상(太常)은 여인(陰人)인데, 태충(太衝)의 극(尅)을 받으니, 태상(太常)은 무기(無氣)하다. 태상(太常)은 여인(陰人)이고 재물(財帛)로 좋은 일이 있다고 했으니, 재물을 잃는 원인을 물으면, 그 사람이 반드시 밖(外)에 있었고, 술잔치나 혹(或)은 약

(藥)에 빠져(中毒) 혼미(昏迷)하고 몰랐기 때문이다. 이런 까닭에 도적이 여인(陰人)의 재물(財帛)을 뺏는다(劫). 태상(太常)이 위에서 재살(災煞)과 겁살(劫煞)을 보면, 태상(太常)은 늘 무기(無氣)하다. 그래서 겁살(劫煞)·재살(災煞)이 태상(太常)을 만나면 대게 두세 차례 재물(財帛)을 잃는데, 주(主)로 술잔치(酒筵)와 독약(毒藥)의 해(害) 때문이다. 만약 괴강(魁罡)이 있어도 주(主)로 이런 재앙이 인데, 빈(牖)은 반드시 그렇지는 않다고 했다.

주(主)로 그 사람(人)이 도적의 위에서 관(官)을 움직여(動) 썼기 때문이다. 또 이는 과거사(過去事)다. 이를 어떻게 아는가? 인원(人元)이 수(水)요, 수(水)는 또한 성씨(姓氏)인데, 성(姓)이 외인(外人)에 속(屬)하고, 태상(太常)인 토(土)가 인원(人元)을 극(尅)하기 때문이다. 그래서 성(姓)에 극(尅)이 있으면 다만 관사(官事)가 일어났음을 안다. 어떻게 과거(過去)라고 하는가? 인원(人元)은 본래 계(癸)요, 계(癸)는 해(亥)의 본신(本身)인데, 지금 목왕(木旺)하니 곧 수(水)는 휴(休)다. 또 묘(卯)·유(酉)는 문호(門戶)인데, 해(亥) 또한 문(門)의 안이다. 이 사람이 주(主)로 보는 지금 있는 관사(官事)는 아직 끝나지 않았다. 지금 사위(四位) 안에서 묘(卯)를 보면, 묘(卯)는 문호다. 일 또한 문(門)에 있다.

이 사람은 주로 먼저 흉(凶)하고 나중에 길(吉)해진다. 비록 재물을 잃었어도(傷), 그 몸은 피해를 입지 않았다. 지금 재물은 비록 도적이 훔쳐갔지만, 나중에 다시 얻는다. 지분(地分)이 도리어 월장(月將)을 극(尅)하기 때문이다. 그래서 잃었다가 다시 찾는다.

어째서 몸은 다치지(損) 않는가? 사위(四位)가 밖으로 거듭 극(尅)하기 때문이다. 말하자면 태상(太常)이 묘(卯)에 임(臨)하면 재물인데, 도적·구설이 와도 재앙이라고 하지 않는다. 6리(里)의 길가에서 양(羊)과 토끼(兎)를 만나면, 꽃과 과일(花果)을 먹는 일이 가슴 안에 있다.

이제 열두 신살(神煞)이 과(課)에 들어왔을 때 필요한 고견(高見)을 밝혀 놓았으니, 후세의 사람들이 본받고 사용하길 바란다.

가령 甲(木) : 玄武(水) : 傳送(金) : 午(火).

이 과(課)는 주(主)로 그 집에 밖으로 나간 사람이 있고 또 주(主)로 병(病)이 있다. 또한 주(主)로 집안에 관사(官事)가 있는데 흉(凶)하다. 어떻게 아는가?

전송(傳送)을 보라. 전송(傳送)은 백호(白虎)의 신(神)이다. 지분(地分)은 화(火)에 속(屬)하고 화(火)는 그 속성이 위로 타오르니(炎上) 능(能)히 금(金)을 극(尅)한다. 그래서 말하기를, 백호(白虎)는 무기(無氣)하니 이에 계합(契合)하면 주(主)로 매우 좋지 않은(凶喪) 일이 있다.

| 課例 17 | |
|---|---|
| 木 | 甲 |
| 水 | 玄武 |
| 金 | 傳送 |
| 火 | 午 |

대게 백호(白虎) 신(神)은 주(主)로 도로에 관계된 일인데, 이에 부합(附合)하면 밖으로 나간 사람이 있고, 이미 극(尅)이 있으니, 주(主)로 좋지 않은 일이 있다.

또 관재(官災)로 도망가고 옮겨갈 일이 있다. 그래서 말하기를, 백호(白虎)가 흉(凶)한 일을 당(當)하면 평범치 않은데(不常), 도로에서 다치거나 죽거나 또는 도망가는 것을 본다. 본위(本位)에 임(臨)하면 거듭 실패하고, 목(木)에 들어가면 구설이고 화(火)에 들어가면 상(傷)한다.

또 말하기를, 이 집에는 반드시 군인으로 밖에 나간 사람이 있고, 혹(或)은 후두창(喉頭瘡)을 앓거나, 또는 수레나 맷돌에 명

(命)을 상(傷)하는 일이 있다. 월장(將神)을 보니 금(金)인데, 금(金)이 화위(火位)에 빠졌고, 구원(救援)하는 것이 없으니, 주(主)로 이와 같은 재앙이 있다. 거듭 말하기를, 신(申)이 사(巳)·오(午)에 임(臨)하면 군인이고, 길(途)의 수레(車碾)에서 후창(喉倉)을 앓은 손님이 있다. 이런 일이 그치지 않으면 주(主)로 한두 남자나 어린 남자(陽人小口)가 다친다.

지분(地分)이 화(火)요, 오(午)는 양화(陽火)인데, 위로 현무(玄武)를 보니, 사이가 있는 위치에서 극(尅)해온다. 수(水)의 속성은 아래로 적시는(潤下) 것이니, 비록 구원하는 신(神)이 있지만 밖에 서 있어서(外) 사이를 두고 끊어지니(隔絶) 결국엔 구원(救援)하지 못한다. 그래서 다만 한두 남자나 어린 남자(陽人小口)를 다치게 할뿐이다.

또 주(主)로 그 집은 재물을 조금 잃고, 파탄(破綻)내는 성향(性向)을 가진 사람이 있다. 혹(或)은 눈(眼)에 질환이 있고, 체구가 작으며, 추악한 용모인데, 도둑질하기를 좋아한다.

또 주(主)로 이 집은 하천 옆에 있거나 혹(或)은 하천 가까이에 있다. 말하기를 현무(玄武)가 흉(凶)하면 주(主)로 집이 하천과 수재(水災)에 가깝고, 귀신(鬼)이 괴이(恠異)하며 나아가 요사한 마귀(妖魔)가 나타난다(出). 자손을 얻으면, 추악함이 많고, 도적이 세 번 오며, 화(火)가 상(傷)할 때가 많다.

또 말하기를, 현무(玄武)가 양(陽)이고 흉(凶)하면 무기를 든 군인(兵仗軍)인데, 얼굴과 몸이 작고 왼쪽 눈이 혼탁하며(昏) 신색(色)도 나쁘고, 입술이 거칠며 형체(形)도 반드시 못생겼고, 눈은 물건을 옆으로 보는, 밤의 인물이다. 또 말하기를, 현무(玄武)는 양(陽)이고 도적인데, 눈(眼)으로 비스듬히 살펴보니, 사람을 모해(謀害)하고 도망가는 것을 본다. 사람이 도둑의 흙탕물을 뒤집어쓰면, 처와 여인(妻女)이 달아난다. 귀신(鬼)이 움직이고 신(神)이 오면 알지 못할 것이 없다.

이 과(課)는 비록 흉신(凶神)이지만, 우선은 걱정스러워도 나중에는 좋게 된다. 어떻게 아는가? 인원(人元)이 갑(甲)인데, 갑(甲)은 청룡(靑龍) 목(木)이고, 현무(玄武)는 수(水)라, 위로 청룡(靑龍)을 생(生)한다. 청룡(靑龍) 목(木)은 화(火)를 위(爲)하니, 주(主)로 부합(符合)하고 주(主)로 화(火)가 왕(旺)하여, 예측할 수 없는 좋은 일이 있다.

가령 내정점(來情占)이면, 어떻게 점단(占斷)하는가? 필시(必是) 한 남자(陽人)를 찾는다. 가슴이 맡아서 공인(公人)을 만드는데, 인원(人元)이 갑(甲)이고, 갑(甲)은 공조(功曹)로, 청룡(靑龍)의 형체(形)다. 그래서 말하기를, 청룡(靑龍)은 관리(官吏)요, 장부(帳簿)를 관리하는 서기(書司)다. 대게 귀신(貴神)이 인원(人元)을 생(生)하는데 부합하면 주(主)로 사람을 찾는다. 귀신(貴神)이 인원(人元)을 극(尅)하면, 주(主)로 관사(官事)다. 귀신(貴神)이 지분(地分)을 극(尅)하면, 주(主)로 어린 사람을 상(傷)하고, 나아가 재물을 부순다.

가령 문을 나가는 점(出門占)이면 주(主)로 무엇(何物)을 보는가? 말하기를 반드시 좋지 않게 효도(孝道)할 일이다. 또 한 남자(陽人)가 도적을 만드는데, 눈썹과 눈(眉眼)이 바르지 않다. 또 한 명의 하급 관리(官吏)를 보는데, 주(主)로 다른 한 사람을 거느리고 간다. 필시(必是) 둘은 형제다. 어째서 이렇게 보는가? 백호(白虎)가 불구덩이(火)에 빠져서, 화위(火位)에서 몸을 태우니, 필(必)히 주(主)로 사망(死亡)하고 운다. 현무(玄武)는 도적이고 인원(人元)인 갑(甲)은 관리다. 수(水)와 목(木)이 상생(相生)하니, 형제(兄弟)라고 한다. 또 말하기를 동류(同類)는 형제라고 하는데,

지금 수생목(水生木)이 응(應)하는 것을 보면 이미 생(生)했으니, 자세히 살펴서 바른 길로 가라.

가령 하나의 묘(墓)를 보았을 때, 묘(墓) 아래에는 여인(陰人)이나 남자(陽人)가 있다. 이 과(課)에 근거해서 말하자면 반드시 남자(陽人)인데, 사과(四課) 안에서 다만 귀신(貴神)과 인원(人元) 두 위(位)가 왕상(旺相)함을 본다. 왕효(旺爻)에 따라 점단하니, 인원(人元)과 현무(玄武)가 모두 양위(陽位)이므로 남자(陽人)라고 단정(斷定)한다.

그 사람의 병(患)이 심(甚)하여 죽었는지 묻는다면, 하늘이 아프게 했으니 주(主)로 천식(喘)으로 죽었는데, 사위(四位) 안에서 다만 금(金)이 극(尅)을 받는다. 그래서 말하기를, 금(金)을 극(尅)하면 천식(喘)이다. 다만 이미 이루어진 대강을 서술했으니, 이 신묘(神妙)함은 오직 사람에게 달려 있다. 자세히 살펴 얘기하라.

가령 임신일(壬申日) 사시(巳時), 미지(未地)에 축장(丑將)인, 丁(火) : 太陰(金) : 太衝(木) : 未(土).

이 과(課)는 주(主)로 그 집에 재물이 부서지고 또 한두 여인이나 어린 여인(陰人小口)이 다친다. 어떻게 아는가?

말하자면 지분(地分)이 미토(未土)요 음(陰)에 속(屬)하는데, 태충(太冲) 목(木)이 와서 극(尅)을 받는다. 그래서 주(主)로 한두 여인이나 어린 여인(陰人小口)이 상(傷)한다고 한다. 재

| 課例 18 | |
|---|---|
| 火 | 丁 |
| 金 | 太陰 |
| 木 | 太衝 |
| 土 | 未 |

물이 부서지는 것은, 지분(地分)이 재물(財帛)의 신(神)인데, 목(木)의 극(尅)을 받는다. 또 주(主)로 그 집이 도적을 만나고 주

(主)로 출입문(門戶)이 손상된다. 문과 집을 고치고 이전하려고 해도 배와 수레가 파손되며, 그 형제가 각자 흩어진다.

또 말하기를, 태충(太沖)이 위로부터 태음(太陰)의 극(尅)을 받으니, 그 집에 주(主)로 여인(陰人)이 병(病)을 앓는다. 이 사람의 병(病)은 기침병(喘嗽病)이고, 겸(兼)하여 많은 병(病)을 앓고 나서 스스로 목을 매고 죽는다. 어째서 그렇게 보는지 묻는다면, 태음(太陰)이 여인(陰人)이니 음금(陰金)에 속(屬)하고, 인원(人元)인 정화(丁火)가 외부(外部)에서 극(尅)하니 태음(太陰)은 무기(無氣)하다. 또 구원하는 신(神)이 없으니, 마땅히 사망한다. 그러한데 반드시 기침병을 앓고 나서 스스로 목을 매는 것은, 월장(月將)이 묘(卯)이고 묘(卯)는 사중(四仲)의 신(神)인데, 사중(四仲)은 고통스러운 병(病)으로 앓기를 마쳤다는 뜻이다.

또 주(主)로 그 부인은 평소에 음란한(淫邪) 일을 좋아했는데, 무엇 때문인가. 태음(太陰)이 자리에 오면(當位), 태음(太陰)은 주(主)로 여인(陰人)과 흐릿하고 불명확한 일이다. 극(尅)이 있으면 주(主)로 부부가 불화하고 이별할 상(象)이며, 여인(陰人)이 기침에 지치고 스스로 목을 매 죽는 일이다. 그 죽은 부인은 주(主)로 용모(容貌)가 깔끔하고 좋다. 태음(太陰)은 기품이 있고 아름다우며 솜씨도 좋은데, 성격은 느긋하고 목소리는 맑게 밝으며 기예(技藝)도 고상(高尚)하다. 몸(形)은 호리호리하고 얼굴은 방정(方正)하며 눈과 눈썹은 섬세(細)하다. 빗으로 빗어 꾸민 것처럼 엷고 푸른빛이 나니 요사(妖邪)한 사람으로 의심하지만, 이 사람은 좋은 가문의 사람이다. 따라서 이와 같이 점단한다.

가령 해장(亥將)이고 신유일(辛酉日) 사시(巳時)에 오위(午位)인, 甲(木) : 貴神(土) : 神后(水) : 午(火)

이 과(課)는 주로 형제(兄弟)의 수(數)가 적고 고독(孤獨)하다. 대게 동류(同類)로 형제를 삼는데, 사위(四位) 안에 동류가 없다.

주(主)로 이 집에 부모와 자손이 모두 없다. 나를 생(生)하는 것을 부모라 하고, 내가 생(生)하는 것을 자손이라 하는데, 이 사위(四位) 안에는 상생(相生)이 없다.

그 처(妻)는 머리를 묶었다. 나를 극(尅)하는 것을 관귀(官鬼)라 하고, 내가 극(尅)하는 것을 처재(妻財)라고 하는데, 이 사위(四位)에서는 거듭 상극(相尅)하니, 이에 부합(符合)하는 것이 처(妻)가 머리를 묶는 것이다.

| 課例 19 | |
|---|---|
| 木 | 甲 |
| 土 | 貴神 |
| 水 | 神后 |
| 火 | 午 |

재(災)·복(福)을 말하자면, 우선 인원(人元)이 귀신(貴神)을 극(尅)하니 상극하(上尅下)인데, 주(主)로 외인(外人)이 있어서 자기(自己)를 해(害)치려는 음모를 품고 온다. 귀신(貴神)이 월장(將神)을 극(尅)하니, 주(主)로 처(妻)를 죽이고 재물을 버리며, 주(主)로 토지문제로 다투고 또 주(主)로 관사(官事)와 뇌옥이다. 그래서 말하기를, 목(木)이 토(土)에 들어오면 감옥살이(刑獄)요, 토(土)가 수(水) 위(上)로 가면 집 및 토지문제로 다툰다. 다시 주(主)로 관청(官司)과 송사가 있고, 문서(詞狀)가 움직인다. 단지 수(水)가 토(土)에 들어오면 신후(神后) 수(水)인데, 주(主)로 간사함(姦邪)·재판·공문서에 얽힌 일이다.

이 과(課)는 존신(尊神)인 귀인(貴人)이 가까이 있어도 주(主)로 이치를 얻지 못한다. 인원(人元)은 객(客)이고, 사위(四位) 안에서 오직 객(客)만 왕(旺)하고 주(主)는 쇠(衰)하니, 이치를 얻지 못한다.

이 과(課)에서 묘(墓)를 가려 보면, 남자(陽人)라는 것을 말할

수 있는데, 어떻게 아는가? 이는 사위(四位)가 순양(純陽)이므로,
남자(陽人)라고 점단한다. 이 과(課)를 근거로 보면, 또 적은 식구
나 어린사람(小口)이 다친다. 양(陽)을 보면 남자(陽)요, 음(陰)은
여인(陰)이다. 또 주(主)로 이 집도 손상됐다. 묘(卯)는 인문(人門)
이고, 자(子)·오(午)는 천문(天門)이다. 지금 사위(四位) 안에서
다만 자(子)인 천문(天門)만 보인다.

※ 이 구절에서는 원문의 오류(誤謬)를 수정하지 않고 번역했
다. 여기의 과예(課例)를 보면 사위(四位)가 순양(純陽)이 아니고,
또 천문(天門)인 자(子)와 오(午)가 모두 있다. 소위 역술(易術)의
고서(古書)들에는 이 같은 오류가 종종 있다. 다른 고서를 보더라
도, 이 같은 오류를 참작하고 살펴보길 바란다.

천을귀신(天乙)이 살(煞)을 입으면, 재앙(災殃)은 주(主)로 귀인
(貴人)이 어려운 일을 당하는 것과 같으니 어떻게 통(通)하겠는가.
귀신(貴神)이 월장(月將)의 극(尅)을 받으면 가장(家長)이 상하고
(損), 귀신(貴神)이 월장(妻兒)을 극(尅)하면 울게 되는(哭泣) 흉
(凶)이다.
여기 열두 귀신(神)이 있는데 살(煞)이 함께 입과(入課)하고, 귀
신(貴神)이 위에서 재살(災煞)을 본다. 월장(將神)은 자(子)이니,
신자진(申子辰)의 겁살(劫煞)은 사(巳)에 있다. 재살(災煞)·세살
(歲煞)·천살(天煞)·월살(月煞)·지살(地煞)·망신(亡神)·장성
(將星)·반안(攀鞍)·역마(驛馬)·육액(六厄)·화개(華蓋) 등(等)
을 순차(順次)대로 배정한다. 이 중(中)에 요긴(要緊)하게 쓰는 것
은 겁살(劫煞)과 역마(驛馬)에 지나지 않는다. 자세히 살펴서 사용
하기 바란다.

가령(假令) 甲(木) : 白虎(金) : 河魁(土) : 癸(水)

이 과(課)는 우선 하극상(下尅上)이다.

주(主)로 관사(官事)가 일어나고, 또 주(主)로 도로(道路)에서 사람이 죽는 일을 만난다. 백호 (白虎)가 술(戌)에 임(臨)하면, 술(戌)은 해골(骸 骨) 종류(種類)라, 또한 주(主)로 매장(埋葬)할 일이 있는데, 해골(骸骨)을 버리는 일이다. 혹 (或)은 네발 달린 짐승(四足)이 달아난다. 괴이 한 일을 점(占怪)쳐도 네발 달린 짐승이다. 병 점(病占)이면 매우 좋지 않다.

| 課例 20 | |
|---|---|
| 木 | 甲 |
| 金 | 白虎 |
| 土 | 河魁 |
| 水 | 癸 |

어째서 관사(官事)가 일어난다고 하는가. 귀 인(貴人)이 인원(人元)을 극(尅)하니, 그 성(姓) 을 극(尅)하는 것인데, 이로써 관사(官事)가 일어남을 안다.

이 과(課)에서는 또 적은 식구가 다치고 재물이 흩어진다. 대게 월장(將神)이 지분(地分)을 극(尅)하면, 적은 식구가 다치고 재물 이 부서진다. 또 좋지 않은 상사(喪事)가 있는데 어째서 이렇게 보 는가. 월장(將神)이 술(戌)에 있고, 술(戌)은 해골의 신(神)인데, 또 위로 백호(白虎)를 보아도 역시 해골의 신(神)이다. 지금 백호 (白虎)가 술(戌)에 임(臨)했으니 두 해골신(骸骨神)을 거듭 본다. 그래서 주(主)로 상(喪)을 거듭 치른다. 묘(墓)를 점(占)치면 어째 서 남자(陽人)라고 하는가. 사위(四位) 안에서 다만 백호(白虎)가 왕(旺)한 것을 보니, 남자(陽人)라고 하며 의심할 여지가 없다.

이 과(課)는 또한 주(主)로 크게 흉(凶)한데, 어떻게 아는가. 백 호(白虎)가 위에서 겁살(劫煞)을 보는데, 인오술(寅午戌)의 겁살 (劫煞)은 해(亥)에 있다. 백호(白虎)가 재살(災煞)·겁살(劫煞) 궁 (宮)에 가면, 반드시 두 번 거듭 잃는다(喪失). 두 호랑이가 괴강

(魁罡) 위에서 왕(旺)하니, 목(木)인 인원(人元)이 매우 흉(凶)한
일이 있다.

## 72. 피두성(被頭星)

진위(辰位)에서 자(子)를 일으켜 미래의 운수(運數)를 알아보는
데, 진(辰)이 자(子)를 떨어뜨리니 피두성(被頭星)이라고 한다.

※ 피두성(被頭星)은 한 가지 경우다. 지지(地支)의 첫머리인 자
(子)가 곧바로 묘(墓)에 갇히는 것이다. 즉 어떤 일이나 상황(狀況)
의 시작(始作)인 머리가 재액(災厄)을 당하는 것을 말한다. 여기에
서 역수(逆數)란 "미래(未來)의 운수(運數)를 미리 눈치 챘다."는
뜻이다.

# 부록

# 경본(京本) 금구결(金口訣)
# 원문(原文)

# 校正京本六壬神課金口訣大全序

粤自河圖洛書出先聖則之爲經以開物成務而前民用誠萬歲道術之鼻
祖也　古設大卜筮人之觀掌其事而今亡矣　惜哉世傳神課金口訣命
謂述自孫氏臏臏始精大六壬尤歎其博而弗約遂擇其簡粹神妙之最
輯爲此書傳行于世占無不應　後之好事者引伸觸類散其底蘊　使觀
占者率多病其渙漫無所措手子時備員內書局供職之　暇悉搆諸說之
同異糸互官本于凡歌訣斷例詩詞賦頌之類　巨細畢舉一一重訂校正
間附已意　補其闕晦而直觧之捐俸鋟梓以續厥傳其爲神課者　以三
傳四用生尅之占于天時地理人事之浩靡不奇驗非天下之至神其孰
能與於此其爲金口訣者　如令出人之口無所囘互改易之謂也　前人
取名意或如此若其中幽深玄遠者多不能盡曉姑闕以竢高明之士斤之
庶不失前人微意云
楚黃陶中輔撰
浙蘭李右文重刊

## 六壬神課金口訣目錄 上卷

貴神臨劫煞      合用神煞

貴神値人元      五鬼歌日

貴神臨神煞      四象五行圖

魁罡所臨      十干生尅所主

傳送所臨      十二支生尅所主

飛符加年月日      貴神休旺所主

喪門加年月日      將神源會所主

天鬼加年月日      十二貴神臨本位所主

天羅地網加年月日      十二貴神見十五行所主

關隔鎖      十二將神見五行所主

旬中空亡      神將同用神所主

四大空亡      神將所屬圖

四絕      次客法

四敗      推行年法

月建旺相      論人行年吉凶

月破休囚      行年災福歌

歲君建破      四課假令

論歲神

# 六壬神課金口訣卷之上

洞春道人楊守一精閱
鍾谷逸士熊大木校正
金谿居士周儆弦重訂

## 消息妙論
凡占課 入式歌 言其大象 五動爻觀其大意 以格局看其事體 憑驛
馬神煞斷其吉凶 以空亡月破支干三合六合驗其成敗 潛心推測 無
不神妙

## 入式歌解
入式之法妙通玄 月將加時方上傳 更看何神同一位 日干須用五子
元
解曰凡課有四位 一地分二月將三貴神四人元 一地分是問課人所
立之方或所坐之方是也 二月將是正月登明從亥逆周十二位 以定
十二月也 三貴神是天乙貴神也 照甲戊庚日牛羊之例 其用牛羊二
位取晝夜 以行順逆之義 四人元是五子元遁 甲己還生甲也 以所
占之日依例而取 ○假令二月戌將 丙寅日午時 以申地占之 就用
月將加於午上 數至申地 得子將神后 乃起貴神 丙丁豬鷄位 將貴
字加亥上 順數至申 得玄武 就五子元遁丙辛從戊子 於子上數至
申 亦得丙字屬火 地支申字屬金 貴神將神屬水 以其生剋制化而
定吉凶 餘例倣此

## 尅者爲無從旺斷

解曰 爲無者是四位內俱無尅 只取旺神爲用 故曰從旺斷

## 五行之內細推元

解曰 祇四位內辯五行有尅無尅 以見吉凶

## 便將神將詳凶吉

解曰 以貴神爲主 主者尊神也 以月將爲相 相者取事也 以十分災
福爲率 有七分在此二神分辯 兼有首尾 首尾者人元地分也 以其
始事故爲首 以其成事故爲尾 至於論一課之首尾 則人元爲首而地
分爲尾矣 是以貴神與人元分其賓主 將神與地分其財宅 又神與
將各定善惡 以斷休咎 將也神也人元也 分下中上爲初中末 及其
斷災福 亦併地分取之

## 方察來人見的端

解曰 察來人方位 問從何方來爲發課目 十二地分上有十二神將
又有十二貴神上有人元 宜於四位內察之 若從吉神上來 主有財帛
之喜 遷進之事 乃詳旺則成 合則就 百事無凶 若帶凶神凶位上來
多主死亡 走失爭鬭獄訟官災疾病之事 又以方位知來意 以坐位知
災福 以來人命上知成敗 用日辰之之後 取時立成四位 消息推詳
無不神驗

## 二木爲爻求難得

解曰 占課時須審四位 如四位內見二木不宜求望 或難成也 ○假
令地分在寅 上遁得太沖是二木也 若貴神是水 水下生二木 卯爲
門戶 應財在門 地分爲寅 寅爲財帛 此二木得水化爲生氣 亦有喜
事七里應之 更人元見土神 又以財帛課論之 土爲我身 更貴神尅
天后水 主客旺也 二木化爲財帛 更遙尅人元 必有大喜應之 雖有
二木 又何難求 審而用之 愼無執一.

## 二土比和遲晚看

解曰 四位內見二土 主客作事遲晚 縱雖有成而主遲也 ○假令其
家求財 或爭財帛 於四位內見二土 或地分是土 或人元是水 却主
有喜事兩重也 重得貴神是木 木爲主人 主自尅財 土皆無氣 財反
遙尅人元 主客又相生 故家財必得矣 雖見二土主遲滯 然求之立
有大喜兩重應之

## 二金刑尅都無順

解曰 四位內見二金 主凶又主不順 ○假令人元是金 貴神亦是金
月將是木 更相刑殺 故凶 主亡妻 爲二金尅陰木故也 後取二金 下
尅貴神 亦主破財 蚕絲不成 ○假令將神是金 貴神是金 人元是木
上尅人元 亦爲二金 須主官事災厄 更嫌惡煞交加 然客受刑責 占
訟之用我獲吉矣 又加二金在兩頭 上下見水及土 主有喜事 又如
水在中心 主家產女子 如土在中心 主子孫出外爲商旅 如上下比
和 必有進財添田土之喜 不然移宅應之

## 二火爲災百事殘

解曰 謂四位見火爲凶 二火雖凶 殊不知見之却有喜者 ○假如南
方干地爲一火 更得伏吟勝光火見臨午地 若又得朱雀在上臨其家
其人元又得土化爲我身 其家必大富也 若二火二水百無一好 亦主
大凶 水上主失財 水下家不和 若二水在兩頭 主婦人産生 若二火
在上 主夫妻不睦 須分離也

## 二水皆須爲大吉

解曰 見二水不必便以喜用 不必便以凶斷 須明神將以定吉凶 四
位之中見二水 或比和 或間隔 或衝刑 或被殺 或生或尅 亦無體
也. ○假令伏位是子 外爲二水 上見二土 必傷人二口 又須破財
賊盜相謀害也 又如二火在上 必有官事分離之憂 如二木在上 出
外求財大喜也 見二木 內有靑龍主財帛 如見六合 只主成合婚姻

及和會交關役吏 如見火在木上 主有女嫁出 占宅主南面展出 又
如二火在上 二水在下 必出勞病死者 二水在上 二火在下 出産死
鬼 主婦嫌夫之象 又主火驚三兩次

## 水来入火婦難安

觧曰 水來尅火 以巳火爲將 立於四季土上 是火無根蒂 更被水來
上尅 而人元不救 主婦人心痛死也. ○假令貴神帶休衰氣而亥子
來尅 占身主父母死亡 三水上尅下 火不能生其家 必主死三口 二
水上尅下 主死二口 一水尅二火 只主官事爲灾巳 上二說 更要詳
旺相休囚而決

## 金入木鄕憂口舌

觧曰 金入木鄕 以申酉加臨寅卯 內有衝刑 更上見朱雀螣蛇 口舌
互爭 或見辰戌發用 無不爭訟也.

## 火臨金位有迍邅

觧曰 謂巳午火臨申酉也 如上更見玄武 主賊謀文狀論訟 或見官
爭田土而必失理 若更見貴神 主許了口願 若更見靑龍 亦主官事
爲撓 或爭財帛金銀也 若更見六合 主官事門上追呼 若更見巳午
主憂怪血光.

## 木来入土爲刑獄

觧曰 木入土者 謂辰戌二神在巳亥上 又上見靑龍六合 是爲木入
土也 更上見金則其罪不輕 主斬殺厄 土在上主刑徒 又主爭財帛
見火主血光

## 土行水上競庄田

觧曰 謂辰戌丑未加臨亥子也 主爭田庄 如不見四季土 秪勾陳臨
月將或亥子上同 或玄武臨大吉亦同 又取朱雀臨未 螣蛇臨亥子
亦主爭道之事

## 上尅下兮從外入　下尅上兮向外邊

解曰 事有從外起者 有從內起者 凡人元尅貴神 貴神尅將神 或重重自上尅下 皆主事從外入也 凡將神尅貴神 貴神尅人元 或重重自下尅上 皆主事從內起也

## 主尅客兮來索物　客尅主兮客空還

解曰 此以占身言之 貴神爲己 以求財言之 即以貴神爲財 人元爲主 以主怒客 故來索物 以客傷主 故主畏避而客空還 凡有求索 皆詳主客 主客不睦 又何得之

## 四位相生百事吉　內有刑尅憂患纏

解曰 凡四位相生 占無不吉 相尅則無不凶 更看何位受尅 尅人元主官事 尅貴神傷尊長 尅將神傷妻財 尅地分傷小口 凶神有生 凶中獲吉 吉神有尅 吉中隱凶

## 但取寅申爲貴客　子午卯酉喫食言　巳亥常爲乞索物　小吉婦人酒食筵

解曰 寅爲天吏 申爲天城 故爲貴客 小吉主婦人酒食燕會 亦可以邀侯用也 子午卯酉爲喫食果物之類 巳亥爲乞索之物 亦可以爲射覆 用此課灾福亦准此

## 水土金火爲窑竈

解曰 四位內各依所屬 主爭田土 如占宅 必周廻有窑竈 占懷中所藏是瓦器

## 庚辛碓磨及門窓

解曰 月將加正時 行到本位 上見庚爲磨 見辛爲碓 見庚爲門 見辛爲窓 亦爲水道也

## 庚午改門并接屋

解曰 如人元見庚 加於午必是改門 主南面展掇 不然接其門 或西南一根柱曾接來也 如見二金 更主增接椽也 如上尅下其家石頭必

側

## 四孟相生有草房

觧曰 四孟者 寅申巳亥也 ○假令行五子元遁 見壬寅戊申乙巳辛
亥 是爲相生 其家必有草房

## 丙丁旺處人最惡

觧曰 凡課宅 更看四位是何神乘旺 不惟在高岡上住 主其家人必
惡而狼戾也 水主沉溺 木主不義 火主賊謀 金主不順 依此爲類推之

## 與姓相生子孫昌

觧曰 卽旺辰與本姓相生 主子孫昌盛 ○假令課內見火旺 又是角
徵宮姓人占之 是宅有氣 又相生也

## 四位相刑主有尅　上下相生福滿堂

觧曰 凡課人 命前五辰爲宅 命後三辰爲庄 ○假令卯生人問課 卽
申是宅 便於宅上作方位 立成四課 相生吉相尅凶 如四位內三上
尅下 主破了天窓 三下尅上 主屋舍必塌 又主破敗 亦有子孫獨弱
不均 其後主有後婦也 三下尅上此課主官事重重 多有患頭目之人
最凶 若四位內二下尅上 亦主官事病患 二上尅下主殺妻男 故云
上尅下兮宅必下 下尅上兮嶺頭庄 此宅亦主盖起破財也

## 上尅下兮宅必下

假令十月將是寅 甲子日寅時 以辰爲位 上見天罡爲伏吟 辰爲嶺
岡之神 又上見六合木 木尅兩頭 其家主不和 更無祖父 爲木尅天
罡 又人元是戊 其與辰皆爲一家 上尅之主兄弟分張 更木在中心
土在兩頭 大者主曾爭官事 小者適途必 主其庄在東西側下住也

## 下尅上兮嶺頭庄

假令十月將甲子日 亥時巳位 傳見申臨巳 亦爲下尅上 又得勾陳
在上 其庄在南山側下門而西關也 不然去西 其婦人爭張 凡占宅
四位內見火旺 主宅在高崗上 其宅與其姓相生有氣 主大喜 如姓

旺氣在內 却尅於下 主家內有分張事 其家主雖有旺氣 主家人凶
惡也 四位內見土旺 主宅必重岡上住也 其家必有墳墓 或近丘墓
住 若土上見木 必主疾痛苦死之人 四位內見木旺 有官事 其家主
新蓋屋舍 必林木蔚茂 兄弟不義 如木上見金 亦主鬪訟 木上見水
主財帛之喜 木上見火 主家內生女子 如火上見火 主家中陰火患
病 四位內見金旺者 金爲尅刑之神 主其家鬪訟 兄弟不義 合出軍
人 入廟出武貴 亦主人凶惡也 如旺金上見土神 主多般灾厄 比和
合主先凶後吉也 如金上見木主傷六畜 見火大凶 又主官事 患病
者愈凶 如金上見水主大吉 若是玄武水 主作竊盜之人 四位內見
水旺 主出作賊人 其宅當近河 有水灾 出醜貌子孫 亦常爲賊侵害
也 火在上主産厄 在下夫妻不和 木上有財帛之喜 見金亦喜 上見
土不利産婦 或水氣殘病死也

## 甲乙爲林單見樹

解曰 祇人元元遁上見甲乙行到本位 必爲林木 如單見或爲雙樹子
或單樹子 如甲乙臨水 其家必有菜園 內有小樹子一顆 如甲乙行
土上 其樹必有枯枝 如甲乙臨火 主有火樹子 亦焦乾 必然有溪 如
臨金亦主有樹木 其樹必虛空 多是槐樹也

## 見金枝損及皮傷

解曰 行人元兩遍 祇依人元上取之 如甲乙對衝庚辛 被庚辛遙尅
其樹必無枝如皮也 見陽尅枝 見陰尅皮

## 丙丁旺處爲高嶺

解曰 亦行人元兩遍 如見丙丁旺處 爲有高嶺橫岡 若臨子丑亦同
臨午未爲東橫 臨寅卯辰巳申酉戌亥爲南北橫 更水衝道 亦爲水溝
穿之 上有尅爲高岡 如丙丁臨寅卯木位 必有山林也

## 庚辛爲斜道宜詳

解曰 亦行人元兩遍 其東西南北亦依前法 在四孟上見庚辛其道必

斜 又云 干爲大道 支爲小道 如火對衝爲岔道 必分頭去也 如臨本
位 必爲大道 若別方位上見之爲小道也

## 戊己爲墳看旺處

解曰 亦行人元兩遍爲法 若臨旺處無尅 必有山墓 課內死者患何
病而死 亦依後占法斷之 若要見着何色衣服 再以人元兩度遁之
只用納音推其顔色也

## 土爲墳隴痛苦殃

解曰 如戊己在庚或寅木位上 其墳痛灾 或主墓穴倒塌 必曾展來
如見靑龍六合 墓上必有花樹子也

## 壬癸長河及溝澗

解曰 人元見壬癸爲河澗 納音見水必有水 若被戊己對衝 虎爲道
又云 河與道交過 如見大吉必有土橋 見太衝必有船及橋 亦必
有車

## 灣環曲折認刑傷

解曰 壬癸爲河澗 如見壬寅癸卯 其河南北長 水向南流 爲南見丙
丁在前也 故旺處刑尅卽止 却前見辰暗尅水 必向東南 故主南去
須向北入乾 爲下尅上故 如此也

## 大樹死時家長死 水上来穿近澗旁 貴神神祠并堂展 太陰碓磨共

相連 前一螣蛇爲窑竃 朱雀巢窓空裡懸 六合樹木看生死 勾陳渠
澗土堆灘 靑龍神樹并鎗刃 天后池溏澗水泉 玄武鬼神并圖畫 太
常酒食五谷言 白虎道路及刀劍 天空廟宇道僧仙 此是孫臏眞甲子
天地移来掌內觀


# 十干所屬 甲乙丙丁戊己庚辛壬癸

甲乙東方木 丙丁南方火 庚辛西方金 壬癸北方水 戊東西土陽 己
南北土陰

## 十二支所屬 子丑寅卯辰巳午未申酉戌亥

寅卯木 巳午火 申酉金 亥子水 辰戌丑未土

## 十二將神所屬

亥爲登明正月將娵訾陰水 戌爲河魁二月將降婁陽土

酉爲從魁三月將大梁陰金 申爲傳送四月將實沈陽金

未爲小吉五月將鶉首陰土 午爲勝光六月將鶉火陽火

巳爲太乙七月將鶉尾陰火 辰爲天罡八月將壽星陽土

卯爲太衝九月將大火陰木 寅爲功曹十月將析木陽木

丑爲大吉十一月將星紀陰土 子爲神后十二月將玄枵陽水

## 十二貴神所屬

天乙貴神己丑陰土 前一螣蛇丁巳陰火

前二朱雀丙午陽火 前三六合乙卯陰木

前四勾陳戊辰陽土 前五靑龍甲寅陽木

後一天后癸亥陰水 後二太陰辛酉陰金

後三玄武壬子陽水 後四太常己未陰土

後五白虎庚申陽金 後六天空戊戌陽土

## 貴神治旦暮

經曰 天乙貴神在紫微門外 乃天皇大帝下遊十二辰位 家居己丑於斗牛之次 執玉衡均同天人之事 不居魁罡者 以天魁主獄 天罡主牢故也 甲戊庚日旦治大吉暮治小吉 乙己日旦治神后暮治傳送 丙丁日旦治登明暮治從魁 六辛日旦治勝光暮治功曹 壬癸日旦治太乙暮治太衝 天乙在東南前北後 天乙在南東前西後 天乙在西南前北後 天乙在北東前西後 當向地戶背天門 以天門地戶爲界畫 夜

有長短 晨昏有早晚 故以星沒爲旦星出爲暮 則旦暮所臨可知

## 貴神起例

甲戊庚牛日順行 其他書以甲戊兼牛羊 庚辛逢馬虎之例 非也 但
神術非他術此 其用甲戊庚乃天上三奇 故不可折也
羊夜逆行
乙己鼠日順行 猴夜逆行 鄉
丙丁猪日順行 鷄夜逆行 位
壬癸蛇日逆行 兎夜順行 藏
六辛逢馬日逆行 虎夜順行 此是貴人方
訣日 月將加時順究 只尋天神等候 從戌至巳逆行 以辰到亥順就
貴螣朱六勾靑 空白常玄陰后
右法就以所値某宮貴字順逆數至用位是也

## 五子元遁起例

甲己還生甲 乙庚丙作初 丙辛生戊子 丁壬庚子居 戊癸是壬子 時
元從子推

## 四象所屬圖

| 外 | 祖 | 君 | 天 | 客 | 四. | 人元 |
|---|---|---|---|---|---|---|
| 官祿 | 父 | 臣 | 宰相 | 主 | 三. | 貴神 |
| 內 | 親戚 | 財 | 妻 | 己身 | 二. | 月將 |
| 六畜 | 鞍馬 | 奴僕 | 子孫 | 田宅 | 一. | 地分 |

## 陰陽次第五用

訣曰 凡將陽 用取陽爲由 陰 用取陰爲由 陰陽之用值空亡尅煞爲用之虛

三陰一陽 以陽爲用 取象少陽 事在男子

三陽一陰 以陰爲用 取象少陰 事在女子

二陰二陽 以將爲用 隨將陰陽辨之

純陰反陽 以將爲用 方內之物

解曰 宜主不宜客 利內不利外 城郭內藏之物 陽人出外 舊暗新明

純陽反陰 以神爲用 方外之物

解曰 宜客不宜主 和外不和內 四遠所藏之物 陰人還家 舊明新暗

訣曰 發用空亡 事多虛假 五動空亡事多不成 凡課以發用爲由 五動乃發用之門 爲萬物本體 作課者不識動用之門 如虛實將半無能決也

## 五動爻頌

### 干尅方爲妻動

歌曰:

妻動于妻妾 占事主于妻妾

官財防損折 有位求財不利 而有損折

占人人在家 上尅下 尋人在家

訪人人不悅 上隔尅下 行必有阻 訪人在家 主不悅

外邊來索取 外來尅內 必有人來取索 或干預於我

卑下有口舌 卑下受尅 須防口舌外來

論物多翻正 射覆上尅下 論物以翻爲正

一邊或有缺 下受尅 物器一邊有缺或無足

## 神尅干爲官動

歌曰:

官動利求官 官祿爻動官職大利 若逢驛馬必然遷官轉職

相逢祿位遷 謂逢二馬 占官有遷擢之兆

常人公府事 官爻尅干 故常人有公府中事

有位望財難 有位不宜求財 財動傷官返尅故也

合得官中物 官動而逢合 官中財物可得

休從外處干 人元受尅 事在自己 不宜外求

得財防暗損 我尅外 財須防密失

問病在喉咽 上受尅 病在喉咽

## 神尅將爲賊動

歌曰

賊動內賊生 內財受尅 主陰謀賊生 而盜財物

勾連詐不明 外勾裡連 空詐不明

損財卑幼病 妻位受傷 卑幼災患

謀望必無成 神將戢尅 內之不和 謀望無成

架構奸私意 妻財受尅 必有奸私 架構之事

偸攘宛轉名 妻財受尅 或生淫蕩 宛轉 偸攘 必有損失

卦爻終暗昧 內爻受尅 事主暗昧不明

病恐亦非輕 內不協遂 陰小災病 亦主非輕

## 將尅神爲財動

歌曰:

財動利求財 內尅外 謂之財動 求財必得

占官定不諧 官爻受尅 求官有失 之主不順

家中人出外 內尅外 主人出外

妻妾幷身災 病非妻妾 亦自身有災

疾病憂難瘥 神受尅 病在心胷 無藥可治 故主難好

營求喜自來 內尅外 營求有喜

射物終有損 神受尅 其物必有損

職位恐多乖 官爻受尅 故主退失不利

**方尅干爲鬼動**

歌曰

鬼動憂灾恠 占主灾恠及人

官亨人出外 下尅上 主仕亨通 人欲出外

爭訟帶他人 隔位尅外 必主訟連他人

乖戾因間外 下犯上 卑踰尊 故曰乖戾

口舌共喧爭 人元受尅 事從外起 必因口舌致爭

冤讎皆損害 因冤讎而損害

瘂病物仰合 方尅干 病在目下之向上 故曰仰合

家宅未安泰 宅舍不寧 人口未安


## 干類

干尅神 外來取索 若臨門 亦主人謀害自己 常人損財 仕人失位 不宜求幹官事 主散 官爻受尅故也

干尅將 求財不得 常人破財憂病 將陽主本身 將陰主妻室

干生神 外生助我物帛 或親友相訪 占家主富 而有生意 乃外生內也 欲論者官府中事

干生將 內外和順 人將物來送我 或有人干預於我


## 神類

神生方 宛轉和合 貴人有憐小人之意 更得貴人之力

神尅方 隔手求財 雖得事主晚成

神生將 所謀順遂 內外和諧 人將財物助我 行人將至
神生干 仕人論官職 有相托 常人有官府事 人將物求我 或自己將
財求事於人 求必得尋必見

## 將類
將生干 自己將財與貴人 內外和暢 父子親 夫婦別 富貴之兆 百事
有成
將尅干 喜事重重 求財有隔 求名必遂 科舉上榜 宜遠行
將生方 名曰天覆 家內合 使令有人助我 主親人分別遠行 財帛有
喜 子孫興榮
將尅方 鬪訟官事 小口不安 自身有傷 六畜損失 家宅不寧 財帛
破散

## 方類
方尅神 損外財 隔位尅 下犯上 民告官
方尅將 錢財散失又主傷妻 人欲出外 失財後得
方生神 內外和合 人慶財豐 求事隔手
方生將 名曰地載 家人和合 喜慶富貴協順之兆 婚姻喜美 謀望
有成

## 三動
#### 此不受尅 故不入正動之數
方生干爲父母動 爲印綬 凡占小干尊 大吉
干生方爲子孫動 凡占主干子孫之事 小吉
干方同爲兄弟動 凡占事在比肩朋友 小囟

## 五合

神與干合爲官合 仕人得之縈祿亦利求官 常人官事

將與神合爲正合 歡美婚姻會合親友 不宜占病 求事有成 遞相依
輔 共爲家室

將與干合爲隔合 內外相望 有人接引 位因阻隔 事體遲留

將與方合爲遙合 主人共相用土於道路 以卑動尊 以小致大 事成
遲緩

方與干合爲鬼合 求官得祿 仕人陞遷 親俗不和 又主憂患 占病不
宜

解曰 凡干支相合 乃天地陰陽配合之義 萬物生成 吉凶全備 且如
甲己之日 五子元遁起時 則丙寅與辛未合 丁卯與壬申合 戊辰與
癸酉合 己巳與甲戌合 庚午與乙亥合 辛未與丙子合 然干支在一
旬之內相合者謂之君臣慶會 異旬支干相合者乃天地德合也 五合
之用 事體共爲謀望有成 支干俱合 其物圓類 合中值空 占物圓而
中空 求事望而難成 合而不合 鬱而不發 合中反分 親人反疎 先合
後離 親而不親 義而不義

## 三合全身

寅午戌 名炎上課 爲財帛文書喜美之合 忌亥子水爲壞局 凡事望
而不成 如人元是丙午則爲火局全耳 如人元是庚則爲鬼動尅身 或
人元是甲爲相生

亥卯未 名曲直課 爲交易婚姻和會之合 忌申酉金爲壞局 凡事望
而有阻 如人元是甲寅則爲木局全耳 如人元是庚則爲官鬼動論之
或人元是寅爲相生

申子辰 名潤下課 爲行移幹蠱爭戰之合 忌辰戌土爲壞局 凡事望
而有變 如人元是壬爲水局全耳 如人元是丙則爲官鬼動論之 或人

元是庚爲相生

巳酉丑 名從革課 爲陰陽滛濫輕薄之合 忌巳午火爲壞局 凡事望
而間隔 如人元是辛則金局全耳 如人元是乙則爲言鬼動論之 或人
元是戊爲相生

解曰 凡壞局下尅上爲速迅 上尅下爲阻隔 中間爲之壞局 求事一
半成也 凡課三合須待體式全備 吉凶禍福方可言之 尅合生合亦以
例推 如寅午戌火局全 若神將帶壬癸水爲妬合 凡事順中有阻 合
而不合 易而不易也 其他三課以爲官爲鬼者 論四時休旺及空亡所
値斷之 凡課三合因變化而全體切詳 日沖月破空亡妬合 未可一槩
照合局全身論之

## 虛一待用

寅午戌合爲炎上課 虛一位爲炎上破體課

亥卯未合爲曲直課 虛一位爲曲直破體課

申子辰合爲潤下課 虛一位爲潤下破體課

巳酉丑合爲從革課 虛一位爲從革破體課

解曰 凡課之合從化之謂全身 有二字如虛一字謂之破體 如凡課有
戌午而無寅 取寅年月日時爲應期 有申子無辰 或有卯未無亥 或
有酉丑無巳 凡占人望事須驗遠近 如遠則年 次則月 近則日時 必
待此虛一字透出 共成三合 則行人至 謀望成 此爲虛一待用也 最
爲課中之要論 不可不察 若有日沖月破空亡受制 又當詳論

## 三奇德秀

甲戊庚 此爲之德全課

乙丙丁 此爲之奇全課

解曰 凡占課見三奇全 利見大人 百事吉昌 支辰和協 上下有輔 三

奇德秀 此皆多慶 孕生貴子

## 一類朝元

經曰 一類朝元者是一干見本屬三支也 如天乙貴人占得此課 朝覲
召對則出 常人不宜 無發用生尅故耳 凡十二位神將朝元 如甲見
三寅 乙見三卯 丙見三午 丁見三巳 戊見三辰三戌 己見三丑三未
庚見三申 辛見三酉 壬見三子 癸見三亥 皆爲之一類朝元也 占主
事體重疊 閉伏不動 無榮無譽 阻隔淹滯 蓋有比肩之類 而無父母
官鬼妻財子孫 又無生尅發用故也 若純金純火不可以此例論 水木
土亦然

## 四位俱比

庚辛申酉金比西方白虎 太陰之象 值之主兵喪訟事 邪淫姦私 人
口死亡 六親刑尅 家宅不寧 百事罔吉
丙丁巳午火比南方朱雀螣蛇之象 值之主有是非官司 灾禍傷殘 釜
鳴火光 怔憂驚恐 六親刑尅 居處不詳
壬癸亥子水比北方玄武天后之象 蓋水性泛濫 值之主家計流移 姦
私邪滛 蠱病水厄 寡婦孤兒 盜侵人害
甲乙寅卯木比東方青龍六合之象 值之雖吉而無生 主仁而無恩 有
兄弟而無父母 重婚姻而絕嗣續 求望難成 無譽無榮 艱難之用凡
百事蹇滯也
戊己辰戌丑未土比中央勾陳天空魁罡之象 值之主事體重疊 無父
母官鬼妻財子孫 亦無相生相尅故也 是土無生育萬物之功 凡事淹
延阻滯 望用難成 重疊牽連 事體不一

## 五比同類

干方比爲正比 事在比肩多有不

干神比爲近比 事在外 干自己

方將比爲遠比 事在朋友同類

神將比爲次比 事在門戶親屬

四位比爲合比 事在親屬 重疊牽連

## 干元類

神干生將干 喜從外入

將干生神干 喜從內出

神將二干分局 相生有喜不成

神將二干合局 相主喜慶重疊

神干尅將干 禍從外來 與賊動同類

將干尅神干 事從內起 與財動同類

解曰 神將二干隨支辰互相生尅 主事交關往來重疊 神將若是庚辛
金而尅身 主家宅恠異災訟凶喪 以金有白虎氣故也 凡將神上所帶
之干如六乙日見卯將 起五子元遁得己卯 神是朱雀 位是壬午 遇
有尅比合 亦依前式而推來情

## 五行氣化

甲己化土 乙庚化金 丙辛化水 丁壬化木 戊癸化火

解曰 凡課中雖不見土 若神將上遁得甲與己者 元氣運化爲土 當
作土用 射覆則是土類 或物出於土中 占事則以爲土 亦爲有氣 至
土旺日時爲應期 假令丁壬課 得甲巳戊辰 以五子元遁至方 位之
辰 人元是甲 且甲木下生巳火 火又生戊辰土 秖見土初旺矣 又起
神干見乙 將干見庚 則乙庚合而氣化金 生於土 切以人元之甲木

被金之傷又當詳論 占官用以鬼論之 凡占仕則吉 官事則囟 餘皆
以此爲法推之 再加日辰月令用也 假令甲己見乙庚 乙庚見丙辛
丙辛見丁壬 丁壬見戊癸 戊癸見甲己 名日受制不化 妬合不化 非
時不化 逢空不化 非其所不化 此係五行奧旨 不可不詳

## 陰陽相生

經日 假令甲木乙草丙火丁煙 甲陽木而燥 故能生丁煙 乙陰草能
生陽火 陽産於陰陽爲父 陰産於陽陰爲母 若陽見陽陰見陰 則是
陰陽偏枯 造化危脆 似木盛而花繁狀 密雲而不雨 四維之寅申巳
亥 四正之子午卯酉 於五行之相冲 於陰陽而不月 占此者順中有
隔 吉中有危

易日 天地絪縕 萬物化醇 男女媾精 萬物化生 且如寅午戌巳酉丑
申子辰亥卯未之類 此爲陰陽合而然後化生也 凡五行生我者爲父
母 陰生陽陽生陰 德合配偶化育生成 乃吉福萬全之課 凡課之四
位上生下下生上 內生外外生內 或三位生一位 或一位生三位 及
往來或相合相恩者 此發用之美端 謀爲之吉兆 占幹則成 望事則
就 又日 四位相生 萬事吉昌 凡課五行相生 雖內有白虎朱雀 兼刧
魁罡之類入占 彼雖暴惡之資 皆入相生和氣之中 則革面順從 遇
惡而逢善也 殊不知剋則爲讎敵生則爲親恩 如乘合辰 爲福愈厚.

## 四位相生

經日 假令人元生貴神 地分生月將 名日合局 主家富貴 亦主內外
化順 如將生地分 主親戚遠行 占身及財帛當主稱遂 亦主子孫興
旺 人元生貴神 主有親人來借物 或朋友來相訪 如貴神生人元 主
自己欲尋人 訪之必見 如地分生月將 主婚姻事 謀望有就 如月將
生貴神 主妻賢子孝 富貴榮華 如四位自上次第相生於下 主有外

人進納財物 添進人口 六親俱來相訪 有非常之喜也 如四位自下
重重生上 出商途有喜.

## 四位相尅

經曰 假令人元尅貴神 主有人謀害自己 貴神尅人元 主自己欲謀
害他人 皆主官事 如將與地分同尅貴神 主卑犯尊 如人元與貴神
同尅將 主傷妻損財 如將是陽支主傷男子 將是陰支主傷妻妾 將
尅地分主傷小口 看陰陽所屬斷之 大抵人元是客 貴神是主 客爲
姓 主爲家長 如陰貴神是陰人家長主事 如陽貴神是陽人家長主事
推伏旺老少 如貴神尅人元旺主 主得理 人元尅貴神旺客 客得理.

## 四爻生尅頌

解曰 上尅下爲入 官事起家內 下尅上爲出 破財當向外 上生下 他
人徵用自己 下生上 自己徵用他人 象陽入陰 轉度元來是陽人陽
將加臨陰位也 象陰入陽共通萬物 當陰人陰將加臨陽位也 三上尅
下 家事之課 三下尅上 出行之象 主用旺相 吉凶力旺 主用休囚
吉凶力弱.

頌曰

吉能克凶事將空 凶能克吉事難集

方來克將錢財散 將若傷方鬪訟生

位來生客人尋已 干若生方已謁人

二上生下財滿篋 二下生上子孫興

凶神受尅 憂患消滅 吉神無傷 福慶繁昌 人元不傷 爭訟理長 人元
受制 爭訟無氣 主休客旺 我短彼長 位强身弱 我憂他樂 四位相生
百事吉 四位上克百事凶 陰多陽少 男爲事 陰少陽多女子因 四爻
生尅頌曰 人元不傷 爭訟理長 人元受制 爭訟無氣 如求財最要主

客和合 則終無疑阻矣 客若克主 是干尅神也 求事難成 爭而得之
或出不得已也 若主克客 是神克干也 求事不逐 當空手還之 入式
歌云 客克主兮來索物 主克客兮客空還 二說相同 亦主爭訟事也
但人元與貴神相克謂之外戰 將神與地分相克謂之內戰 凡外因外
事 內因內事 皆主口舌是非 災患傷財也 如四位從下次第克於外
主其家裡勾外連 般遞財物 亦主家人不和 官事口舌傷財刑獄之事
或出殘害之人 如四位從上次第克下 主其家不義 多饒疾病官事
外人來謀害家中人也 或家道不稱 人口羸弱 鬪訟傷財.

## 應期合德

訣曰 凡課應期 最難推測 惟取合處爲妙 其合有五.
其一 天地合德者 如甲子日課得戊辰將 順取癸酉月日時爲應期
又如甲戌將得己卯合 庚子將得乙丑爲合之例.
其二 取將干近合爲應期 如六乙日得戊寅將 卽以癸日時爲應期
不必待天地干支全合也 又如甲子日占得丙寅將 近取辛未日時爲
應期可也 干合者甲己乙庚丙辛丁壬戊癸 蓋以將干取合也.
其三 取奇合爲應期 三奇甲戊庚 乙丙丁 若課得將干有甲戊而無
庚 而庚日必應 有丙丁而無乙 於乙日必應 此三合 如命家虛拱暗
位之說同.
其四 取三合爲應期 三合者寅午戌 巳酉丑申子辰亥卯未 若中有
寅午而無戌 在戌月日時必應 有巳酉而無丑 於丑月日時必應 有
子辰而無申 於申月日時必應 有亥未而無卯 於卯月日時必應 待
其虛字透出爲應期也
其五 取支六合爲應期 六合者子與丑合 寅與亥合卯與戌合辰與酉
合巳與申合午與未合 如月將是寅 取亥月日時爲應 如卯將 取戌
月日時爲應 如酉將 取辰月日時爲應 如占行人望事 若旺相帶劫

煞及天驛馬者 逢合卽至 如遠則年月 如近則日時 取合爲應期也

觧日 應期取三合三奇六合干支者 蓋取用於所占之 課月將與神也

神若得日不出日 得時不出時 止取近合 不必支俱合也

又法 課得前一辰遇丁甲者 三旬已內
逢本日將爲應期 課得後一辰逢丁甲
者 三旬已外逢本日將爲應期 是丁甲
取甲子週數已外逢本日將爲應期
如本位上見丁甲者 取日近遇本日
將應期

假令十一月下旬丑將 乙卯日巳時未位 癸水申金卯木甲己未土 此
課前一辰申位上見 三旬內逢本日將爲應期 本課以乙卯日起五子
元 己卯將上白㦸帶甲木 是將與神干甲與己合 只取日近遇本日將
爲應期 不須待三旬也.

## 貴神休旺

六合靑龍木爲主 絕在申酉幷子午

螣蛇朱雀火之精 卯酉亥上無氣處

太陰白虎是金神 禍敗須防子午寅

玄武天后藏於水 卯酉巳上不堪論

更有天空及勾陳 太常論貴相爲鄰

四神是土同所斷 天官休旺得其眞

## 五行休旺

春 木旺 火相 土死 金囚 水休 木墓在未 角姓忌

夏 火旺 土相 金死 水囚 木休 火墓在戌 徵姓忌

四季 土旺 金相 水死 木囚 火休 水土墓在辰 宮姓忌

秋 金旺 水相 木死 火囚 土休 金墓在丑 商姓忌
冬 水旺 木相 火死 土囚 金休 水墓在辰 羽姓忌

## 五行聚管

緣五行生克 寓乎盛衰 乃自然之理也 詳此似淪於國執 但原遺今
據不取渕 故併集以俟高明者鑒之


三水一金主文章 蟾官折桂意揚揚
禹門浪穩風雷變 不日拖紳上玉堂
解曰 三水一金 此課主文章之士 不久得官 不然主大富也 遇丙丁
在上 主發祿或遷官應之 遇木在上 主有爭訟外人謀害 發祿必非
丙丁也
三水一木主榮華 田庄浩大足絲麻
子孫定是身端美 興旺家門福轉加
解曰 三水一木 此課主家道榮旺 子孫孝順 庄田浩大 子孫手標 兼
有文章
三水一火家屢貧 殘傷惡死損其人
久患風勞身不遂 終朝何苦告天神
解曰 三水一火主家貧 庄田破散 子孫作賊 夛行凶惡 及有刺面三
人 在外死也
又曰 二說孰是孰非 尤當詳辯
三水一火不爲灾 局成旣濟又和諧
田宅六畜多富厚 主有黑衣人問灾
解曰 三水一火主不爲灾 然三水尅一火合主凶 却無災 又云水火
旣濟 故主夫婦和諧 子孫興旺 田蚕財帛六畜興盛 來意爲陰人滛亂
三水一土破家門 人亡惡死不堪論

庄田破敗難拘管 縱有兒孫貧苦存

解曰 三水一土主家破 人亡惡死 及主田庄傾敗 或有子孫亦貧
苦也


三火一木家破財 人乿殘疾絕後代

家中哭泣不曾住 三女生来多禍害

解曰 三火一木主家貧破財 出殘疾之人 常有哭泣之聲 家中只有
三女 並無兒孫 出一房絕後 此雖相生 却爲凶禍 何也 經曰 二火
爲災百事殘 今見三火一木又生之 故其禍轉深 卽以凶斷 生三女
者 以一木生三火 然三火爲純陰也 來意只爲陰人有殘患

三火一土破家財 家中人口更乿災

田庄破盡無分寸 縱無子孫事轉乖

解曰 此課中若見天罡土旺 主家道不和 六畜損傷 走失死亡人口
必患沉疴 來意爲官訟

三火一金受灾迍 疾病瘡痍不離身

晝夜呻吟狀枕上 縱饒扁鵲治無因

解曰 三火一金主有大災 人口病患 瘡痍不休 狀席有呻吟之苦 藥
不能治 又主死傷人口 此課百事大凶 来意爲傷了人口

三火一水主不良 毋行滛亂失田庄

竊盜敗来凶惡露 應須刺面配他鄕

解曰 此課主家貧破敗 子孫多行凶惡 作賊刺配他方


三木一土家又貧 室中乿行不良人

豈憑媒婦相成就 邸店梳粧是立身

解曰 三木一土主家破貧乏 兼婦人滛亂 故曰 豈憑媒婦相成就 邸
店梳粧是立身

三木一水人少亡 兒郎作事不謀長
又無遠行仍無信 虛詐多端取禍殃
觧曰 三木一水主家中兄弟子孫少亡 更爲事夛無遠見 全無信約
動作虛詐 主命促也 更家不和 来意只爲失財後 主死人官事應之.
三木一火乏資糧 家財破散失田庄
竊盜敗來凶惡露 分須刺面配他鄉
觧曰 三木一火主家貧 庄田破敗 子孫作賊 多行凶惡

三金一水最不強 家中多是惡傷亡
縱有兒郎須夭折 丙丁歲內乏恓惶
觧曰 三金一水最不嘉 其家主惡傷死者 又主一房遇丙丁歲內定有
災病 田産不遂 多饒官事鬪訟 来意只爲官事爭訟也
三金一火主家昌 福祿資財轉更強
屢有貴人來接引 不惟豐富有兒郎
觧曰 三金一火主家業富貴 頻有貴人接引 又主子孫興盛 一火克
三金合主火凶 却爲大喜 以凶中取吉也 法曰 凶中取吉 吉中取凶
此課中深旨也 來意只爲爭訟 弟兄不義
三金一木多軟弱 兒孫生下還無目
眷屬陰人頻死傷 丙丁之年災更速
觧曰 三金一木主子孫羸弱 多有患頭目之人 陰人頻有傷 此課尤
忌丙丁之歲 主大凶 来意只爲望遠信 求財帛 或作三水一火

三土一水出剛強 膽硬心雄更勇張
或遇丙丁來發旺 分符還用守憂防
觧曰 三土一水此課合主剛強之人 膽硬心雄 其家雖破敗 若遇丙
丁在上主發旺也

三土一木太乖張 兒孫刺面配他鄕
家財破敗無田産 更有兒孫赴法場
解曰 三土一木主事乖張 子孫必有徒配 乏貧破財 亦無田宅 兄弟
不義 更有赴法場之人 此課主君不君 臣不臣 父不父 子不子 法無
綱紀也
三土一金出俊英 子孫聰慧有名聲
敎詩閱禮夛該博 科甲巍峨錦繡迎
解曰 三土一金主出英俊子孫 聰慧不有文章 出文武官 不然家大
富也 來意只爲問遠行 主吉慶 或作三水一金

二水二金子孫夛 有妻端美若嫦娥
此課人得家富貴 錢財粟帛有綾羅
解曰 二金二水主子孫榮旺 妻有姿質 其家大富 此課最吉
二土二水剋刑傷 尤夛勞病面痿黃
子孫官事何常絕 牢獄加臨有禍殃
解曰 二土二水主有人口傷害 勞病 子孫官事牢獄爭訟不絕 此課
大凶 來意只爲患病死亡 主患風不病 子孫惡逆也

二水一木一土當 性強還恐小兒郎
乞得外姓爲兒女 戶昔年哭改趙張
解曰 此課爲剛強之人 亦後嗣不興 主絕嗣也. 必以外姓爲子 或招
婿接腳 又主官事 出殘害陰人
二土一水一木傷 有人患害白關防
時常疾病曾無已 死喪年年有禍殃
解曰 二土一水一木主傷人口 多饒病患 年年死喪 官事不絕 此課
大凶 来意只爲他人謀害自己 人口患病

二金一水一木強 家中和會喜非常
更主兒孫多俊麗 絲蚕每歲進田庄
解曰 二金一水一木 主家慶喜 子孫聰慧 田蚕興旺 家中和順 來意
只爲外人爭訟 然二金亦爲爭訟不順之神
二木一水一土崩 家中常是有相爭
更知後代多淫亂 亦有兒孫向外行
解曰 二木一水一土 主婦女淫亂 出不良之人 或子孫出外求財不
利 故曰 二木爲爻求難得 以一水不能生二木 又被土克 生我無氣
而生氣絕矣 來意爲求財不遂 家內不和
二水一土一木強 此人應是有田庄
子孫驍俊飛声濶 更得絲蚕歲歲昌
解曰 二水一土一木 主家道榮昌 子孫興盛 資財進益 此課雖有刑
克 却有喜者 以克我者反爲木克 卽以吉也 來意爲賊偷了財物 主
先憂後喜也
二木一水一金行 子孫稟性各聰明
田蚕興旺無灾難 仍有資財喜慶生
解曰 二木一水一金 此課自下重重生上 故主子孫聰慧 田宅興旺
資財喜美 來意爲出外求財也
二火一金一木傷 有人灾病患頭瘡
子孫惡逆難調治 人口凋殘屢死亡
解曰 此課來意只爲兩陰人患病 又官司牽惹
二金一水一火殃 兒孫多病患頭瘡
間有一人能好善 也須睜眼外来倡
解曰 二金一水一火 主有患頭目之人 其間有好善者 又有顚狂亂
性之人 此課大凶 來意如上
二火一水一土傷 家中淫亂事非常

此課有克家母喪　資財破敗落人行
解曰　二火一水一土　主有刑傷之人　又主陰人不良　亦主傷母　来意
只爲爭庄田　官事病患
二木一火一土昌　子孫丰骨貌堂堂
田蚕進旺人昌盛　還有官榮耀故鄉
解曰　二木一火一土　主家榮昌人多好善　進益田宅　子孫興旺　又主
求官有喜　来意只爲生一女子
四孟值課爲遺失　四仲来人問交易
四季攻激爲婚姻　進身或然求信息
解曰　課値四孟必爲遺失　四仲必爲交易　四季非婚而問出身也　來
意如此

## 五行例斷

水加木買賣交関婚事足　水加金文書遠信酒食迎
水加火驚恐官灾心痛禍　水加土防妻破財害田土
土加水遺忘田土官不喜　土加木賣却田園分産屋
土加金競界爭田墳墓侵　土加火信息田園和會我
金加火喪却妻兒家痛苦　金加木分散家財損六畜
金加土土中金寶藏難聚　金加水子孫喜事成行起
木加火多爲子孫失小口　木加土牢獄爭財競田土
木加金自家財物被人侵　木加水益進資財事事喜
火加土爭競財氣因婦女　火加木朋友酒食遠相逢
火加金病死傷亡官事侵　火加水傷妻損財官事起

## 四位内見五行

入式云　四位内見二木諸事難成　又云　如見二木　或見水　却爲大喜

問見三木如何 曰 主官事纏身 又兄弟三人 並無父母 其兄弟三人
俱合再娶 更無子孫 問見四木如何 曰 主官事 其家合主新蓋舍屋
家中缺費 惟四壁而已 主貧乏艱難也 ○入式云 二土比和遲晚看
言諸事求雖有成而遲也 如見二土苟無尅傷 但得比和 安得有滯
若受刑尅 亦主淹留 問四位內見三土如何 曰 主合有配婦凶惡 諸
求不成 又主其家姊妹三人 亦無父母也 蓋同類爲兄弟 生我者爲
父母 我生者爲子孫 克我者爲官鬼 我克者爲妻財 合四位無相生
相克 只有同類 乃是勾陳太常土 以言姊妹三人也 問見四土如何
主無凶也 故曰 三土四土 醜婦凶惡 其災福與上同斷 ○入式云 二
金刑尅都無順 二金皆凶神也 亦是白虎之位 兼主不順 故其家饒
鬪訟 兄弟不義 妯娌不和 更金上見火 主家死亡人口 問見三金如
何 曰 主陰人滛亂 家宅不寧 合主門師禳鎮其宅 亦死亡人口 又主
官事 其災福亦與二金同斷 問見四金如何 曰 此位爲純金 其象主
君不君 臣不臣 父不父 子不子 紊亂綱紀 其父母兄弟骨肉皆主不
順 最爲大凶 ○入式云 二火爲災百事殘 主其家有陰人殘患 更主
家內火光焚燒 若火上見二水 主有婦人産死 如二火見二水之上
主夫妻不和 休離應之 問見三火如何 曰 主陰人官事也 更主陰人
殘害 此課亦主婦人主家 爲純陰之課 陰旺陽衰也 其家多生女 亦
主外人主家 更釜鳴數次 見火光應也 問四火何如 曰 二火爲災百
事殘 其三火已爲甚 何況四火乎 ○入式云 二水皆順爲大吉 謂見
二水爲之大喜 亦不爲災 如上見二土 主傷陽人兩口 破財賊傷 如
上見二火 必有官事傷人 如上見二木 其家主出入求財大吉 如上
見六合水 合主婚姻成合交關爭役吏也 靑龍則爲財矣 問如見三水
何如 曰 其家必有痔痛童男 及有外賊所傷財物數次 其家亦主水
災 此課大凶 問見四水何如 亦與三水同斷 皆主大凶

## 貴神臨劫煞

天乙被煞主災同 貴人厄難有何通 神被將尅家長損 神尅妻兒鬼哭函

劫煞螣蛇火現函 鬼恠顚邪兆宅宮 更主婦人心痛病 門橡屋爆影光紅

劫煞朱雀鬪爭張 文字函來官事傷 若見血光還應得 爭妻競婦女身亡

劫煞六合事急忙 公移牽惹鬪爭張 自家無事人欺辱 看取人元定禍殃

劫煞勾陳入課排 上門子午必然灾 更主爭課三五度 死亡人口犯神來

劫煞靑龍莫上門 火光流血或成迍 驚憂賊盜傷人物 獄訟紛紜死喪頻

劫煞天后女人連 申酉臨之事併然 況當奴婢私逃走 人元尅將破財錢

劫煞太陰不可當 婦人謀計事難防 不明暗昧臨小口 將與人元莫犯傷

劫煞玄武函事重 賊来謀害入家中 臨木防賊臨酉走 賊神見虎殺傷函

劫煞灾殺遇太常 財帛散失兩三塲 更主酒筵毒藥害 如在魁罡主此殃

白虎行年災劫宮 必須喪失有重良 兩虎當午魁罡上 人元是木有深函

劫煞災煞合無心 驚恐相爭分外函 若更人元来克將 望成求就盡脑中

觧曰 勾陳言上門者 子午卯酉是也 子午爲天門 卯酉爲人門 前云六合逢劫煞主因公事損其身 更看人元與六合和不和 若更尅人元

必凶 又太陰法言尅將主破財 人元受克主殺夫 又曰 玄武之見白
虎者 爲臨申酉也 臨酉主妻走也

## 貴神値人元

人元尅神爭官訟 更兼父子不相同 神臨魁罡墓上病 與上同鄉見
死凶

神到甲乙休會客 必然席上有爭分 水上見神陰小損 若居火位喜
還生

神臨驛馬添官職 定知官事損得理 合是青龍居寶位 全必逢之多
見喜

貴神尅將陰小損 貴神受克定灾同 下克上兮子孫迍 上尅下兮妻
財凶

日上見神當日事 月逢月內歲年中 常取相生皆主喜 如逢相克必
然凶

## 貴神臨神煞

貴神上見災煞劫煞 主貴人有厄難 諸事不和 文字凶 若貴神受克
主傷家長 若貴神克將神主妻哭泣大凶 若人元克貴神主有官事爭
訟 更兼父子不睦 若貴神臨魁罡 據此課不得會客筵上必有爭張
兄弟鬥訟也 故曰 神到甲乙 今言魁罡者 甲乙木来克貴神 亦有不
和爭鬭 今魁罡乃鬭訟之神 故有不和鬭爭之理 二說皆通 宜從魁
罡也 若水上見貴神 主陰人小口有灾也 若火有見貴神主有喜慶之
事 或有官司灾難 必主消散得理通和 若貴臨驛馬 必主加官進祿
更主得珍寶及物物走有大吉之喜 驛馬亦依後排也 故貴神主有二
凶 若下克上主子孫逆黨 若上克下主有妻子財帛之凶 若臨年太歲
大凶 日月亦然 若四位相生有大喜 相尅大凶

## 魁罡所臨

天罡爭鬪角雌雄 本與河魁一例同 兩將更加諸位上 必然鬪訟入
官卤

觧曰 凡行將上下見辰戌臨諸方位及臨辰戌上 主有鬪折見於頃刻
間也 又曰 凡兩神臨諸方位上無不鬪訟 爲是天之牢獄殺 鬪訟之
神 如課內見之 定主鬪訟之卤

## 傳送所臨

傳送臨辰喪失多 到戌爭競官病魔 更主鬼神遠喪愊 占病爲卤怎
奈何

傳送臨巳火中衰 到木口舌必官災 更主逃亡因事走 釜破門傷大
損財

傳送奔騰入火中 官災口舌有重重 遊行況是多迍蹇 車碾喉瘡道
路卤

傳送臨金變化多 無刑無尅事消磨 雖然喪孝重重過 却於兄弟兩
相和

觧曰 申臨處更爲行移神 若臨寅卯上主傷翁姑及破財 盖傳送爲行
移神 車馬號白虎 主遠喪尊長 故寅爲翁尅卯爲姑尅 此之知田蚕
不成 與破財同 若病主死 百無一吉 申到辰主喪失 路行卤 主鬪訟
申到戌主鬼愊邪惡官事 病患死亡之兆 又曰 傳送臨金上亦主變化
多般 或喜或怒也 若傳送無刑無尅 主諸事皆喜 縱有卤禍 主消磨
了 此課主先卤後吉 雖有死亡 却有不死之理 雖主重重禍來 其後
却主兄弟和同 若更見天罡 主有鬪訟卤

## 飛符加年月日

若說飛符日上推 便於甲巳乙辰知 丁寅丙卯須當起 戊丑己午庚

未期
壬酉辛申癸戌上　其神一干上居之　倘遇斯辰同一位　遽然橫禍有
危疑

## 喪門加年月日
正五九當未　二六十辰推　三七十一丑　四八臘戌知

## 天鬼加年月日
得春從酉起　三夏午方期　卯上逢秋住　言冬子位推

## 天羅地網加年月日
日前一辰爲天羅　對衝地網更無他　若加年月日辰上　囚訟災殃病
必多

## 關隔鎖
酉上見木爲關　卯上見土爲隔　卯上見金爲鎖　寅加酉爲關　戌加卯
爲隔　酉加卯爲鎖　占此行人不通　遠人不至　囚禁難脫　病孕阻隔　訪
人不見　逃亡不還　占物有隔　百事有阻　百事遲留　關上見金爲斬關
申卯酉　木上見木爲毁隔　寅辰卯　鎖上見鎖爲破鎖　午申酉
前以酉上見木爲關　金又尅木爲斬關　卯上見土爲隔　木又克土爲毁
隔　卯上見金爲鎖　火克金爲破鎖　斷云　囚禁得脫　孕病安　逃亡避罪
隔節開通　因事出行　皆爲順利
愚謂　用關隔鎖　而小吉不宜　若用斬關毁隔破鎖而不吉　是賊上加
賊　兵上加兵　何傷之甚也　有若取意詳事　及不用五行生克制化　是
舍頭目而取毫芒　宜詳察之

# 旬中空亡

甲子旬中戌亥爲空亡 甲戌旬中申酉爲空亡

甲申旬中午未爲空亡 甲午旬中辰巳爲空亡

甲辰旬中寅卯爲空亡 甲寅旬中子丑爲空亡

所主人情虛假 事不盡誠 聞憂不憂 聞喜不喜 求謀不就 望用無成

行人虛信 病訟無危 逃亡未獲 失物難尋 又曰 凶神落空 凶事消鎔

吉神落空 喜叶難逢. 諸合落空 喜未扶同 旺相落空 過旬始通 財

官落空 進取無功 鬼賊落空 雖凶不凶

# 四大空亡

子午旬無水 寅申不見金 假令甲子旬戊辰日課 壬子癸亥甲子甲午

旬課 干神將方有水是也 謂之四大空亡 寅申不見金亦同此義 凡

有謀用吉凶不成

# 四絶

寅酉爲金絶 主事于文書道路

卯申爲木絶 主事于財帛車馬

午亥爲火絶 主事因口舌取索

巳子爲水絶 主事婦女男子道路

將與神相遇爲正絶 主事體盡畢人會而散 夫妻離別 求事不成 占

病必死

將與日相遇爲遙絶 貴人不喜 官職退散

將與時相遇爲次絶 主坐中時官人說斷分散之事 器物損壞

將與命相遇爲大絶 主非時驚恐災禍 破財帛 舊事占動 進退不寧

占病必死

將與位絶 位與神絶 名正絶 與次絶同斷

右五絕 主事體斷絕 人情離散 器物損壞 占病大凶 如卯申午亥合
名 合中有絕 然卯申爲木絕 午亥爲火絕 凡課中有金與水土未嘗
絕也 若有午卯爲用 則主聚而復散 成而復敗. 若申亥爲用 則主斷
而復續 失而復得

## 四敗

水土遇酉 火遇卯 木遇子 金遇午
凡四敗如乘車體 則似囚繫拘縛之象 主口舌憂挽官府刑訟 惟宜捕
捉 不宜占病

## 月建旺相

建者 正月建寅 二月建卯等例是也 入占旺爲事旺相久遠 吉凶力
壯 或剏立初新之事 亦主月內初新事 凡月建出見謂之龍德 謁望
動爲吉凶立應
凡神將建旺者 物則盛大數多 人則壯健少貌 吉則爲福愈厚 凶則
爲禍尤深 謀爲有望有成 置立淵遠 吉課逢生逢合 有初新財祿喜
協之因 凶兆相傷相伐 有初新訟病喪破之事 又曰 吉有建關方顯
吉 災逢生旺轉爲災 旺者生旺 凡旺有三 一曰四時旺 春木夏火秋
金冬水 二曰相生旺 如寅卯得亥子水生 亥子得申酉金生 申酉得
四季土生 辰戌丑未得巳午火生 巳午火得寅卯木生 三曰隨日辰旺
如將神是寅卯木得亥子日 將神是亥子水得申酉日 將神是巳火午
火得寅卯日 此名長生合旺也 此日辰透出所以旺也 相者 如寅月
得卯辰將 卯月得辰巳將 辰月得巳午將 巳月將午未將 倣此將来
有氣而相也 所主將来已動望成 未就初新之事 又曰 吉兆福集於
將来 凶應禍隨於旋踵八節 建旺尤宜細詳 ○假令辰月課得卯將
巳月課得辰將 午月課得巳將 原夫盛則繼衰 旺則漸廢 所占殃須
危而漸瘥 事須凶而漸退 或因病而重發 或以殘事而再来 占財須

吉而凶 占事已過而復起

## 月破休囚
謂之天解解散憂疑之事

月破者 正申 二酉 三戌 四亥 五子 六丑 七寅 八卯 九辰 十巳 十一午 十二未

申破巳 戌破未 亥破寅 寅破巳 丑破辰 午破卯 酉破子 入課 主器 物破壞 憂者散 病者死 事不成 財無氣 妊娠孕育 囚禁脫離 蓋用 神被月建冲破謂之解神 又曰四時空亡

休囚者 春土夏金秋木冬火 入占 主吉神值之未能吉 凶神值之未 能凶 病訟憂危 凶不爲咎 謀望喜叶不成 財淺薄而無多 物數少而 微細 蓋有心而無力 事欲速而宜遲

月厭者 正戌 二酉 是也 入課 主呪咀 寃讎 禳厭不明之事 占病則 連綿不康

## 歲君建破
歲君年中天子之象 統摄諸位神煞 入占尊長部官之事 占官有進爵 面君之喜 受克主尊長災厄 凡神將與太歲同生 當年見理事

日建者 將神與日辰同 所主一日內之事 又曰 將與日辰同災祥百 刻中 凡神將方位值犯休囚 若出見值日辰 吉則助無吉 凶則助 無凶

日冲者 蓋課中被日辰冲破是也 入課所主器物破壞 望事難成 人 情不和 動搖出入 聞憂不憂 聞喜不喜 官事不決 又曰 格局冲而不 成 生合破而不用 旺相逢冲卽發 凶亦無危 休囚犯破卽空 吉而不 叶 卯酉爲門戶 若受尅或相加者 主家宅更變不寧 或修造改換門 戶 若見鬼賊發動 家居不和也 又曰 凶伐臨門而災禍侵 吉合臨門

而喜叶至

## 論歲神

論神者 太歲也 如子年見子之類 若遇年干同者 爲眞太歲也 主人
君大臣大師頭領家長 若仕人遇之 利見大人 常人遇之 主有干于
朝廷官府之事 若臨門戶日辰年命上者 主尊長凶 若在功曹傳送此
年課 主云六月以前見去年太歲舊年事 七月以後見來年太歲來
年事

歲沖 又名歲破 又名大耗 太歲相逢是也 入課主道路音信 財物破
散 家宅損耗 上半年間事歲之半也 主貴不喜 求望難成 又主喪亡

歲宅 歲前五辰是也 入占 主爭訟田宅之事 若宅神受制 主人口災
禍驚憂

## 合用神煞

天德 正丁 二申 庚也 三壬 四辛 五亥 壬也 六甲 七癸 八寅 甲也
九丙 十乙 十一巳 丙也 十二庚

入課 主鮮百禍 凶變爲星 又主尊長貴人喜

月德 正丙 二甲 三壬 四庚 五丙 六甲 七壬 八庚 九丙 十甲 十一
壬 十二庚

入課主尊長貴人和合 亦解百禍

月合 正辛 二己 三丁 四乙 五辛 六己 七丁 八乙 九辛 十己 十一
丁 十二乙

入課亦主尊長喜慶和合 并爲憂危之鮮

天赦 春戊寅 夏甲午 秋戊申 冬甲子

入課 主解刑禁憂危之苦 修造婚姻出入皆利

天喜 春戌亥子 夏丑寅卯 秋辰巳午 冬未申酉

入課 主占官得理 取事皆成 危得安 憂得喜

天馬 正月在午 順行六陽辰 正七午 二八申 三九戌 四十子
五十一寅 六十二辰

入課 主求事迍邅 望行速至 遊行皆利 逃避去遠 走失難尋 他皆吉

驛馬 申子辰 月日 在寅 亥卯未 月日 在巳

寅午戌 月日 在申 巳酉丑 月日 在亥

右二馬入占 求官望事出入遷移行人書信 迅速可得 但逃亡走失去
遠難獲 又主移動出入之事 占官尤喜 捕捉難獲

喪門 歲前二辰是也

入課上克下 主孝子憂疑 占病大凶

吊客 歲後二辰是也

入課主驚憂陰私災患之事 占病凶

喪車 春西 夏子 秋卯 冬午

入課不宜占病 若喪車克人元必死

截命災殺

入課主求事阻截 婦人生産空撓遲延 不宜占病及六畜

三丘 春丑 夏辰 秋未 冬戌

入課不宜占病 主論訟墳塋之事

四墓 春未 夏戌 秋丑 冬辰

入課亦主爭訟墳塋 占病卽凶

病符 歲後一辰是也

入課主災病

官府 天乙相冲之將是也 又名無私使者

入課必惡 占病主凶

六丁 人元見丁是也

入課主門戶不康寧 驚恐憂疑之事

六甲 人元見甲是也

入課主和合喜慶事

飛廉 正戌 二巳 三午 四未 五申 六酉

七辰 八亥 九子 十丑 十一寅 十二卯

入課主求事迅速 占行人立至 及主非當驚駭不測之事

劫煞 申子辰日在巳 巳酉丑日在寅 寅午戌日在亥 亥卯未日在申

入課君子得之吉 小人得之凶

地煞 劫煞前五辰是也

入課不宜占走失行人 主阻隔不通也

望門 劫煞相衝是也

入課主憂疑妄想姦滛妻妾之事

滅門 陰月前三位 陽月後三位是也

入課不宜占移居嫁娶妊孕官事 主大凶

天盜 尅將是也 據前法以子將爲天盜 此法以玄武爲癸亥

入課主多阻隔 走失不利

徃亡 立春後七日 驚蟄後十四日 清明後二十一日 立夏後八日 亡
種後十六日 小暑後二十四日 立秋後九日 白露後十八日 寒露後
二十七日 立冬後十日 大雪後二十日 小寒後三十日 徃 徃者去而
亡也

入課忌拜官上任遠歸出軍嫁娶占病

三刑 巳日見寅 寅刑巳 巳刑申 申刑寅 無恩 子刑卯 卯刑子 無禮
丑刑戌 戌刑未 未刑丑 恃勢 午酉辰亥 自刑

入課輔吉則吉 輔凶則凶 旺則如乘車得馬 休則主囚禁拘縛 口舌
憂撓刑訟憂疑惟宜捕捉 不宜占病 若官動仕人遷名 常人占家則凶

六害 子害未 丑害午 寅害申 卯害酉 辰害亥 巳害戌

入課主有人謀害及官中事 占病亦凶

生氣 每月開日是也 生氣對沖是死氣 正七子午 二八丑未 三九寅
申 四十卯酉 五十一辰戌 六十二巳亥

入課蹇中有順 絕處逢生 所爲皆美

祿倒 甲年卯限 乙年辰限 丙年午限 丁年未限 戊年午限 己年未限
庚年酉限 辛年戌限 壬年子限 癸年丑限

入課主祿位有損 病者大凶

馬倒 寅午戌酉限 申子辰卯限 巳酉丑子限 亥卯未午限 假令子生
人 限到卯宮是馬倒

入課病者大忌 亦主不利官中

天醫 正戌 二亥 三子 四丑 五寅 六卯 七辰 八巳 九午 十未 十一
申 十二酉

入課主病者得愈


## 五鬼歌曰

甲己巳午癸未存 乙庚寅卯守黃昏

丙辛子丑来冲位 丁壬戌亥墓臨門

戊癸忌占申酉位 建逢辰土作公卿

此辰若遇支干上 專主行人道路宽


## 四象五行圖

干天干 神貴神 將月將 位地支

### 天時

金鳴 木風 水雨 火晴 土雲

### 地理

金道路 木林野 水河道 火嵩 土坡崗

### 人事

金凶惡 木奢華 水漂流 火性急 土淳厚

### 病源

金肺 木府 水腎 火心 土脾

## 十干生剋所主

甲 喜慶婚姻官祿發 生神方也 乙 財帛就親書信出 生也

丙 家宅不寧文字損 剋神方也 丁 驚恐災憂哭泣声 克也

戊 墳墓詞訟爭競篤 剋神方也 己 酒食田園婚姻喜 生也

庚 六畜道路死亡凶 剋神方也 辛 外喪凶事有虛驚 剋也

壬 祭祀不行災患生 剋神將也 癸 四足家中驚恠起 剋也

## 十二支生剋所主

子 財帛動用時得已 不剋 丑 陰財田産宜富有 不剋

寅 官吏文書事勾陳 不剋 卯 出入飲食文書耗 不剋

辰 時有小人爭訟頻 剋 巳 婦女迎迓因舊事 合

午 血光驚恐時時覩 剋 未 婦人酒食論情意 合

申 親朋遠来道路囚 剋 酉 出入相逢喫好酒 生

戌 小人驚恐時時出 剋 亥 家中病入身未産 剋

## 貴神休旺所主

凡四位內皆以貴神爲主 但看四位相生相剋 或比和或隔位生剋 乃
詳何神最旺 最旺見之神 卽知貴神在旺相死囚地也 有位內之旺神
有四季之旺神 有日下之旺神 相死休囚亦皆如此參校取之

## 天乙貴神　土貴神火水

此見土旺　諸火爲水尅　水爲土尅　火又來生土　則天乙土旺矣　大抵
天乙主貴人之事　上生下主貴人有喜　下生上主貴人遷位　不然　大
有喜慶　上尅下主貴人離散遠遊主凶　下尅上　主貴人憂遠信　及有
官事　旺主貴人增福慶遷職品　相主貴人得大財喜　死主貴人死喪更
無尊長　囚主貴人官鬪訟無理　休主貴人家內人口病疾難安　來意只
爲貴人尊長遷改之事

## 前一螣蛇　水螣蛇金土

此見土旺　以水尅火　火剋金　土尅水　火又来生土　今土旺則螣蛇火
休矣　大抵螣蛇主灾怪　或見火光焚燒　又主虛驚也　上生下主驚恐
在後　下生上主驚恐及婦人殘害　相主鬪訟争酒食驚恐　旺主陰人死
喪驚恐　囚主牢獄枷杻驚恐　休主疾病驚恐　来意只爲婦人爭張　其
螣蛇本是婦人也　縱不是婦人　其爭張必因婦人身起也　螣蛇亦是
凶神

## 前二朱雀　水朱雀土木

此見木旺　以水尅火　土尅水　木尅土　水又来生木　今木旺則朱雀火
相矣　大抵朱雀主文字口舌　比和主印信之事　及主信息至　上生下
主文字暗昧不明　必主先憂後喜　下生上有口舌鬪訟　不成官事　外
戰口舌外至　內戰奸邪內生　亦主家不和破財應之　旺主官事口舌
相主爭錢財口舌　死主凶禍口舌　囚主囚禁口舌牢獄事　休主奸婦口
舌鬪爭欲至　來意爲官事　或見血光　因文字上發動官事　其課主凶
亦不宜問病大凶

## 前三六合 火六合金火

此見火旺 以金剋木 火剋金 木又来生火 今火旺則六合木休矣 大
抵六合主議論財物交易縈縈事 又主陰人喜美事 或婦人私情和合
之事 比和主論訟寄財物 上生下主出入家人心肝零落 先凶後吉
下生上主有筵會及有遠行人 外戰宜變作圖經營卽吉 內戰有陰人
財物破財不能聚管 旺主成合婚姻 相主官事昏昧爭張 死主報死臨
門 囚主牢獄官事卽至 休主病患亦主爭競錢財昏昧之事 来意爲官
事追捉 更主尋一箇陰人也

## 前四勾陳 金勾陳水火

此見土旺 以水剋火 火剋金 土剋水 火又来生土 此勾陳土卽旺矣
大抵勾陳主勾留之事 凶主爭訟 比和主自己欲謀害他人 爭競田宅
上生下主論訟有理 下生上主爭訟田宅 外戰外人爭張 內戰主在家
爭 亦主家下不和 及人口病患 旺主貴人爭張 死亡畜産 相主爭張
錢物 死主墳墓爭張 囚主囚繫獄訟爭張 休主六畜上爭張 来意爲
鬪訟共外人爭張 主不得理 亦無喜事 更主陰人病患

## 前五靑龍 水靑龍土金

此見金旺 以木剋土 土剋水 金剋木 土又来生念 金旺則靑龍木死
矣 大抵靑龍主財帛喜慶 比和主文字信息財帛之喜 上生下主印信
受錢財及珍異物 下生上主貴人獲福及酒食懽悅 外戰主外失耗財
物 內戰主內失耗財物 旺主貴人喜慶 相主求得財物 死主死失了
舊来橫財 囚主破財 休主人亡失財 来意爲求財及遠信吉事也 此
先主失財 後却求財必有喜也

## 後一天后 土天后火金

此見土旺 以水剋火 火剋金 土剋水 火又来生土 今土旺則天后水
死矣 大抵天后主陰私喜美 比和主與陰人筵會之事必主有喜 上生
下主有婦人作念顯望喜 下生上主故友交知相見喜 上剋下主婦人
奸詐 下剋上主有官事相爭 外戰與外爭張官事 內戰婦人逃亡 旺
主婦人宴會喜美 相主婦人有喜事至 死主婦人有喪亡之事 囚主婦
人官事囚禁 休主婦人疾病 来意爲家內陰人病患 或被神纏婦女
或婦女私情事也

## 後二太陰 火太陰水土

此見土旺 以火剋金 水剋火 土剋水 火又来生土 今土旺則太陰金
相矣 大抵太陰主陰私蔽匿暗昧之事 比和主隱匿陰人之事 上生下
主陰私喜慶 下生上主奸淫內至 外戰主婦人因奸而逃亡 內戰主內
鬪訟 陰人謀害 旺主婦人外情陰私 相主與婦人酒食相迎事 死主
死喪六畜 囚主死亡失財盜賊謀害事 休主陰人病患 又主陰人勞嗽
自縊死事 亦主爭田庄 来意爲陰人暗昧不明之事 或是夫妻不和
索離休也

## 後三玄武 火玄武土火

此見土旺 以水剋火 土剋水 火又来生土 今土旺則玄武水死矣 大
抵玄武主盜賊遠伏 上剋下主盜賊家內生 下剋上主盜賊従外来傷
自己財物 外戰主盜賊遠行 內戰內憂賊發 旺主賊盜動合得財 相
主有夢見鬼怪動被賊傷財 死主賊盜死傷 囚主有賊在官司凶獄 休
主失財 或損四足 主賊神動 来意爲官事失財

## 後四太常 木太常金火

此見火旺 以木剋土 金剋木 火剋金 今火旺則太常土相矣 大抵太
常主衣服冠帶酒食 比和主帶花懽悅美利之事 上生下主貴人賜衣
及酒食 下生上主遠人信息 納財物來 外戰外有口舌 女人爲災 內
戰內有口舌 并死亡 人離財散 亦主妻亡 旺主陰人財帛喜 相主陰
人酒食和會之事 死主陰小口 得陰人財帛

## 後五白虎 火白虎土水

此見土旺 以火剋金 水剋火 土剋水 火又來生土 今土旺則白虎金
相矣 大抵白虎主道路事動 及有出入人在外 上生下主盜賊 下生
上主自己出行 上剋下主有人殘疾 下剋上主有軍人 凡見白虎當旺
相剋死囚休皆主大凶 來意爲死傷小口及傷財也

## 後六天空 水天空金木

此見金旺 以木剋土 金剋木 土剋水 土又來生金 今金旺則天空土
休矣 大抵天空主虛詐不實之事 亦主鬪訟出僧道 上生下主有僧在
家 下生上主有僧在外 上剋下主門鳴屋爆 下剋上主在外僧病 旺
主出紫衣人 相主福上增福 死主僧在外死 休主被惡人欺凌 如更
有剋主宅鳴屋爆因僧道失事 囚主官事 來意爲鬪訟及門鳴屋爆 後
婦之類也

## 將神源會所主

**功曹者** 古之太史 宋國人 姓孟 字仲賢 欺客印死十月寅日 除
爲功曹 知人官事口舌文字信息 天乙加臨主印信之喜 螣蛇主驚
憂 後喜生女也 朱雀遠信火光 六合婚姻不成 勾陳婦女爭訟 靑
龍本位大吉 天后婦女婚姻 太陰同天后 玄武財喜不出 太常陰財
破 白虎入家凶 天空鬪訟虛詐

太衝者 古之盜人也 本秦國人 姓姜 字漢陽 撓擾材邑 爲盜門
戶 死九月卯日 除爲太衝 知人年命盜賊 門戶分張事 天乙臨門
貴人得財吉 螣蛇火光文字官事 朱雀同螣蛇 六合主成就婚姻 勾
陳陰訟田宅 靑龍臨門立有喜至 天后主婚姻百事成 太陰同天后
玄武盜財 發動得財之喜 太常外得陰財 須主孝順 白虎傷人凶
出外失財及訟也 天空求事不成 外訟勾連

從魁 古之亡徒也 本燕國人 姓孟 字仲任 逃亡客 死三月酉日
除爲從魁 知人年命陰私囚死之事 天乙臨 因人得貴立至喜 螣蛇
悲泣臨門凶 朱雀遠信臨門凶 六合婚姻成就 勾陳娼婦臨門訟 靑
龍財帛臨門喜 天后臨 婦人生産 陰人主家 太陰同天后 玄武盜
賊失財 男盜女姦 徒刑爲兵 太常陰人常處財喜 白虎凶喪臨門立
至 天空臨門骸骨神主大葬

河魁者 古之亡奴也 本晉國人 姓郭字太宅 病死二月戌日 除爲
河魁 知人田宅骸骨事也 天乙加臨犯殺凶 螣蛇朱雀陰訟爲盜凶
六合爭骸骨 或爭墳 勾陳奴僕殺害 亦主訟 靑龍貴人帶犬入家凶
天后主悲泣 太陰陰葬喜 玄武盜賊軍兵訟凶 太常陰財凶 白虎刀
兵斬殺重喪凶 天空鬪訟凶

登明者 古之獄吏也 本魯國人 姓韓字燕 七坐賊獄 死正月亥日
除爲登明 知人縣官田宅徵召事 天乙臨 貴人田宅訟 螣蛇信息患
病事 朱雀同螣蛇斷 六合交易喜 及婚姻求就吉 勾陳陰人病爭訟
田土 靑龍得財 望貴人 天后陰權婚成 百事大吉 太陰同天后 玄
武鬼恠 盜賊不害 太常悲泣 白虎道路 病符皆無害 天空牢獄凶

神后者 古之媒氏也 本齊國人 姓賈 字仲獄 欺誑取取財而死
十二月子日 除爲神后 知人婚姻陰私事 天乙臨主貴人接引之喜
螣蛇婦女悲泣 朱雀凶喪信息 六合主成合交易 勾陳絶嗣鬪訟 靑
龍望貴求財喜 天后婚姻成 百事吉 太陰同 玄武文狀恠現 太常

失財 先凶後吉 白虎望遠信到家喜 天空主田土凶 多虛少實

**大吉者** 古之牛圈也 本鄭國人 姓陳 字季賢 病死十一月丑日
除爲大吉 知人年命憂喜六畜田宅口舌事 天乙臨求貴祿立至 百
事吉 螣蛇臨之百事喜 朱雀亦然 六合爭訟凶 勾陳男盜女姦凶
靑龍求進及財喜 天后陰病暗昧凶 太陰陰權財帛進人口 玄武賊
謀鬪訟凶 太常陰財喜 白虎賊盜失財四足 天空臨之 爲四季相會
主殺害之凶 亦主鬪訟

## 十二貴神臨本位所主

**貴神臨丑** 主加官進祿 不然主家大富 其家必許心願

**螣蛇臨巳** 其家饒殘害之人 亦主火光釜鳴 主招入舍女婿 其家專
望書信尋人 亦主先凶後吉

**朱雀臨午** 主婦人邪滛鬪訟 若遇火旺上 須主官事 若臨水上 主死
亡患病事

**六合臨卯** 主有妻家鞍馬来到宅 其家主喜慶 徔来頻頻 常做吏人
興盛合交易

**勾陳臨辰** 主爭張暗昧之事 其家主賊人 盜財出去 又主宅中合有
虛驚在門 亦主鬪訟

**靑龍臨寅** 主有財帛大喜 如旺相 主爭財寶須得理 其家必主田商
途 亦主富貴 得此無凶有吉

**天后臨亥** 主酒食或見婚姻事 旺相主居家大吉 富貴之事

**太陰臨酉** 主有陰人爭鬪訟也 此爲不順 以見二金故也

**玄武臨子** 主有盜賊 直入房盜却衣物 如臨下是陽 必是男子 如是
陰必女人爲賊也

**太常臨未** 主有孝婦之人 或遇鬪爭人逢歡樂 而有喜一 主婦人財
帛之喜

白虎臨申 主子孫在外 卒難尋覓 其家主有官事傷財 及傷六畜 更
主有産死 婦人大凶 無有一吉之事

天空臨戌 主有孤子之人 及風魔人在家 主其家破散 子孫殘病 陰
人口舌官事鬪訟 亦主有虛詐不實之事也

## 十二貴神見五行所主

天乙貴神 吉主人君大臣賢士大夫 爲人厚重 相生爲之美慶印信文
書 遇金火主遷官進職 逢水主爭競 逢木主去官職 入辰戌 貴人病
困不和

螣蛇 吉主文書喜美 信息夢寐 爲女子主輕薄 遇未好飮酒 逢申金
逐人走失 逢尅主娼婬 落亥宮有火厄 主驚恐 見土木則吉 見水金
主婦女病患不利

朱雀 吉主勅書天恩文書鞍馬服色 有尅主口舌憼恐官訟 見其血光
逢土木則吉 逢金主病 遇水主女人産難 男子痔漏 水下主吐血投
并自縊而死

六合 吉主賣買交易婚姻喜美 爲男子作公吏 爲経紀 亦主媒人 尅
主有官追捉 逢水火爲之有氣 遇土官司文狀 遇金口舌破財

勾陳 吉主官職田土 陽用主貧薄 陰用爲醜婦貧婆 有文狀動 尅主
奴婢走失 見金火則吉 逢水主爭競田土 遇木官事牢獄 爲勾惹牽
引之人也

靑龍 吉主文書財帛 爲人情貴 有官職 生主遷官吉慶 尅主官事急
速 見水火則吉 逢金主口舌 失文書破財 遇土有官司 辰戌爲牢獄
丑未爲笞杖

天空 吉爲僧道骸骨 凶主驅詐不實 爲奴僕 見金火則吉 遇水主爭
競 逢木主官司牢獄

白虎 凶主人凶惡 眼黃項短 爲凶喪孝服道路驚恐刀劍遷移 見水

則無事 逢木口舌凶惡 遇火主死喪災病 下尅上凶在外 上尅下凶在內

**太常** 吉主女人能言語作媒婆婚姻酒食買賣 見火金二合上吉 見水爭競 遇木官事不利

**玄武** 吉爲軍人 或謁貴人 凶爲盜 主陰謀 見火則偸 尅將主失財 見金木財吉 遇火婦人災 逢土男子競

**太陰** 吉主女人沉靜 爲金銀首飾 逢合主有陰人淫亂 見水土則吉 木口舌是非 逢火主災病不利

**天后** 吉主賞賜 爲女人主良善 逢合主婚姻有求索 遇土主事見 入火主婦人病不利 見木上吉

## 十二將神見五行所主

**天罡** 吉爲醫人 葯物 主人好鬪爭文狀 凶主無徒 爲屠宰 見金火則吉 見水主爭競田宅 見木主官司牢獄不利

**太乙** 主文書夢寐 爲陰人主輕薄 好淫亂 爲驚恐 主乞索 爲火土窰竈 見土木則吉 見水主婦人病 見金主疾病迍蹇

**勝光** 吉主文書 財帛 信息 鞍馬 爲人好利 祿主富貴 見土木見吉 見水主失財婦病馬死貧迫 見金不足災病 驚恐不利

**小吉** 主婦人 爲酒食 宴會婚姻喜美 見金火大吉 見水主爭競 見木官事破財 妻病不利

**傳送** 吉爲行移 奔走之神 主出外動移 爲人官貴 爲剛果 見水土則吉 見卯木主口舌 見火車碾 道路損失 見火主人不足 災病死 不利走失

**從魁** 吉主陰人淸標 恬靜 釵釧 酒器 見合主陰私 遇木主口舌 見火主失財 病患 卯酉相冲 主休妻離別 見水土大吉

**河魁** 吉爲僧道孤寡 凶主騙詐不實 亦爲骸骨 尅方主失六畜 見金

火稍吉 見水爭田宅 見木官事牢獄

**登明** 主陰人婚姻 爲乞索物事 見金木則吉 見土爭鬪 水火婦人病患 水上産難 水下吐血 自縊

**神后** 爲身子好淫幸 主妄想 亦主隨波逐流 木金則吉 見土爭競 見火女人病患

**大吉** 主人直蠢 咀咒 冤讎者 見金火則吉 見水主爭競田土 見木官事陰病

**功曹** 文書 財帛 官貴 吏人 老叟 醫士 見水火淸高 上見 見金主口舌 失財 人病 見土官事是非

**太冲** 爲劫賊凶惡 門戶 船車 無徒之人也 見水火則無事 見金口舌失財 見土官事牢獄 于尅門破 追呼 見寅主弟兄各居

## 神將同用所主

**貴神** 吉主人君 大臣 賢士 大夫 上下相生 羨慶遷官得財 相尅憂離遠行事 囚主獄訟 休主貴人病

大吉同用 主橋梁 道路 僧尼 田宅之事 凶主咀咒 蠱魅 冤讎 女婚尊長

**螣蛇** 吉主文章喜羨 公信 財物 酒食 凶主娼婦 鞍馬 虛聲 病患憂疑 比和主驚憂 上生下亦驚恐在後 內戰內憂 外戰外憂 主官事獄訟 文狀 下生上驚恐在前 手足不完

太乙同用 嫁娶 小兒 財物 眼目 陰人爲害 凶怵非災

**朱雀** 吉主勅書 慶會 公候 文書 鞍馬 服色 凶主口舌 驚疑 官訟虛詐 損財 失畜 疾病 血光之事 逢水自縊 井亡

勝光同用 主遠信 文書 朝信 火光 文字 憂恐驚怵

**六合** 吉主門戶 婚姻 求財 交易 取信 成合 陰私喜羨 慶會 凶主官事 媒人 吏役 小兒 交易 不明女子 損財 過失 産事

太冲同用 主船車 缸甕 門戶事 盜賊臨門 慈母喪亡 盜徒劫物 鬪
爭 傷損財帛 亦爲梳 門 窓 橋 杆也

**勾陳** 吉主官職 印信 公權 田宅事 凶主官災 病患 爭田土 文狀 勾
連 走失 兩頭官事 受尅口舌亡身

天罡同用 主屠獄 媒牙 魚龍 寺觀 塚墓 田土事 爭鬪之徒 文狀 墳
墓 主磁缸瓮 堅硬 方物 磁盆 麻衣 高澗泉 爭陵墓 麥也

**靑龍** 吉主文書 財帛 船車 園林 官職 喜慶 公信 酒食 婚姻 財寶
凶主哭泣 疾病 損失 見怪 六畜 私情 死氣靑龍累世貧也

功曹同用 主公吏 文書 衙院 老樹 老叟 多髥 因爭外財官事追取
木器 文書 筆物 火爐 醫藥 大樹 勇猛 患眼 墳土 林木

**天空** 主騙詐不實 奴僕 公吏 僧道 小人 市井 財物 私喫骸骨
河魁同用 主墳墓 田土 不明之事 獄訟 六畜 墳墓死屍

**白虎** 主道路 動用信息 公牒 凶主孝服 疾病 哭泣 怪異 災害 血
光 軍兵逃移 喪亡 災事臨門 有人外出 凶喪之事

傳送同用 主內 遠客 車碾 凶事 流移 走失女子 奔隨夫婿 走失
行程信息

**太常** 吉主冠裳 問行 財帛 官職 爵祿 酒食 婚姻 買賣 和合 筵會
賞賜 衣服事 逢劫主毒藥 更兼嘔吐 見血光事

小吉同用 主孝服 做七百日口願 賽祭祝 藥物等事

**玄武** 吉主望于謁貴人財物 登明無定 凶盜賊 陰謀 奸盜 亡失 死
喪 傷財事 受尅眼斜眇 路亡 惡事

登明同用 主陰人疾病 腰腳 走失 凶事成 因豕致訟 渡河水溺 吉
主徵召文書

**太陰** 吉主陰小 財物 金銀 疋段 錢物 陰移喜羙 凶主開篋 奸淫
逃亡 失財 遲滯

從魁同用 陰人 釵釧 酒器 陰私之事 及夫婦分離索休 如被丙丁火

尯 主逃亡奴婢 憂悶金銀傷損事

**天后** 主賞賜 陰私喜羡 筵會 婚姻 姦淫婦女 囚主幃幕不用 走失
奴婢 臟腑生災 師婆 奸詐 私淫 失望 暗昧不明之事

神后同用 主溝渠 小兒 僧尼 婦女姦私淫亂 及水溺等事

## 神將所屬圖

**戊勾陳** 天罡 辰土 屬商音 姓 麥地 崗嶺 寺觀 醜婦 碾碓 磁器 僧
道 侯人 土堆 祇護 鬪競 爭訟 流血 屠宰 囚惡 殺代 葷腥 堅硬 五
尺 田園 皮毛 瓴瓮 糖瓮 破皮 灰盆 甘味 墳墓 鄭地 兗州 星角亢

**戊天空** 河魁 戊土 屬商音 姓 五谷 磁盆 磚瓦 虛堂 僧道 善人 下
賤 詐僞 欺侵 不實 牢獄 鎖鑰 數珠 鞋履 枷杻 田系 瓦器 碓 驢大
孤寒 朝服 胡蘆 獄吏 墳墓 天羅 寺觀 崗嶺 屠兒 魯地 徐州 星奎婁

**己貴神** 大吉 丑土 屬徵音 姓 人君 貴人 尊長 珎寶 器物 鑰鎖 鼈
龜 珍珠 喜慶 斛斗 鞋履 首餙 車轎 牆筐 紫皂 牛驢 風伯 雨師
神佛 宮殿 冤讎 墳墓 頭禿 眼病 桑園 橋梁 吳地 楊洲 星斗牛

**己太常** 小吉 未土 屬徵音 姓 笙 筵會 庭院 牆垣 醮器 女人衣 酒食
印信 藥餌 父母 羊鷹 甘泉 酒器 甘味 酒舍 白頭翁 寡婦 師巫 井 食
物 黃色 墳墓 放羊人 茶房 歌樂 幡子 笛 簾 道人 秦地 雍州 星井鬼

**庚白虎** 傳送 申金 屬徵音 姓 仙堂 神堂 道路 公人 碓子 刀劍 貴
客 産乳 城宇 死尸 田猟 経文 羽毛 鉄 猿猴 薑蒜 祠廟 音聲 行
人 遠近 獅子 湖池 絹帛 逃亡 大麥 匣像 疾病 死喪 軍徒 囚人 兵
器 石頭 金銀 紙布 晉地 益州 星嘴參

**辛太陰** 從魁 酉金 屬羽音 姓 金石 珍珠 銅器 果食 碑碣 外親 婢
妾 婦女 門鎖 口竅 相貌 陰貴人 街巷 小麥 刀劍 耳門 刀鞘 皮毛
瓜骨 鴿雉 碓磨 紙錢 白塔 勞瘵 釵釧 石仙 石柱 賣酒人 石頭 趙
地 翼州 星嘴昴畢

壬天后 神后 子水 屬宮音 姓 河泉 水湘 地井 溝渠 盜賊 文墨 石灰 木匙 圖書 后宮 婦人 淫泆 梯棋 布帛 鼠 燕蝠 水中物 大豆 乳婦 衣服 珠玉 聰明 胎産 瀉痢 索子 齊地 靑州 星女虛危

癸玄武 登明 亥水 屬角音 姓 梅花 帳幙 盜賊 亡失 取索 小兒 乞丐 哭 牢獄 赶猪人 醉人 庭廊 廁坑 酢醬 傘笠 幘頭 鬼神 畵圖 毛髮 管鑰 筆墨 觀院 江河 樓臺 倉房 麻布 細絹 衛地 并州 星室壁

甲靑龍 功曹 寅木 屬徵音 姓 寶刀 劍器 香爐 神像 四角 山林 花木 丞相 夫婿 道士 貴人 長大 細美 人馬 公吏 文書 火炬 火爐 財物 喜慶 賓客 酒食 信息 虎貌 貓兒 橋梁 神樹 織機 棺槨 公門 家長 口願 燕地 幽州 星尾箕

乙六合 太衝 卯木 屬羽音 姓 門窗 木勺 木梳 手作 爲婦 男女 街土 草木 兄弟 舟車 雷 旛竿 香盒 盤盒 何姑 家母 竹 床 宋地 豫州 星氏房心

丙朱雀 勝光 午火 屬宮音 姓 詞訟 鴉雀 果食 窰竈 道路 城門 口舌 三河 騎馬人 婦女 文書 飛鳥 宮室 火燭 信息 血光 鴉巢 旌旗 霞雷 衣架 書畵 苦味 官用神 僧 周地 雍州 星張柳

丁螣蛇 太乙 巳火 屬角音 姓 驚怪 取索 畵 斑點 爐冶 燮戶 毁罵 釜鳴 輕狂 婦人 燮 蛇蚓 蟬 飛虫 乞丐多言 花果 磚瓦 文字 盒 磁器 楚地 荊州 星翼軫

## 次客法

鮮曰 其次客法 備一時內數客倂一方求占 故有此移神換將之說 或換將或換日辰 或按大六壬依式造合 于其三法 皆一意也 愚憶度之 似或未當 如月將之例 正月登明 按歷家交代之後方用某將 以此觀之其換將之法不可槩取 莫若以來人或本命或行年上作課 占 則一歲之內吉凶可見 其義尤遠 高明之士當詳而校

法曰 陽將後三前五 陰將前三後五 課遇次客 換將不換神 更於人
元上建起 數到本位也

假令 十二月壬寅日午時申位 將功曹 神玄武 人元戊 設有次客 又
於申上坐 以十二月子爲將 陽將合用後三 以酉 加午數至申 則將
是登明 再以戊建 卽從甲寅起數至申上 則人元是庚 復有次客於
申上坐 酉爲將合用前五 便以寅將加午 數至申 則將是天罡 再以
庚建 建戊寅數至申 則人元是甲 而貴神是玄武 未嘗易也 如是周
而復始 一時可作十二課 至第十三却爲初矣

## 推行年法

甲子旬生人 男一歲丙寅 女一歲壬申 十歲到亥 男順女逆

甲戌旬生人 男一歲起丙子 女一歲起壬午 十歲到酉

甲申旬生人 男一歲起丙戌 女一歲起壬辰 十歲到未

甲午旬生人 男一歲起丙申 女一歲起壬寅 十歲到巳

甲辰旬生人 男一歲起丙午 女一歲起壬子 十歲到卯

甲寅旬生人 男一歲起丙辰 女一歲起壬戌 十歲到丑

假令 甲午生男 一歲起丙申 順行二世丁酉 十歲乙巳 二十乙卯
三十乙丑 四十乙亥 五十乙酉 六十乙未 六十一歲至丙申 六十二
歲丁酉 六十三歲戊戌 六十四歲己亥 六十五庚子 六十六辛丑 其
甲午生人屬金 至丑入墓 大運又在午 又是本命伏吟 丑午相害 見
庚爲人元 遞互相形 故主己亥年三月二十八日申時死也 此乃六甲
旬頭所起小運餘例 凡人起運 皆依此推

## 論人行年吉凶

法曰 常於人行年上依例立成四課 以斷災福 若行年與課干相合最
爲吉 不合則否 若四位相生則吉 相尅則凶 又云 凶神凶將以凶斷

之 吉神吉將以吉斷之 ○假令行年己亥課 見人元是甲 故甲與己
合也 如無干合 以支三合亦爲喜用也 以行年支共課上將取三合也
○假令行年是亥 課上見太衝或六合 小吉太常是也 如無三合 取
六合亦爲喜用 以行年支 共課上將神六合 ○假令行年在亥 課見
功曹或靑龍是也

## 行年災福歌

寅爲元首號功曹　運限享通位轉高　上士貴人相接引　親朋知友共
相遭

男逢此運防吊臨　恐遭刑禍見天牢　此是運中災福訣　後人留意細
推褒

卯爲小運太衝宮　此運居時魂不安　男子迍遭多疾病　須防官事橫
来愆

事饒心神多恍惚　運辰求財百事難　得病免災須禱謝　更恐身歸出
路邊

辰爲猛將號天罡　此運推移事爭張　雖處巽官爲地網　諸邪鬼怪作
災殃

龍神土地俱遞送　當家必定主重喪　修造遷移皆不利　急宜作法水
中禳

巳爲太乙居斯地　多招疾病官災至　邪魅時時作禍来　釜鳴屋爆居
遊逸

祭竈須祭血腥鬼　看看又恐陰災起　如離此運急須遷　合有相當財
祿喜

午爲離地勝光鄉　此運求財百事強　論訟入官須得理　衆賢謁貴遇
候王

經求通達過前載　来歲尤加大吉昌　修造切須宜大忌　除非作法水

中禳

未爲小吉多啾唧　此運田蠶加盈溢　百事經求宜避徃　求財愼守防
偸失

弔臨尤增減省宜　凶災逸惹来相逼　後賢披閱細搜尋　此中災福不
失一

申爲傳送在家凶　此運宮私並不通　出外求財宜且喜　居家惟恐病
瘡癓

造旛送去東方吉　逢着生財喜客躬　修造移遷切宜忌　堪居甲乙厭
靑龍

酉爲白虎號從魁　鬼魅天罡徑送殃　五鬼臨門財物散　更遭此運大
迍災

運中須逢牛馬死　白虎時時災火来　二月八月宜愼守　必爲喪事哭
聲哀

戌爲天空號河魁　此運逢時亦有災　閉塞不通多塞難　看看刑獄壓
頭来

天羅遭遇身難解　地網沉迷未得回　男忌官災憂疾病　女防生産損
娠胎

亥爲陰鬼號登明　此運經求事不成　四足門前多做怪　更兼小口有
災迍

暗被陰謀招口舌　時遭塞難損資金　巳亥月日應須忌　吊問宜防惹
禍臨

子爲神后太陰精　此運經求不稱情　多半到門多是恠　日中失脫必
姦生

遷移修造宜多利　好事無謀主損因　子午卯酉休吊問　帶將鬼祟入
門庭

丑爲大吉且安然　十二年中到丑天　此運田蚕多稱遂　今時福祿定

高遷

天后男女逢必咎 四殺陰人遇有愆 丑未月中宜避忌 遭他本命禍
連綿

## 四課假令

夫課以人元貴神月將地分爲體 四位之內尤察五行休旺 戰爭取之
課無不驗 其四課假令 已備占者 審而用之

假令 壬申歲二月初一日甲寅 巳時酉位 登明將 (課1)

| 課1 | |
|---|---|
| 水 | 癸 |
| 土 | 太常 |
| 木 | 太衝 |
| 金 | 酉 |

此課主其人在外 路上逢賊 盜劫陰人財物 何以知
之 謂四位內見太衝 太衝是賊神 故云 太衝劫煞
傷入賊 太常是陰人 却被太衝尅之 其太常無氣
故云太常陰人財帛喜 問因何失財 云 其人必主外
而酒筵上 或中毒藥 迷悶不知 因此盜劫陰人財帛
以太常上見災煞劫太常 常又無氣 故云 劫煞災煞
遇太常 財帛常失兩三場 更主酒筵毒藥害 如在魁
罡主此殃 臍云 未必然也 主其人因爲賊盜上發用
動官 亦爲過去事也 何以知之 以人元是水 水亦
爲姓 姓屬外人 却被太常土尅人元 故云 姓尅 但知官事起 何以爲
過去 人元元是癸 癸是亥之本身 今木旺則水休矣 又卯酉爲門戶
亥又爲門裏 其人主見今有官事 未得絕 今四位內見卯 卯爲門戶
事 亦在門也 其人主先凶後吉 雖傷財 却得身無所害 今財帛雖爲
賊所盜後復得 爲地分反尅將故 失而還得也 何爲不損身 以四位
重重尅於外故 云 太常臨卯是爲財 盜賊口舌不爲災 六里路邊逢
羊兔 喫食花果在於懷 今以十二神煞排入課中 以竢高見發明 庶
使後人校用

假令 (課2) 此課 主其家必有出外之人 亦主有病 更主家內有官事

卤也 何以知之 爲見傳送 傳送是白虎之神 地分屬火 火性炎上 又

| 課2 | |
|---|---|
| 木 | 甲 |
| 水 | 玄武 |
| 金 | 傳送 |
| 火 | 午 |

能尅金 故曰 白虎無氣 合主卤喪之事 蓋白虎神
又主道路事 亦合主有人出外 今旣有尅 所以主有
卤喪事 亦有官災逃移之事 故曰 白虎當卤事不常
死傷道路見逃亡 臨於本位重重失 入木口舌 入火
傷 又云 其家必有軍人出外 或患喉瘡 或是車碾
以致傷命 爲見將神是金 金陷於火位 無所救援
故主如此灾也 且云 申臨巳午軍人 有客途車碾患
喉瘡不止 如此亦主傷陽人小口也 以地分是火 午
爲陽火 上見玄武 隔位遙尅 又水性潤下 雖有援
神 隔絶於外 終不能救 故主傷陽人小口也 又主其家傷少小財物
更有帶破之人 或患在眼 形身眇小 面貌醜惡 必好作賊 主其家住
於河之側 或近河也 故曰 玄武卤主家近河 水災鬼恠及妖魔出 得
兒孫多醜惡 賊来三度 火傷多 又曰 玄武陽卤兵仗軍 面小身微左
眼昏 色惡唇麄形必醜 眼斜視物夜中人 又曰 玄武陽賊眼斜窺 有
人謀害見逃移 被人泥賊妻女走 鬼動神来無不知 此雖是卤神 却
主先憂後喜 何以知之 爲人元是甲 甲是靑龍木 玄武是水 上生靑
龍 靑龍木爲火主 合主火旺 有不測之喜 又假令占来意 以何断之
必是求尋一個陽人 脣管作公人 爲人元是甲 甲爲功曹 靑龍之形
也 故曰 靑龍官吏簿書司是也 大抵貴神生人元 合主尋覓人也 貴
神尅人元 便主官事 貴神尅地分 便主傷小口及破財也 假令出門
占主見何物 云 必見卤孝之事 更見一陽人作賊 眉眼不正 又見一
吏人 更主引帶一人 必是兄弟 何以見此 以白虎陷於火 火位燒身
必主死亡哭泣 玄武賊人 人元甲爲公吏 以水木相生 故爲兄弟也
又曰 同類爲兄弟 今見水生木 應是生已 更詳之爲善也 假令見一
墓 墓下是陰人陽人云 據此課必是陽人 爲四課內只見貴神人元兩

位旺相 故云 従旺断 以人元玄武皆陽位 故断作陽人 問其人患甚
死云 是天行疾 主喘死也 爲四位内只見金受尅 故云 尅金卽喘 但
敍其梗槩而已 其神妙者 更在人細詳云耳

| 課3 | |
|---|---|
| 火 | 丁 |
| 金 | 太陰 |
| 木 | 太衝 |
| 土 | 未 |

假令 壬申日 巳時未地丑將 (課3) 此課主其家破
財 亦主傷陰人小口 何以知之 云 爲地分是未土
屬陰 却被太冲木来所尅 以此 故主傷陰人小口也
破財 爲地分是財帛之神 被木尅故也 又主其家遭
賊 亦主損却門戸 故曰 改戸起移船車損 自知兄
弟各分張 又云 太冲却被太陰上尅之 其家主有陰
人患病事 此人必患喘嗽病 兼卒患多是自縊而亡
問何以見之 爲太陰是陰人 屬陰金 被人元丁火自
外尅之 太陰無氣 又無救援之神 須當死矣 然必

喘嗽及卒患自縊者 以神將是卯 卯是四仲之神 故云 四仲卒患痛
苦病 又主其婦人常日好滛邪之事 何者 爲太陰當位 太陰主陰人
暗昧不明之事 有尅主夫妻婦不和休離之象 陰人勞嗽 自縊死事也

| 課4 | |
|---|---|
| 木 | 甲 |
| 土 | 貴神 |
| 水 | 神后 |
| 火 | 午 |

其死者婦人 更主好貌潔淨 故云 太陰閑雅好手標
性緩聲清樂藝高 形瘦面方眉眼細 梳粧淺淡忕妖
嬈 此人須豪家之人 故断如此
假令亥將辛酉日 巳時午位 (課4) 此課主兄弟數
少 只宜孤獨也 蓋同流爲兄弟 以四位内無同流也
主其家父母子孫俱無 以生我者爲父母 我生者爲
子孫 今四位内並無相生 其妻却主結髮 以尅我者
爲官鬼 我尅者爲妻財 今四位重重相尅 合主妻結
髮也 設如論災福 先以人元尅貴神 亦是上尅下

主有外人来相謀害自己 貴神尅將神 主殺妻及傷財物 更主爭田土
又主官事牢獄 故云 木来入土爲刑獄 土行水上競田庄 更主有官

司 訟獄詞狀動 只爲水入土 又是神后水 故主姦邪詞訟文狀事 此
課主不得理近 以貴人爲主 人元爲客 四位內 只見客旺主衰 所以
不得理也 此課辯墓 如何 云是陽人也 何以知之 爲四位內純陽 故
以陽人斷之 據此課 又傷小口 故云 見陽爲陽陰是陰 又主其家 卽
今爲傷犯也 爲卯爲人門 子午爲天門 今四位內只見子爲天門 故
云 天乙被煞災 主同 貴人厄難事何通 神被將尅 家長損 神尅妻兒
哭泣凶 今有十二神煞同入課 爲貴神上見災煞 今將神是子 故申
子辰劫煞在巳 卽災煞 歲煞天煞月煞地煞亡神將星攀鞍驛馬六厄
華蓋 依次排之 其中緊使者 亦不過劫煞驛馬而已 宜詳而用之
假令 甲(木)：白虎(金)：河魁(土)：癸(水)

此課 先以下尅上 主官事發動 更主逢人死在道路
爲白虎臨戌 戌爲骸骨之類 亦主有葬埋之事 主失
了骸骨也 或四足走失 占恠 亦是四足 占病大凶
何謂官事發動 以貴人尅人元 故云 尅姓且知官事
起 此課又主傷小口破財 大凡將神尅地分 主傷小
口破財 又主凶喪之事 何爲見此 爲將神在戌 戌
是骸骨之神 又上見白虎 亦是骸骨之神 今白虎臨
戌 是見兩重骸骨神也 故主重喪耳 占墓何如 云
是陽人也 爲四位內只見白虎旺 故爲陽人 而無疑
也 此課亦主大凶 何以知之 爲白虎上見劫煞 以寅午戌劫煞在亥
故云 白虎行來災劫宮 必須喪失兩重重 兩虎當旺魁罡上 人元是
木 有深凶

## 被頭星
從辰位起子逆數 如辰落子 卽被頭星也

## 60갑자 출생일 간지(干支)로 보는 사주팔자

누구나 자신의 타고난 사주팔자(八字)의 본질과 특성을 제대로 관찰할 수 있다면
자기 자신을 안다고 할 수 있을 것이다.

이 책속에 당신의 타고난 인생 설계도인 사주팔자가 다 있다. 사주팔자 좋다고 안주하지 말고
나쁘다고 좌절하지 말라. 자신의 운명을 알면 운명도 바꿀 수 있다.
나의 사주팔자를 앎으로 나쁜 흉운의 운명은 피하고 좋은 기질과 성분의 운은 참고하여 더욱
성취토록 발운 시키고 내 일생의 흐름을 앎으로 때를 기다릴 줄 알고 수신하여 성공하는 삶의
주인공으로 살기 위한 지혜의 책.

**이 책에서는 태어난 날인 일주(日柱)를 중심으로 60가지의 팔자(삶의 유형)을 살펴보고자 한다.**

자신이 타고난 사주팔자가 어떤 유형에 속한지를 알고 타고난 팔자의 본질과 특성의 대강을
이해할 수 있다면 자신의 전체적인 대강을 아는 셈이니 주어진 운명과 기복이 있는 운세를 고치는
일인 개운(開運)을 함에 이보다 더 중요한 일이 있을까?

**노력이 기회를 만나면 그게 운(運)이다. 노력은 때를 기다리며 철저히 준비하는 과정이다.**

기도발이란 시간·공간·인간의 삼위일체가 관건!
# 기도발이 센 기도명당 50선

기도발의 3대 결정 요인은 누가·언제·어디서 기도를 할 것인가이다.
첫째로 기도하는 주체가 본인인 경우와 가족이나 성직자 등의 대리인이 하는 경우 그 기도발의
차이는 상당하다. 둘째는 기감氣感이 좋고 신명神明의 감응이 좋은 날짜와 시간 선택에 따라서
기도발의 차이가 엄청나다. 셋째로 기도하는 장소가 어디냐에 달려있다. 신명의 감응이 높고
빠르며 좋은 장소에서 하는 기도는 그 기도발이 매우 빠르고 크게 나타난다.

### 전국에 산재한 분야별 기도명당 소개!

기도는 악운을 물리치고 행운을 불러들이는 최선의 방법! 그 기도에 대한 응답이 기도발이다.
기도발은 누가, 언제, 어디서 기도를 하는가에 달려 있다.

기도란 자신에게 부족한 기운을 보강하는 일이며, 간절하고 애절하며 비장한 기도는 가장 먼저 자신의
내면세계를 바꾸고 이어서 자신에게 부족한 기운을 불러들여 운세를 바꾸며 더 나아가 그 공덕으로
세상을 변화시킨다. 그렇다면 좋은 운이 올 때까지 마냥 기다리겠는가?
악운이 시나가기를 넋을 놓고 기다리겠는가?

어디가 기도발이 센 명당일까? 기도를 함에도 기도의 주제별로 기도발이 센 기도명당이 있기 마련이다.
부자명당, 출세명당, 합격명당, 당선명당, 사랑명당, 득남명당, 장수명당, 득도명당, 접신명당 ……
전국에 산재한 분야별 기도명당들을 소개한다.

운명을 바꾸는 방위오행 운수대통 풍수힐링

# 막히고 닫힌 운을 여는 기술

**천명은 불변하나 운명은 변할 수 있다** 내 運命은 내가 선택하는 개운법

모든 중생들은 숙명, 천명, 운명, 소명이라는 4가지의 명(命)을 가지고 있다. 사람들은 저마다 선천적인
천명을 가지고 태어나지만 후천적인 운명은 선택적으로 만들어 가면서 삶의 질을 결정한다.

운명(運命)은 진행되어가는 과정이므로 천지만물의 자연현상 속에서 자신에게 결핍된 부분을 발견하고
필요한 기운을 적절히 동원하여 흉운(凶運)을 물리치고 길운(吉運)을 불러들이는 다양한 개운(開運)법
을 동원하여 변화시킬 수가 있다. 후천적인 운명은 '시간(때)의 선택'과 '공간(곳)의 선택'이라는 2가지의
경우의 수에 의해서 영향을 받아 결정됨이고 이것이 바로 자연의 섭리이자 곧 우주 만물을 움직이는
작동 원리이다. 그래서 공간이라는 방향을 선택하고 활용 하는 기술이 필요한 것이다.

방향을 선택한다고 함은 곧 우주공간에 형성된 자성(磁性)이라는 에너지 중에서 방향별로 자기에게 유리
한 에너지는 받아들이고 불리한 에너지는 멀리하는 방법이다. 따라서 그 사람 '삶의 질'과 운명도 함께
달라진다. 공간의 선택이란 '방향을 선택하는 것'이고 '방향을 바꾸는 일'이다.

## 命을 바꿀 수 없다면 運을 바꿔라!

막히고 닫힌 운(運)을 열리게 하는 개운(開運)의 방법을 이해하고
터득하면 누구나 자신이 소원하는 바를 얻을 수 있다.
이러한 점이 바로 자연 속에 감춰진 비밀의 문을 들어간 방위학술이
갖는 불가사의함이다. 믿고 따르는 자는 소원을 이룰 것이나
그렇지 않으면 주어진 운명대로 살아갈 수밖에 없음이 운명이다.

무릇 오행생극론(五行生剋論)은 한유(閒遊)로부터 비롯되어 당대(當代)의 이허중(李虛中) 선생에 이르러 거듭 천간지지(天干地支)를 배합하여 팔자(八字)가 완성되었다. 당시에는 오로지 재관인(財官印)만을 살펴 인사(人事)의 득실을 논하였다.

그러나 후세에 이르러 여러 현자들이 천관(天官) 자미(紫微) 신수(身數)등을 지어 함께 섞어 사용을 하게 되자 이론이 분분하고 일정치 않아 종잡을 수 없었다. 명학(命學)은 원래 명백함이 돋보이는 학문이다.

그러나 명학을 배우는 사람들이 마음깊이 요긴한 진리를 깨닫지 못하였으니 술법이 모두 적중할 수 없었던 것이다.

내가 틈을 내어 시문(詩文)을 고르고 수집하고 또 많은 명학에 관한 여러 서적을 두루 섭렵하였는데 마침 난강망을 가지고 있는 한 벗이 찾아와 나에게 말하기를 간결하고 쉽게 확절(確切)한 이론으로 저술하고자 한다면 이것이 후학들에게 모범이 될 수 있는 훌륭한 책이 되리라 생각되며 이 비본(秘本)의 이론을 통해서 사람의 부귀의 한계를 저울질하면 자주 영험함이 있을 것이니 자평의 판목이 되고 자평학(子平學)에 작은 보탬이 되리라 생각한다고 하였다.

내가 책을 받아 그 이론을 일독해보니 의론(議論)의 정교함과 상세함이 한눈에 들어오고 취사선택이 적절하여 오행생극(五行生剋)에 대해 깨닫게 하는 바가 있으며 팔괘착종(八卦錯綜)의 빼어남이 측량할 수 없었다.

이에 뜻이 애매하거나 자잘한 것은 잘라내고 세세한 것은 묶고 번거로운 것은 버리고 지나치게 생략된 것은 보완하고 잘못 된 글자는 바로잡아 한눈에 알아볼 수 있도록 해놓고 보니 이것이야말로 진정한 명학(命學)의 지남(指南)이요 자평(自評)의 모범이라 이에 이름을 궁통보감(窮通寶鑑)이라 하였다.

소원성취 · 만사형통 · 신비의 영험 부적 · 부작

# 大靈 符籍·符作

## 벽조목과 부작의 신묘한 효능

## 부적 · 부작은 神이 내려주신 神靈物이다

부적 · 부작에 대한 연구는 이미 오래전부터 진행되어 왔고 관련 서적도 수없이 많다.
하지만 대다수의 책들은 부적의 활용법 중 일부만 제시되어 있을 뿐 부적의 구성원리 라든가
실질적인 활용법에 대한 제시가 없었다. 이 책은 **풍부한 사례**와 함께 **상세한 해설**로
부적 · 부작을 구성하는 원리에 대해 다각도로 조명함으로서 보다 근본적으로 이해할 수 있고
또한 누구나 적접 만들어 쉽게 사용할 수 있게 하였다.
첫 출판 이후 10여년 만에 부적뿐만 아니라 전편에 공개하지 않았던
벽조목(벼락 맞은 대추나무)과의 조화인 부작에 대한 내용까지 완벽하게 정리했다.

부적 부작은 동양오술(東洋五術)중 산(山)에 속하는 것으로 신비의 대상도 미신의 대
상도 아니다.
인간세계와 영(靈)의 세계는 같은 공간에 존재하는 것이 아니기에 직접 의사소통을
할 수 있는 방법이 없다.
부적 · 부작은 이를 해결하고자 하는 인간들의 절박한 필요에 의해 생겨난 것이다.
부적 · 부작은 과학적으로는 이해 할 수 없는 초과학의 세계로, 신과의 교감을 통한
신탁에 의해서 얻어진 영험한 것으로 작성자의 지극한 정성과 의지에서 발생되어 나
온 강한 기(氣)가 내재되어 있어야한다.
나의 기와 神의 기(氣)가 서로 합하여 이루어진 신기(神氣)는 형체가 없으나 부적 ·
부작을 통해 그 형체가 남게 된다.
이것이 서로 응하여 영험함이 나타나게 된다.
누구나 정확한 절차와 제작 방법에 따라 스스로 만들어 사용한다면 나쁜 기운으로부
터 보호받으며 모든 재앙을 예방하고 만사형통의 기운이 넘쳐나게 하는 신물(神物)
이다.

神算六爻
# 이것이 귀신도 **곡하는** 점술이다
### - 입문에서 완성까지-

## 어려운 육효, 이 책 한권이면
## 혼자서도 3개월이면 쉽게 끝낸다.

육효의 事案별로 예단하는 단시점의 놀라운 정확성은 만물과 중생의 흥망성쇠(興亡盛衰)와 수요장단(壽妖長短)을 마치 거울 속을 들여다 보듯이 연월일시까지 정확하게 알 수 있는 학문이다.

육효는 자연의 순환 이치를 응용하여 과거와 현재를 확인하고 미래를 예측할 수 있는 대표적인 점술이다. 그러나 보통 사람이 배우기는 매우 어렵다. 육효에 대해 알기 쉽게 소개한 책이 드물기 때문이다.

현재 시중에 몇몇 육효 책이 나와 있지만 대부분 고전을 단순 번역 해석한 애매 모호한 설명과 내용으로 초학자에게는 오히려 혼란만 주고 있기 때문에 혼자 이치를 터득하기란 쉽지 않다.

神算六爻는 예부터 전해 내려오는 복서학에다 50여 년에 이르는 저자의 연구와 경험을 더해 육효학의 기본 원리와 함께 육효점의 기초 설명과 이론·점사·득괘·괘 풀이법에서부터 육효점을 적용할 수 있는 사례를 분야별로 소개한 입문서이다.

특히 이 책에서 저자의 피나는 연구와 실증적 사례에 의한 풍부한 예문과 쉽고도 명쾌한 설명은 다른 어떤 육효 책에서도 볼 수 없는 이 책 만의 특징이라 할 수 있으며 초보자도 쉽게 배울 수 있도록 엮었다.

육효에 관한 초 베스트 셀러 - 10여 년 간 이 책을 능가한 책은 없었다!
어렵다고 하는 육효, 이처럼 쉽게 쓰여진 책은 처음 보았다는 찬사와 격려!
- 참 많이 받았습니다.

실전 육효 최고급 완성편

# 神算 六爻精解
### 신 산 육 효 정 해

神算 金 用 淵 教授

神算六爻研究會 會員
盧 應 根 共著

## 신산육효 상담 실전 요람
## 전문가로 안내하는 실전 종합응용편

**전문 술사로 안내하는 풍부하고도 다양한 실증적 사례!**
**이 책 한 권이면 당신도 50년 실전경력자**

상담 실전에서 바른 점사와 정확한 괘 풀이로 전율할 만큼 신묘하고도 높은 적중률로 안내하는 종합 실전·상담 응용편이다.

육효학과 육효점, 즉 이론과 풀이를 동시에 만족시키기 위해 저자의 '신산 육효학 강의'에서만 들을 수 있는 내용과 비전도 감추지 않고 공개하였다.

**전문술사를 위한 육효점의 바른 점사와 괘 풀이!**

六爻는 자연의 의중을 묻는 학문으로 다른 점술에 비해 배우기 쉬우면서도 탁월한 적중률을 자랑한다. 그러나 시중에는 고전을 단순 번역해석한 책이 난무하고 있다. 고서의 예문을 인용한 막연한 해설에 불과한 내용이 초학자에게는 상당히 많은 혼란을 주고 있다. 이런 문제를 해소하기 위해 출간한 것이 〈神算六爻精解〉이다.

〈神算六爻-이것이 귀신도 곡하는 점술이다〉가 육효의 기초와 함께 육효점을 각 분야·사례별로 소개한 입문서라면, 〈神算六爻精解〉는 상담 실전에서 바른 점사와 정확한 괘 풀이로 전율할 만큼 신묘하고도 높은 적중률로 안내하는 전문 술사를 위한 실전·응용편이라 할 수 있다.

육효학과 육효점, 즉 이론과 풀이를 동시에 만족 시키기 위해 필자의 〈신산육효학 강의〉에서만 들을 수 있는 내용을 다수 포함시키고 비전도 감추지 않고 공개하였다.

## 실전육효 최고급편

저자로서 지금까지 펴낸 「이것이 귀신도 곡하는 점술이다」가 육효점의 입문에서부터 기초와 이해에 바탕하여 육효점을 적용할 수 있는 사례를 분야별로 소개한 입문서라면, 「이것이 신이 내려주는 점술이다」는 좀 더 깊이 있게 실전에서 연구, 응용할 수 있는 종합응용편이라 할 것이다.

육효학에 대해서는 이상으로 모든 것을 널리 소개, 밝혔다고 생각하고 더 이상의 책 출간은 생각지 않았으나 수 많은 독자와 강호 제현들의 격려와 성화를 거절할 수 없었고, 또 세상에서 흔히 비전이라 쉬쉬하며 특별히 전수하는 양하며 자행되는 금전갈취와 비행을 모르는체 할 수 없어 저자로서 필생동안 연구, 임상하였던 흔치 않은 모든 비술을 여기에 모두 밝혔음을 알린다.

지금까지 저자의 앞서 발행된 2권의 책을 숙지한 독자라면 이 책마저 통달하고 나면 육효학에 관한한 특출한 일가견을 이루었다고 확신하는 바이며 역학계에서 우뚝하리라 믿는다

이 册으로 後學들이 六爻學을 공부하는 데, 또 실제 상담실전에 보다 유용하고 효과적으로 한치의 오차도 없이 정확하게 판단하는 데 조금이라도 도움이 된다면 필자로서는 더 없는 기쁨이라 하겠다.

# 神算 金用淵 先生 講義 案内

신산육효연구회에서는 상담 경력 50여년의 풍부한 경험과 사안별 예단하는 육효 단시점, 인간의 길흉화복과 운명감정에 독보적 입신의 경지에 이르신 神算선생님을 모시고, 역학에 입문하시려는 초학자 분들을 위하여 아래와 같이 강의 개설을 안내합니다.

신산 김용연선생님은 역학의 신비화와 혹세무민 비전을 찾는 그릇된 형태를 늘 경계하고 올바른 역술인으로서의 양식을 늘 강조하신 분으로 현재 많은 제자들이 육효학의 대가로 활동하고 있습니다.

동양철학의 전문지식을 습득하여 자신이나 타인의 운명을 분석하여
부부 및 자식관계·직장·사업·재물·건강 등 인생전반에 걸쳐서
삶의 방향과 방책을 제시해 주는 전문가를 양성하는 교육과정입니다.

## ● 신산육효학 · 신산상법(관상학) · 명리학 강좌 안내 ●

### 교육참가대상

- 전문 상담실 개업을 희망하시는 분, 일반인.
- 직업 전환을 원하시는 직장인·자영업자 또는 자신의 진로와 미래에 대해 확신을 갖고 싶거나 관심이 많으신 분
- 자신의 현재 직업에 응용할 분.(부동산관련 종사자·펀드매니저·한의사· 의사·약사·풍수지리·결혼매니저·진학상담교사·인사 및 노무 관리자)

- **수강기간** : 실전반으로 6개월. (각 과목별)
- **강의일시** : 매주 1회, 1시간씩. (각 과목별)
- **장　　소** : 신산육효연구회(서울시 강남구 대치동)
- **문의전화** : 02-554-9898 (신산이수역술원)
- **홈페이지** : http://김용연.한국
　　　　　　http://유명역술인.한국
- **이 메 일** : 025549898@daum.net
　　　　　　027112517@daum.net